高新技术产业园区创新生态系统研究

关　峻　徐静莹　林　琳等　著

科学出版社
北　京

内 容 简 介

本书将创新生态系统理论与复杂网络分析工具进行融合，明确创新生态系统的演化路径与不同因素的作用机制。以中关村为例，从专利合作、资金流动和产品竞争三个维度，构建创新生态系统网络。通过建立网络测度指标体系，对中关村多层创新生态网络进行测度，并评价网络结构、要素投入和环境指标对企业创新绩效的影响。基于上述分析，对完善中关村创新生态系统提出总体思路与政策建议。

本书适合从事高新区研究和相关创新网络领域研究人员阅读，也可作为从事园区创新发展工作和创新理论研究专业的教师、研究生及其他专业人员的参考用书。

图书在版编目(CIP)数据

高新技术产业园区创新生态系统研究／关峻等著. —北京：科学出版社，2021.6

ISBN 978-7-03-068820-0

Ⅰ. ①高…　Ⅱ. ①关…　Ⅲ. ①高技术产业区-产业发展-研究-中国
Ⅳ. ①F127.9

中国版本图书馆 CIP 数据核字（2021）第 094976 号

责任编辑：林　剑／责任校对：樊雅琼
责任印制：吴兆东／封面设计：无极书装

科学出版社出版
北京东黄城根北街 16 号
邮政编码：100717
http://www.sciencep.com
北京建宏印刷有限公司 印刷
科学出版社发行　各地新华书店经销
*
2021 年 6 月第 一 版　开本：720×1000　1/16
2022 年 4 月第二次印刷　印张：13 3/4
字数：280 000

定价：148.00 元

（如有印装质量问题，我社负责调换）

前　言

党的十九大提出“加快建设创新型国家”，明确“创新是引领发展的第一动力，是建设现代化经济体系的战略支撑”。伴随着新产业革命的孕育和发生，创新范式发生了重大变革。当今的创新已不再局限于技术创新、企业创新和产业创新，而是强调构建创新主体和创新环境之间相互作用、紧密相关的“创新生态系统”。创新生态系统以企业生态种群为主体，形成群体之间的创新关联，使创新的内涵和构建过程发生了根本性变化。

尽管从理论和实践上，深刻认识创新生态系统对于提升区域、产业以及企业的创新发展能力和水平具有重要意义。但是，现阶段学术界与实务界对于创新生态系统的理解还不够系统全面，更多的是停留在“创新网络”或者“创新系统”等初级阶段。因此，需要从理论和实践两个方面进一步梳理、深化、挖掘和整合相关理论，形成系统的“创新生态学”，为国家、区域、城市以及园区等不同层面创新生态系统的构建和发展提供理论指导和实践借鉴。国家高新技术产业园区（简称“高新区”）作为执行城市产业功能的主要空间形态，在改善区域投资环境、引进外资、促进产业结构调整和发展经济等方面发挥积极的辐射、示范和带动作用，是科技创新引领城市发展的重要载体。新形势下如何提升高新区自主创新能力，探索其创新发展动力机制与实现路径是一个紧迫的时代任务，更是一个复杂的命题。如何从跟跑模式、并跑模式向领跑模式转变，并通过高新区的先行发展，带动区域乃至整个国家科技创新体系的全球领先，需要实现发展方式、实施路径的突破。

中关村作为北京市高新技术产业发展的重要基地和未来产业空间的主要承载地，肩负着推进北京市创新驱动发展的重要职责。本书以国家高新区（具体为中关村科技园区）为研究对象，基于生态学理论、复杂网络理论建立高新区创新生态系统核心功能结构和技术协作、资本运作及市场竞争等多层复杂网络模型，通过对高维大数据进行数据挖掘与定量研究，深入分析高新区创新发展过程中其内部组织结构与外部宏观绩效之间的有机联系，重点研究高新区在创新生态系统范式下创新动力机制和演化路径的内在发展规律及外在影响机制。旨在通过对国内外高新区创新发展阶段演化的机制与路径研究，探究决定高新区创新生态系统形成与发展的关键性要素，通过营造适合科技创新要素聚集发展的创新生态系统，持续推进产业创新迭代，为北京建设“具有全球影响力的科技创新中心”这一重大历史使命提供有效支撑。

本书受北京市教育委员会科技计划重点项目（KZ201810005010）、北京市科学技术委员会委托项目及北京市朝阳区科学技术协会委托项目资助出版。

关 峻

2021 年 1 月 20 日

目　录

1 绪 论

1.1 研究背景和意义

1.1.1 研究背景

高新区至今已有近70年的发展历史，其兴起与发展是20世纪科技产业化最重要的创举。高新区自产生之日起便对世界推广高新技术及其产业发展，以及在提升区域自主创新能力方面起着不可替代的作用。作为智力密集区发展的高级形态，高新区是一个以智力资源为依托，以高新技术产业为主体，通过集聚效应形成的专业化程度较高的新型社区，具有高度集中的知识、技术、人才资源，具有集研发、生产、经营、教育一体化等特点。实践证明，高新区的发展推动了整个世界科技革命和技术的创新进步，是自第二次世界大战以来众多国家和地区推动高新技术产业化及其创新发展的重要形式，尤其是发达国家实现本国高科技发展的重点战略和重要途径。美国硅谷高新区的成功发展，引发了世界各地的效仿，同时也引起了学术界对以企业网络组织为特征的地方高科技产业区的广泛研究。由于高新区将具有共性和互补性的科技型企业与组织联系在一起，并置于一个特定的产业领域中，这为一个区域的创新和发展起到了至关重要的作用。概而论之，高新区已成为引领区域创新的独特的区域经济发展模式，无论在发达国家还是在发展中国家，都在对所属区域的经济发展和科技创新发挥着巨大的作用。

高新区最早发源于美国，早在1947年，时任美国斯坦福大学副校长的Frederick Terman提议在校园内开创一个小公司，并交由学生来管理，目的是为学生们提供开发新产品、实现新设计的平台。1951年，Terman的提议最终变成了现实，以斯坦福大学为依托的斯坦福研究园（Stanford Research Park）正式成立。斯坦福研究园的诞生标志着高新区的正式出现，由于其大量生产硅片（电子工业所需要的最基本的材料），因而得名“硅谷”（Silicon Valley）。“硅谷”很快成为了世界知名的高新技术研究开发和制造中心，其成功发展为推动美国科技创新发展做出了重要的贡献，而且成为了世界各地纷纷效仿的典范。在不同的国家或地区，高新区的发展过程和开发规模不同，因此有“科学园”“科学城”“技术城”“技术园区”“高新技术区”“高新技术产业带”等不同称号，但其发展模式都具有相似性。在知识经济时代，高新区不再是一个自我封闭的孤立系统，而是具有很强的开放性，高新区的创新活动必然涉及区域创新网络与活动，由于每一项科技在创新过程中通常受到所在区域制度、文化等社会性因素的影响，因此，高新区创新模式对企业创新具有重要的影响。

1.1.1.1 高新区是世界各国提升科技创新能力的重要战略阵地

第三次工业革命和知识经济的冲击，使得高新技术在政治、经济、军事等社会生活诸多领域被广泛运用，改变了世界发展的格局。随着世界经济环境的变化和技术的进步，市场竞争进入了一种新的格局，全球化蔓延到世界的每一个角落，无数企业不断进入到国际市场参与市场竞争，使得国际竞争愈演愈烈。竞争力的大小主要取决于创新能力水平[1]，这迫使企业不得不进行创新以寻求新的生存方式，并催生了全球范围内的创新活动。由此，高新技术产业受到了全球各主要经济体的广泛关注。然而，技术创新并不可能在普遍环境中自发形成，其在较大程度上依赖于特殊的创新体制和不断优化的创新环境，并需要适合于创新发展的空间载体[2]。自20世纪60年代开始，发达国家或地区相继建立了各种类型的高新技术产业开发区或创新区。最为著名的除了美国硅谷外，还出现了以美国的128号公路、北卡罗来纳州的“三角研究园”、路易斯安那州的“硅沼泽”和加拿大首都渥太华西郊的“北硅谷”等为代表的高新区。日本20世纪70年代实现经济起飞，并成为世界第二大经济大国，科技城和高新技术产业开发区的建设对日本克服发展空间小、生产要素匮乏等劣势发挥了重要作用。而第二次世界大战后的欧洲，高新技术产业也发展较快，英国的剑桥、法国的索菲亚、德国的海德堡、原苏联的新西伯利亚等高新区的相继建立，对推动区域经济快速发展和实现创新转型发挥了主导作用。亚洲国家和地区除了日本，以色列的特拉维夫、印度的班加罗尔等地的高新区发展也很快，这些园区内，不仅高技术产业各自专业化程度非常高，且园区内各企业间互助互学也很普遍，这极大增加了知识交流、技术交流和信息交流[3]。

这些高新园区主要包括三个构成内容：①特定的空间；②一系列技术转移活动；③高等院校、研究机构、政府机构和市场机构之间的合作。在不同的国家和地区，根据园区发展的不同特点，名称会有一些细微差距，但具体内涵与上述内容几乎相同。这些高新园区已被证实在促进园区企业创新能力[4]、培育创业人才[5]、高新技术产业发展[6]、地区经济增长等方面具有重要的作用[7]。西方发达国家通过将科技园作为一项制度安排和空间聚集载体的结合体，推进了科学发现、技术转化及科技产业化进程，在推动高新技术产业发展、促进科技成果转化、加快创新进程、提升国家创新能力方面发挥了关键作用。而在中国、日本、韩国等国家和地区，高新区则给其带来了跨越式的增长。当前，区域技术革新和产业发展已成为政府部门长期关注的焦点。可见，这些高新区的成功实践成为世界经济发展中最有影响力和最为瞩目的焦点，有效的制度安排和空间载体是科技创新实力提升的重要保障。目前通过建立高新技术产业园区、科技园、科技城等政策及空间载体，加快创新环境建设、促进高新技术产业发展，早已成为世界主要国家提升产业竞争力和国家竞争力的战略性选择。

1.1.1.2　国家高新区正进入率先实施创新驱动发展的关键阶段

改革开放后，为适应国家科技发展的需要，以王大珩教授为首的一批科学家提出了通过实施国家高新区实现中国高新技术产业的发展。在随后的1988年，中国启动了“火炬计划”，并在北京中关村建立了第一个高科技发展试验区。从此，“中关村”成为中国高科技产业开发区的代名词。此后，中央政府陆续在经济发展基础优良和人才密集地区建立国家级高新技术产业开发区（简称“国家高新区”），重点发展高科技研发和产业化。经过30多年的发展，中国的国家高新区空间布局基本形成，聚集了丰富的创新资源，技术创新体系和机制不断优化，涌现出一批具有竞争力的企业和行业。根据《国家高新区创新能力评估报告2016》，现有国家高新区聚集了中国40%以上的研发投入、研究人员和高新技术企业。2015年，高新区的研发支出投入强度和研发人员密度分别是全国平均水平的2.7倍和14.6倍。在创新产值方面，已有10 000人获得发明专利授权，其有效发明专利和其他指标几乎是全国平均水平的10倍，高新区部分员工的受教育水平已与国际接轨。可以看出，国家高新区是中国特色自主创新实践过程的典范，是创新驱动发展的战略领导者。

目前，随着全球经济的发展和要素的重新配置，新一轮的技术革命和工业革命已经展开，科技创新日渐成为推动经济社会发展的主导力量，与新时期中国创新驱动战略形成了历史性的交互。中国经济进入新常态后，发展速度趋缓，也出现了一些不良情况。房地产经济泡沫持续膨大、商品出口受阻、资源消耗大、环境污染严重等问题亟待解决。要解决中国经济发展面临的这些问题，必须对产业结构进行深度调整。促进高新技术产业的发展，有利于加强对高附加值、资源需求低、环境污染低、对国民经济贡献率高的高科技产业的利用，改变我国以传统产业为主的局面。寻求变革和发展创新已成为中国经济进一步发展的突破口。作为国家发展的重要战略载体，国家高新区肩负着实现驱动方式转变的重要使命。

在2013年，国家高新区主席联合会在武汉东湖高新区发表了《国家高新区率先实施创新驱动发展战略共同宣言》，以此为标志，国家高新区率先实施创新驱动发展战略。

1.1.1.3 国家高新区亟须探索提升自主创新能力的动力机制与路径实现

国家高新区在经济发展中扮演着日渐重要的角色，但在取得一系列成就的同时，我们应该认识到，大多数高新区目前的经济增长仍然依赖于传统的要素投入和相对劳动力优势，缺乏核心技术、产品附加值不高等仍是当前需要破解的重要问题。此外，传统的“政策导向”发展模式导致了本地化效应弱、创新动力不足、空间粗放管理等问题。第一，高新区在开发过程中经历了功能上的偏差。高新区严重依赖便宜的土地价格进行数量扩张，一些高新区甚至把厂房出租和房地产开发当作自己创收的重要来源和工作重点。第二，高新区的自主创新能力不强，普遍缺乏自主研发能力。就整个高科技区而言，原始的技术创新能力不足。第三，高科技产业的融资机制并不完善。高科技产业资本要素投入密集、风险不确定性强的特点，与当前的融资体系不够灵活情况并存，科技金融创新亟待改进。第四，高新区引进的企业科技含量不高。为了扩大税收，一些地方政府引进了技术含量低的大型劳动密集型企业。第五，过分强调硬件投入，而忽视环境等软性服务。高新技术产业发展的实质是技术创新及其产业化。一个缺乏创新文化、缺乏科技人才的环境是很难研发出新技术的。

可见，国家高新区在物理空间持续扩张的同时，正集体遭遇“创新驱动的烦恼”。特别是当前西方发达国家，提出了所谓的“再工业化”战略和“体系脱钩”，使得高技术产业回流。高新区原有的产业承接模式已不再适用，迫切需要探索自主创新的模式。经过30多年的发展和沉淀，我国国家高新区已经积累了大量的创新元素，聚集了一批具有较强竞争力的创新企业和创新集群。但是，缺乏功能完善的创新生态系统仍然是高新区发展的症结所在。在创新程度上，我国大部分高新区依旧处于依赖国外创新技术的低端水平，普遍缺乏自主创新能力和原生的高端产业[8]，具有“高经济增长与低技术创新”的显著特征[9]，甚至出现了功能的异化和偏离[10]。

党的十九大报告提出，发展是解决我国一切问题的基础和关键，发展必须是科学发展，必须坚定不移贯彻五大发展理念。从当前和今后一个时期的发展趋势看，高新区已经并还将长期成为我国实施创新驱动发展战略的前沿和主阵地，在发展高新技术产业、构建激励创新的体制机制、引导创新要素集聚流动、拓展发展动力新空间、夯实实体经济根基等方面将发挥重要作用。未来，为贯彻落实党的十九大精神，我国高新区应肩负起进一步践行改革开放、政策创新、科技创新的历史使命，进一步对接国际科技创新前沿，实现自主创新能跃升、产城功能融合，带动周边区域创新发展的重任。创新路径向改革引领、区域带动、国际影响方向转变，从自主创新向辐射带动、功能输出转变。

因此，新形势下如何提升国家高新区自主创新能力，探索其创新发展动力机制与实现路径是一个紧迫的时代课题，更是一个复杂的命题。也是我国高新区如何从跟跑模式、并跑模式向领跑模式转变，并通过高新区的先行发展，带动整个国家科技创新体系的全球领先。本研究旨在通过对我国国家高新区创新发展阶段演化的机制与路径研究，探究决定国家高新区创新发展的关键性要素，为其践行创新驱动主阵地的历史使命提供有效支撑。

1.1.2　实践意义

在成功的高新区体现出强大竞争力的刺激下，许多国家和地区已将高新区的发展确定为提升区域自主创新能力的重要发展战略。选择特定的人才密集区，建立新的高层次高新区成为促进区域创新的有效措施[11]。事实也证明，高新区发展水平较高的地区往往伴随着较强的自主创新能力，如美国的硅谷、中国台湾的新竹等地区的高新区都为本地区的创新和可持续发展做出了卓越贡献。然而，由于地域和发展时间差异，高新区的发展水平和竞争实力也具有很大差别。一些园区不断进行技术创新和结构升级，创新效率较高，而一些园区创新效率较低，技术升级进度缓慢，甚至呈下滑趋势，其原因主要是有影响园区发展进程和竞争力水平的因素存在。其中，是否拥有完善的创新环境氛围、良好的创新要素流动、明确的创新发展路径，是高新区产业发展面临的一系列关键问题。因此，了解高新区创新生态发展的动力机制和演化路径，有助于决策者和管理者把握高新技术产业的发展规律，并做出科学正确的战略决策。

在技术创新全球化的背景下，科学技术飞速发展缩短了技术生命周期，技术创新迭代加快。与此同时，创新的难度却越来越大，创新成本也不断上升。因此，创新的主体开始由单一企业依靠内部资源独立发展向合作发展演变。随着企业之间的创新合作规模和合作范围的扩大，产业集群的地理局限性越发明显，企业逐渐意识到仅仅依靠自己的资源很难在短时间内实现创新。为了实现技术创新并引领市场，寻求创新联合成为共同的选择。一方面，通过与区域内其他企业共建网络组织，可以共享网络内的资源，实现企业动态联盟的局部优化；另一方面，突破区域局限，实现全球信息资源共享和技术互补，从而降低创新风险，突破现有的技术壁垒，提升在国际范围内的竞争水平。此外，在网络内部，各类企业与研究机构、地方政府和中介机构等组织与个人建立正式或非正式的合作与交流，营造出有助于创新主体相互交流与学习的创新环境，从而为园区内部企业通过网络带来的创新协同作用进行技术产品的交叉发展带来了便利。高新区企业可以通过网络结构将企业与区域创新生态系统相结合，加速创新活动在空间中的扩散。而创新网络可以创造多样化的正式或非正式的沟通、学习渠道，有效促进各种创新知识和信息的高效流通，信息渠道的畅通有效加快新知识和新思想的扩散，使创新活动突破了仅在大公司或研究机构的实验室内进行的传统模式。高新区企业通过网络创新方式进行了多样化合作，促进了企业间的交易成本和创新成本的降低，最终提升了企业的整体核心竞争力。高新区创新生态系统可以支持多个不同的创新实体参与创新，充分调动各个创新者的创造力，从而实现新思想、新技术、新产品的涌现。同时，它将促进创新企业的繁衍，最终实现整个高新区的永续发展。完善的创新生态系统可以极大地提升企业的创新能力，并不断吸引各类研发中心实现聚集。创新生态系统的逐步成熟将带来大量的原始创新，从而刺激园区经济快速增长以及高附加值产品的出现，同时也将促成创新文化及配套体系的形成。

目前，我国许多高新区尚未形成功能完善的创新生态系统，园区内企业总体呈现创新能力不足、增长优势不明显、市场竞争力不强的特征。高新区创新能力低是由于高新区缺乏对创新模式的研究，缺乏对企业性质和互动机制的研究，忽视了企业创新的内涵，忽视了高新区原始知识的产生、传播和利用机制，忽视了园区创新主体之间复杂多样的联系[12]。虽然许多高新区的硬件设施基本完整，创新主体繁多，但其创新网络的发展并不完善，没有密切的网络交流渠道，园区内的企业呈相对独立状态，企业之间的业务联系不密切，更不用说合作了，仅仅只是在地理范围上集中，创新创业生态环境有待进一步优化，还没有深度地融入全球创新网络[13]。由于没有完善的创新体系，高新区的创新能力只能维持在“1+1=2”的水平。在未建立完善创新体系的环境中，一个企业的创新往往会引发同一行业的效仿，最终导致恶性竞争，挫伤原本具有主动性和创新意识的企业的积极性。如果高新区通过本地区专业化的分工机制和社会资本建立完善的创新合作网络，那么企业就可以相互合作、联合创新，实现共同进步，形成良性循环，不断提升区域整体创新能力。实践证明，高新区创新生态系统可以有效促进企业之间、企业与高等院校或研究机构之间、企业与其他服务机构之间的竞争与合作。通过交流和学习，创新主体间将建立有效的创新合力，促进创新知识和信息流动、资源互补利用、促进协同创新。创新主体通过网络进行集体学习可以加速创新资源，如新思想、新技术、新知识的流动，而这些资源的流动，被网络中的创新主体进行不断的分析与再处理，并产生新的决策，这些决策再次通过网络传播和扩散，从而产生知识溢出效应，即知识和信息的增殖，这是集体创新的过程。高新区创新生态系统有效地提高了高新区的产业集中度和创新辐射力，从而带动了整个园区自主创新能力的提高。

因此，研究高新区创新生态系统的动力机制、网络结构和实现路径，不仅能够丰富研究方法、拓展研究视角，为高新区创新生态系统的培育和优化奠定理论基础，也可以帮助企业了解其在创新生态系统中的作用和地位，加快行业新技术、新知识和信息的传播，为企业如何利用创新网络来提高创新能力提供有力指导。更能够为地方政府在高新区政策制定层面拓展思路，对提高区域自主创新能力具有理论和实践双重价值。

本书的实践意义在于：一是多维度地分析高新区的内部结构与外部环境，探索实现创新驱动发展的新机制和新路径，为提升我国高新区创新生态系统发展水平提供决策参考；二是系统剖析创新生态系统、创新网络和创新发展之间的辩证关系——“创新生态具有网络结构→动力机制驱动网络结构变化→网络结构发展促进生态演化”的螺旋式上升关系，将理论研究同区域发展有机地联系起来，对提高我国高新区支持政策的针对性具有积极意义。

1.1.3　理论意义

大部分创新活动都单独发生在企业或公共研发机构等组织中，或者由企业与其他类型组织协作实现。20 世纪 80 年代之前，学术界对创新活动组织和管理的研究主要是针对组织内部展开，认为研发或科学发现是创新的主要来源，技术创新是由技术成果引发的一种线性过程。随后，需求拉动创新过程模型强调了市场是研发构思的来源，市场需求为产品和工艺创新创造了机会。“技术与市场交互作用的创新过程模型”则强调了创新全过程中技术与市场这两大创新要素的有机结合，综合了前两者“线性”创新活动及其管理的内涵，但对于创新管理的假设依然是以企业或其他创新组织内部为主。

四十多年前，组织间网络开始受到重视，创新网络成为创新活动及创新管理研究的核心对象和方法之一。社会学和网络分析研究的理论和方法被广泛应用，推动了创新网络理论的发展。从现有关系中生长出来的新兴网络也被引入创新网络的分析。关于组织间网络对于创新作用的研究，正式的、契约性的关联被广泛分析，组织间非正式网络也被纳入研究。创新网络在创新活动、知识获取、知识转移、创新绩效等研究领域中被普遍关注。尽管创新网络研究学者针对网络治理、激励等相关问题开展了研究，但对于网络所处的更广泛的外部环境，特别是对社会、制度环境等因素的解释，还有待进一步拓展。

近三十年来，创新系统理论被广泛讨论和研究。系统观认为，创新系统是创新过程中所有重要的经济、社会、政治、组织、制度和其他因素构成的有机功能体。创新系统构成要素主要包括创新组织、制度；创新系统的功能是促进创新的研发、扩散和应用等。创新系统包含一系列活动，其中 3 种主要活动是创新、研究与开发、能力构建。创新系统中活动、要素及要素间的关系是互动的，会受到组织与制度的影响。当然，有些创新组织也通过建立制度来影响其他组织。创新系统通常依据其边界划分类型：一方面是按空间地理范畴划分为国家创新系统、区域创新系统；另一方面是行业/产业创新系统。随着全球化加剧，创新要素在全球流动，创新活动在全球范围内开展，全球制度逐渐形成，推动了创新系统国际化。创新系统方法采用整体性的观点，强调跨学科和创新的非线性关系。创新系统的概念既涵盖企业线性创新、网络创新中的一些传统概念，如产品和流程创新，同时又关注非技术性、无形的创新，从而被学术界和实践领域广泛接受。然而，创新系统方法很难提供各种变量间因果关系，往往被认为适用于分析相对宏观层面的创新系统和创新活动。

近十年来，创新生态系统的概念不断被社会各界讨论和研究。通常认为，“创新生态系统”的概念来源于“商业生态系统”，并融合“创新系统”演化发展。在创新网络、创新系统等概念和理论体系存在的前提下，创新生态系统成为该领域的学术研究前沿之一，已经初步形成了独特的概念范畴、理论体系。其中，结合我国产业发展现实状况的研究还非常有限，该命题与已有的创新管理理论、乃至组织与管理理论之间的理论联系还亟待深化。

当前，诸多研究为高新区发展理论的完善做出了卓越贡献，如外部经济理论、集聚经济理论、竞争理论、增长及理论等。然而，针对高新区创新发展的相关研究起步较晚，虽然近几年研究成果数量快速增长，但多为对创新能力的评价及基于微观视角（企业和政府）下的定性阐述。这些理论对高新区创新发展提供的指导与支持无可厚非，但随着高新区的进一步发展，对创新发展要求的不断提高，关于高新区创新发展的系统性理论研究亟需深化。本研究基于国家高新区创新发展“如何演化”“为何演化”“怎样演化”的研究框架，遵循从理论中发掘演绎规律、从实践中修改理论规律、再用理论规模指导实践的逻辑思路，围绕高新区创新发展的演化、机制、路径等关键领域展开研究，有效弥补高新区创新发展相关研究的零散缺陷，也是对区域创新与产业创新交叉领域的理论延伸和拓展。

1.2　研究内容与方法

复杂网络是近年来统计物理学和社会科学等领域的热点研究方向，通过复杂网络动力学研究可以深入地了解自然界和人类社会中的许多现象，例如合作行为的产生和维持、交通和通信堵塞、传染病的传播等，并为这些实际问题的控制和解决提供借鉴。近年来，许多学者根据复杂网络理论的研究范式，在产业发展、产业结构、产业关联、产业组织和产业政策等方面进行了大量的理论建模、动力学仿真和实证研究，极大地丰富了产业经济学和区域经济学的研究内容，表明从系统论的角度对经济系统进行研究已经成为社会治理领域的一个新热点。

1.2.1　研究内容

"创新理论"与"生态学"融合后孕育了大量关于"创新生态"的研究，其主要从生态学的角度研究如何在区域层面构建产业生态链，注入自我进化动力，使区域经济实现创新的可持续。这类研究大量借用了生态学中的概念，非常形象地描述了创新系统中各类主体之间的竞合共生关系，为通过定性方法分析创新发展的内在动力积累了良好的基础。但是，这类研究多侧重于生态系统与经济系统的类比描述，缺少科学严谨的定量化实证研究作为支撑。本书不仅根据自然生态系统的隐喻来定性解释创新生态系统的研究理念，而且运用复杂网络从多个维度来定量描述创新主体之间的关联关系，结合经典模型的拓扑结构特点对演化动力机制提出科学合理的解释。

通过对创新生态系统内在结构模型的建立反映整个生态系统的运行机理及功能特性。根据复杂网络理论建立反映创新生态系统多层次、高维度、异质性等特点的多层创新网络模型，在技术协作、资本运作和市场竞争维度同时刻画不同类型创新主体的功能性和创新要素的流动性，并在不同层次的网络之间建立起有机联系，从全局角度揭示创新生态系统内在层次结构与外在经济功能之间的因果关系。

创新发展范式是对创新发展过程的阶段性总结，包括了对其所处时代、技术基础和管理特点等方面的综合考虑。每一个阶段的创新发展范式是一个从孕育到成长，再到成熟的过程。从创新生态系统的视角出发，本书通过网络结构测度指标测度高新区创新发展过程中的阶段性、非线性和生态性等典型特征，还原每一个历史时期创新发展的内在演化机制和外在影响机制，并在理论假设和实证研究的基础上预测以中关村为代表的我国高新区创新发展路线，为区域创新发展和高新区政策制定提供理论参考。

1.2.2 研究方法

1）文献综述

创新生态系统是近年来发展起来的跨学科理论体系，需要通过阅读大量国内外文献资料来明确研究范畴并理顺相关理论之间的逻辑关系，从区域经济学、生态学、系统科学等理论中找到本书的立足点和切入点，解决当前高新区创新发展面临的难点问题。

2）数据获取

针对创新生态系统数据结构多层次、高维度、异质性等特点，本书采用多种数据收集渠道保证实证研究结果的科学性，包括：走访调研中关村各园区管理委员会、企事业单位、中介机构，获取一手资料；运用 Python 技术在天眼查网站对中关村所有企业进行数据爬取和处理，刻画创新主体之间的复杂关系；整理政府部门公布的中关村各园区社会经济指标数据。

3）网络建模

融合创新发展范式、生态系统理论和复杂网络分析工具等成熟方法论工具，从技术协作、资本运作和市场竞争等视角出发建立多层创新网络，并根据物理统计学工具对网络特征指标进行定量与定性分析，以此作为创新发展政策设计的基础。

4）计量分析

运用计量经济学工具分析中关村创新生态系统的发展趋势与规律，挖掘影响高新技术企业交互式创新活动的内在和外在影响机理，探索技术、资本、市场和政策环境等关键因素对创新发展的影响程度。

1.3 研究数据来源

本书在构建中关村创新生态网络的过程中主要涉及三类数据，分别是高新技术企业之间的专利合作、投资融资和市场竞争。为了保证本书研究的科学性和准确性，本书调研组一方面联系中关村科技园区管理委员会（简称“中关村管委会”）获得近十年的专利合作数据，另一方面通过技术手段在互联网上获得了反映创新主体投融资关系和市场格局的大数据。

1.3.1　中关村管委会提供数据

中关村管委会提供了2008～2017年中关村企业共同申请专利的清单，包括专利公开号、申请号、标题、申请人等信息。对于技术转移协作网络来说，只需提取其中两类信息：一是能够区分专利、企业和个人的信息；二是企业或个人通过合作申请专利所建立起来的联系。

从整体来看（表1-1），专利合作申请数量在2016年达到最高点，共有18 326件，然后略有下降。

表1-1　2008～2017年中关村专利合作申请数量　　（单位：件）

年份	2008	2009	2010	2011	2012	2013	2014	2015	2016	2017
合作申请专利数量	1 410	2 084	2 799	4 311	7 136	9 513	11 537	13 812	18 326	13 487

数据来源：中关村管委会

从申请人数量上来看（表1-2），2013年是最为活跃的一年——虽然申请人数量为3和4的出现频率不如2016年，但是更多申请人的出现频率则为十年间的最高峰。

表1-2　2008～2017年中关村专利合作申请趋势

申请人数量	2008年	2009年	2010年	2011年	2012年	2013年	2014年	2015年	2016年	2017年
2	1 123	1 714	2 179	3 425	5 827	7 011	9 135	11 185	15 223	11 061
3	252	295	558	765	1 110	1 802	1 737	1 936	2 299	1 692
4	26	30	36	110	177	421	507	565	631	553
5	9	4	1	6	19	142	80	82	119	121
6		6	0	0	3	9	37	32	35	45
7		7	17	1		0	9	9	13	8
8		28	8	1		3	9	1	2	5
9				3		123	17	0	2	2
10						2	6	2	2	

数据来源：中关村管委会

从企业来源来看（图1-1），在2008～2017年的十年间，所有共同申请的专利总共涉及7880家企业或个人，其中既包括中关村企业，也包括中关村之外的企业或个人，前者基本上保持在40%以上的比重。

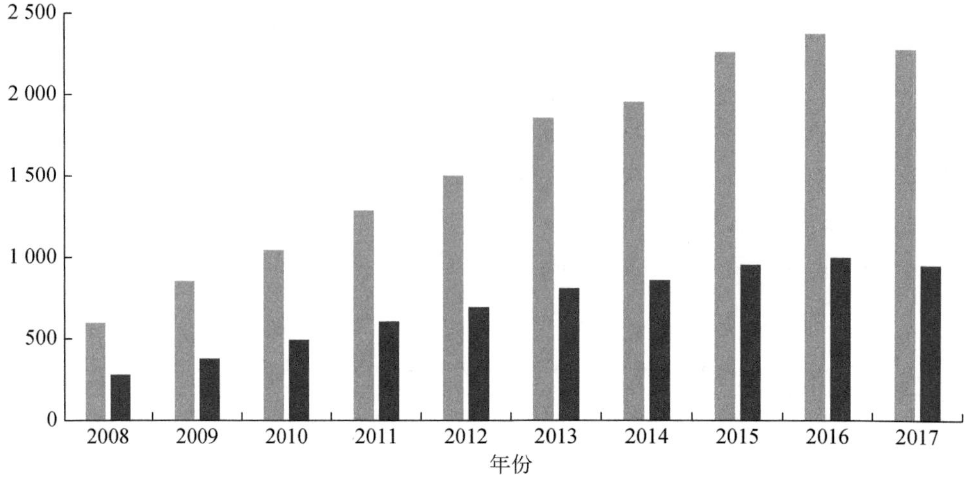

图 1-1　2008 ~ 2017 年中关村专利合作申请人构成变化趋势

从中关村企业所属园区来看（表 1-3），海淀区无论是申请人数量还是增幅都是 16 个园区中最高的。

表 1-3　2008 ~ 2017 年中关村专利合作申请人所属区域统计

园区	2008 年	2009 年	2010 年	2011 年	2012 年	2013 年	2014 年	2015 年	2016 年	2017 年
东城园	8	9	10	14	17	19	22	26	33	30
西城园	14	21	27	26	37	38	42	42	48	42
朝阳园	24	27	51	47	56	73	70	82	73	74
海淀园	145	175	223	280	318	344	387	450	442	418
丰台园	22	41	51	65	66	78	66	79	85	81
石景山园	4	8	9	16	18	20	19	25	33	28
门头沟园	0	2	1	3	6	4	1	2	7	8
房山园	4	3	5	7	3	11	8	11	12	15
通州园	5	10	7	16	13	21	25	21	28	20
顺义园	5	7	11	11	17	16	16	16	23	25
大兴 – 亦庄园	19	35	53	58	62	82	88	76	82	81
昌平园	21	32	33	48	67	84	90	106	117	105

续表

园区	2008 年	2009 年	2010 年	2011 年	2012 年	2013 年	2014 年	2015 年	2016 年	2017 年
平谷园	1	1	3	2	1	3	4	3	2	4
怀柔园	3	5	8	8	7	9	11	9	5	11
密云园	3	0	0	2	6	4	6	2	6	4
延庆园	0	2	1	1	1	5	4	5	3	6

数据来源：中关村管委会

从中关村企业所属技术领域来看（表 1-4），电子与信息领域企业所占比重最高，然后依次为先进制造技术、新材料及应用技术、新能源与高效节能技术等领域。

表 1-4　2008～2017 年中关村专利合作申请人所属技术领域统计

技术领域	2008 年	2009 年	2010 年	2011 年	2012 年	2013 年	2014 年	2015 年	2016 年	2017 年
电子与信息	101	130	163	197	244	236	272	325	352	331
先进制造技术	35	58	75	90	104	121	124	115	133	133
新能源与高效节能技术	20	22	50	67	71	97	102	118	109	92
环境保护技术	19	23	34	42	56	72	67	75	73	82
新材料及应用技术	43	66	58	86	86	110	109	101	125	103
生物工程和新医药	27	34	45	49	44	62	61	78	70	57
现代农业技术动植物优良新品种	6	4	8	5	9	19	16	20	17	20
航空航天技术	2	9	10	16	19	22	19	23	21	27
海洋工程技术	0	0	1	1	1	2	1	2	3	2
核应用技术	0	0	2	2	0	4	2	3	4	0
其他	25	32	47	49	61	66	86	95	92	105

数据来源：中关村管委会

1.3.2 本书调研组获取数据

根据中关村管委会提供的《中关村高新技术企业名录库》（以下简称《企业名录》），截至2018年11月，中关村国家自主创新示范区共有高新技术企业25 564家，这些企业的所属园区（表1-5）和所属技术领域（表1-6）如下所示。投资融资网络和市场竞争网络根据企业名录从天眼查上进行数据收集。

表1-5 中关村国家自主创新示范区高新技术企业所属园区（截至2018年11月）

所属园区	企业数量	所属园区	企业数量
东城园	510	通州园	414
西城园	738	顺义园	365
朝阳园	1 749	大兴-亦庄园	1 378
海淀园	12 939	昌平园	3 547
丰台园	1 982	平谷园	134
石景山园	933	怀柔园	163
门头沟园	183	密云园	150
房山园	262	延庆园	112

数据来源：中关村管委会

表1-6 中关村国家自主创新示范区高新技术企业所属技术领域（截至2018年11月）

所属技术领域	企业数量	所属技术领域	企业数量
电子与信息	15 806	现代农业技术动植物优良新品种	287
先进制造技术	2 227	航空航天技术	213
新能源与高效节能技术	1 453	海洋工程技术	12
环境保护技术	1 082	核应用技术	36
新材料及应用技术	1 181	其他	1 491
生物工程和新医药	1 776		

数据来源：中关村管委会

1.4　中关村国家自主创新示范区

1.4.1　发展历程

1984 年左右，中关村有一批科技人员选择“下海”经商，创办了一批民营科技企业，将先进的科技成果转化成现实的生产力。发展至 1987 年，在从白石桥起沿白颐路（今中关村大街）向北至成府路和中关村路至海淀路一带，向东至学院路的 F 形地区，集聚了以“两通两海”（即四通公司、信通公司、科海公司和京海公司）为代表的近百家科技企业。

1988 年 5 月 10 日，国务院正式批准《北京市新技术产业开发试验区暂行条例》，规定以中关村地区为中心，在北京市海淀区划出 100 平方千米左右的区域作为北京市新技术产业开发试验区的政策区范围。因此，中关村成为我国第一个高新技术产业开发区，也是中国经济、科技和教育改革的试点区域。1999 年 1 月，经国家科学技术委员会批准，对试验区范围进行了调整，电子城和亦庄园被纳入试验区。由此，北京新技术产业开发试验区形成了“一区五园”的发展模式。

1999 年 6 月，国务院要求加快中关村科技园的建设步伐。2005 年 8 月，国务院做出关于支持做强中关村科技园区的决定。2006 年 1 月 17 日，经国务院批准，国家发展和改革委员会公布第五批通过审批的 20 个国家级开发区。调整后的中关村科技园包含了海淀园、丰台园、昌平园、德胜园（含雍和园）、电子城（含健翔园）、亦庄园（包括通州光机电一体化园区和通州环保园区）、石景山园、大兴生物医药产业基地等，呈“一区十园”的空间布局，总面积达 23 252.29 公顷。

2009 年 3 月 13 日，国务院批准建设中关村国家自主创新示范区，力主将中关村打造成具有全球影响力的科技创新中心。目前，中关村科技园已形成“一区十六园”（包含海淀园、东城园、西城园、朝阳园、丰台园、石景山园、门头沟园、房山园、通州园、顺义园、大兴-亦庄园、昌平园、平谷园、怀柔园、密云园和延庆园）的空间格局。其中，海淀园承担了高新技术成果的研发、辐射、孵化和营销，是示范区整体布局的核心，而其他园区构成了高新技术产业的发展基地。经过近 30 年的发展和建设，中关村国家自主创新示范区吸引了以搜狐、联想为代表的近 2 万家高新技术企业，形成了以六大优势产业集群（包括下一代互联网、移动互联网和新一代移动通信、卫星应用、生物和健康、节能环保以及轨道交通）和四大潜力产业集群（包括集成电路、新材料、高端装备与通用航空、新能源和新能源汽车）为代表的高新技术产业集群和高端现代服务业，成为跨行政区的高端产业功能区。

2018 年，中关村国家自主创新示范区企业申请专利 86 395 项，同比增长 17.0%，占北京市专利申请总量的 55.4%。截至 2018 年 10 月底，中关村国家自主创新示范区企业有效发明专利 98 624 件，占北京市同期有效发明专利总数的 63.9%。在标准上，截至 2016 年 12 月，中关村国家自主创新示范区企业和产业联盟已发布了 6173 项标准，其中包括 330 项国际标准。这些数据反映了中关村具有的创新能力，中关村正在向具有全球影响力的技术创新创业中心迈进。

1.4.2 创新主体

中关村有众多的高等院校，集中了北京大学、清华大学、北京理工大学、北京航空航天大学等 41 所国家重点高等院校，几乎涵盖了支撑现代先进技术发展的所有学科和专业。2017 年，我国共有 164 家独角兽公司，总估值为 6284 亿美元，平均估值为 38.3 亿美元。其中，估值超过（包括）100 亿美元的有 10 家，估值占比达 53.3%，这 10 家企业中有一半都在中关村——小米（460 亿美元）、滴滴出行（560 亿美元）、美团点评（300 亿美元）、今日头条（200 亿美元）和借贷宝（107.7 亿美元）。除了已经存在的独角兽企业，中关村还有大量潜在的独角兽企业，在共享经济领域，以嘀嗒拼车、回家吃饭、阿姨帮、阳光兔、果壳网等企业为代表；在平台经济领域，以店商互联、大搜车、京东智能、5mileS、考拉征信、积木盒子等企业为代表；在智能经济领域，以智齿博创、格灵深瞳、臻迪科技、凌感科技、京东智能、暴风魔镜等企业为代表。中关村独角兽企业的大量涌现，是创新驱动发展的必然结果，也是中关村优良创新创业生态基础的印证。

在新兴市场的推动下，多家行业领先企业应市场需求而生，并在金融和电信等行业中发挥了举足轻重的作用。例如，启明星辰公司拥有黑客类和安全服务类等多项核心技术，并建立了我国第一个完整的网络安全产品线，在网络安全行业居于领先地位。

1.4.3 创新生态

中关村之所以能取得如此大的成就，在于其构建起了完善的创新生态系统（图 1-2）。知识创新层和技术创新层是其创新源，根据创新主体的实际需求优化政策环境、法治环境和市场环境离不开制度创新层，服务创新层中的创新中介发挥集聚效应，直接提高了创新主体的创新效率，而文化创新层则提供了鼓励创新的精神动力。

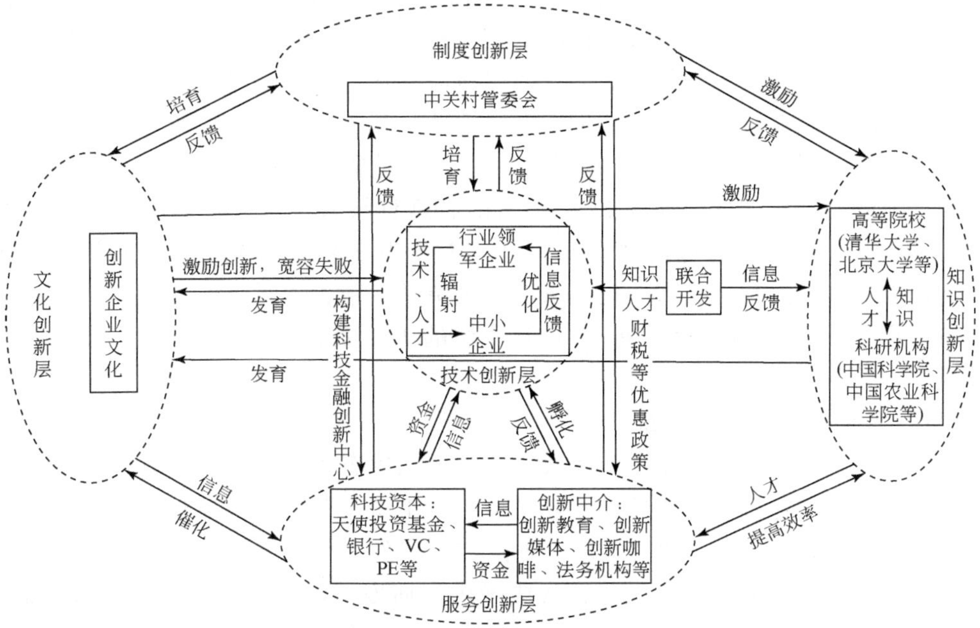

图 1-2　中关村创新生态系统

1）丰富的人才资源

创新的产生要依靠强大的智力资源，人才就是智力的载体。中关村的人才资源来源于高等院校、科研院所以及政策引进三个渠道，这三个人才来源也构成了中关村创新生态系统中的知识创新层。中关村有众多的高等院校，包括北京大学、清华大学、北京理工大学、北京航空航天大学等 41 所国家重点高等院校，其重点学科也较好地满足了中关村高科技产业的需要，例如，电子与信息工程专业就是北京航空航天大学和北京邮电大学的强势学科。中关村众多的高等院校聚集了大量科技人才，从两院院士到长江学者，从高等院校科研人员到优秀的毕业生队伍，都为中关村的科技创新提供了源源不断的人才储备和发展活力。

中关村有实力雄厚的科研院所。目前，中关村聚集了中国科学院、中国农业科学院、中国林业科学院、中国环境科学研究院、钢铁研究总院等 206 个国家和省（市）级科研院所（不包括中国人民解放军所属研究机构），拥有 112 个国家重点实验室、27 个国家工程研究中心、38 个国家工程实验室和 52 个国家工程技术研究中心。2016 年，中关村已拥有开放实验室 195 个。以中国科学院为首的科研院所每年承担众多国家重大攻关科研项目，每年研发数千项居于世界先进水平的高科技产品和成果，技术交易量和技术交易额都位于全国前列。

中关村还有优厚的人才引进政策。2013 年，北京市政府发布了《关于中关村国家自主创新示范区建设人才特区的若干意见》（简称《意见》），强调中关村面向以高层次海外人才为代表的国家发展所需的各类人才，建设“人才智力高度密集、体制机制真正创新、科技创新高度活跃、新兴产业高速发展”的中国特色人才特区。《意见》制定了包括境外股权和返程投资、科技经费使用、居留和出入境、配偶安置、住房医疗等 13 个项目的特殊优惠政策以引进高端人才。截至 2017 年，中关村已引进包括“海归”在内的 5 万多名高层次人才，为技术创新活动提供强有力的智力支持。近年来，大批留学生带着国际资本、国际市场和国际技术水平回国创业，大大提升了中关村的人力资源水平，优化了人力资源架构。

2）多种模式的技术创新

中关村众多的高新技术企业构成中关村创新生态系统的技术创新层。中关村高科技企业主要包括三种创新模式：①通过自主研发获得发明专利，拥有国内或国际标准的原始创新；②聚焦需求，通过委托研发、与高等院校或科研院所合作研发、与上下游企业联合研发等，集成国内外研发资源以实现创新的集成创新；③从国外引进先进技术并根据国内市场需求进行二次开发或通过并购国外企业获得先进技术而进行的二次创新。

（1）国家战略需求推动下的原始创新。除市场需求外，国家战略需求是在很大程度上推动了中关村高新技术企业原始创新。园区内企业的创新方向与国家战略需求实现了良好的对接。例如，2003 年，科兴生物有限公司面对突如其来的 SARS 疫情，敏锐察觉国家的需求并迅速抓住机遇，先期自主投入数千万元，与相关部门联合攻关，其研制的疫苗在诸多研究团队中率先进入了临床试验阶段。经过多年的发展，中关村已经产生了大量的知识产权，在软件、集成电路、生物医药、新能源、新材料等国家战略领域的技术和产品方面稳居领先地位。

（2）基于技术资源整合的集成创新。一方面，在新兴市场的推动下，中关村涌现出众多行业龙头企业，在金融和电信等行业中发挥了举足轻重的作用。另一方面，中关村高新技术企业通过整合国内外技术资源实现集成创新。引进国际科研资源，在持续渐进中不断整合各方资源，促进技术、产品的创新。例如，华旗资讯公司通过整合先进技术，成功打造出国内个人数字产品第一品牌“爱国者”。

（3）消化吸收前沿技术下的二次创新。对于技术相对落后的发展中国家，引进、消化、吸收国外先进技术是提升自主创新能力的重要途径。一方面，中关村的高新技术企业通过引进科技产品，消化吸收后不断开发新一代产品，以满足市场需求。例如，时代集团的里氏硬度测试仪就是公司在引进产品的基础上不断开发、改进、更新四代后的新产品。其国产化率超过90%，不仅占领了国内市场，而且还出口到欧美几十个国家。另一方面，中关村的一些大型龙头企业在“走出去”战略中通过跨境收购实现了技术跨越。例如，联想集团通过收购IBM的PC业务上升为全球第三大计算机公司。继IBM在世界各地的研发中心并入联想，联想集团又分别设立了北京研发中心、大和研发中心、罗利研发中心，实现了研发中心遍布全球的空间格局。

3）丰富的创新服务机构

（1）服务创新层主要包括科技资本和创新中介机构。科技资本主要来自天使投资基金协会、各种银行贷款机构、风险投资和私募股权投资等。这些直接或间接融资机构通过各种投资渠道促进技术和金融对接，为创新产出提供持续而强大的财政支持。例如，中关村科技租赁有限公司面对中小企业融资难的世界性难题，创新出一条行之有效的为科技型中小企业提供融资服务的新路径。该公司为科技型中小企业量身定做融资方案，出资购买较大金额的设备，出租给它们使用，这样出租物就相当于抵押物，能减少租赁公司的出资风险。中关村科技租赁有限公司自成立以来，共签约项目500多个，贷款额超70亿元，服务客户近300家，服务领域主要集中在大数据、大环境、大健康、大智造等战略性新兴产业，其中进入北京市“高精尖”产业八大专项项目占比接近60%，“千人计划”和“海聚工程”专家团队项目10余个。中关村科技租赁有限公司根据中小型科技企业的融资需求，创新融资服务模式，有效地解决了中小科技企业的融资难问题，为其健康发展解决了后顾之忧。

（2）创新中介主要包括产业技术联盟、科技企业孵化器、留学人员创业园、企业加速器、会计和法律机构等。截至2016年，中关村共有187个产业技术联盟，涉及软件、通信、互联网等多个行业，主要包括五种类型：研发合作、技术标准、产业链合作、市场合作和社会规则。中关村产业联盟推动了园区企业和产业创新，丰富和优化了中关村区域创新体系，促进了国内产业创新。例如，中关村市场合作联盟共同探索创新产品市场，共同学习，统一认证，提高了企业创新能力，通过共同建设基础设施，降低了企业创新成本；长丰联盟通过吸引下游公司加入联盟，扩大了市场空间；下一代互联网联盟建立的Ipv6测试中心可供成员企业共享，行之有效地降低了企业的创新成本。

（3）科技企业孵化器是孵化企业的核心载体。截至2017年，中关村拥有800多家创业服务机构，其中包括34家国家级科技企业孵化器，29个国家级高等院校科技园，168个已通过科学技术部备案的众创空间。创新孵化器是一个巨大的平台，可以系统有效地组织和利用技术、企业家、资本及市场等各类资源，最终形成一个完整的创业生态链。中关村创新孵化器的运作模式大致可分为四类：投资促进、咨询培训、媒体延伸和专业服务。以投资促进孵化器为例，其功能是帮助初创企业启动项目并提供相应支持服务。创新工场、车库咖啡、天使汇是这类创新型孵化器的典型范例。车库咖啡早期是由 11 位天使投资人共同合伙创办的，创办初衷是解决创业团队见投资人难的问题。车库咖啡一方面为初创企业提供创业辅导、宣传报道等服务；另一方面帮助投资人快速发现好项目，为其领投、跟投等提供依据，从而促进初创企业与投资者间的资源对接。自 2011 成立以来，已有超过 400 个项目在这里成功创业，其交易额超过 700 亿美元。

（4）留学人员创业园是“海归”人员的创新创业平台。留学人员创业园是实现科技成果转化的重要基地，是“海归”归国创业、实现抱负的良好平台，是引进、培养“海归”并充分发挥其作用的有效方式。截至 2017 年底，中关村已建立 42 个创业园区，有效地宣传和展示了国家留学政策，吸引了大量高水平留学生，培育高新科技企业并促进了高新技术成果的转化。例如，中关村生命科学园留学人员创业园，同时具备生命科学基础研究、项目开发、企业孵化、生物技术项目展示与发布、风险投资、人才培训等功能，有效促进了园区生物医药科技公司的成长。北京碧水源科技有限公司依托园区的各种资源，积极开展技术创新、业务模式创新和管理机制创新，目前已成长为世界上最大、产业链最完整的膜技术公司之一，以及环保行业及创业板市值最大的公司之一。

（5）企业加速器是一种新兴的企业孵化形式。企业加速器的设计理念是根据市场需求来寻找有资质的生产商，为其提供资金、场地与技术咨询等服务，以促进产品与服务的发展，最终实现产品或服务与市场的对接。例如，作为中关村科技园区规划开发的重点项目之一的北京中关村永丰高新技术产业基地，地处北京市“两轴两带多中心”的海淀园。2007 年，永丰高新技术产业基地在全国建立了第一个企业加速器，通过建立“三四五”服务体系——三个保障、四大平台、五类服务，助推企业成长，有效提升了基地内企业的创新产出。大唐微电子技术有限公司，自成立以来先后研发了多项国际领先的技术和产品，并凭借先进的 IC 设计水平获得了我国第二代居民身份证的设计和加工权。随着信息产业应用领域的不断扩大，大唐微电子在金融、移动支付、社会保障、卫生、教育、公共安全等领域开发了更多的技术和产品，满足了用户多方面的需求。

（6）税务、会计、法务等机构构成基本的中介服务部门。它们为知识创新层和技术创新层提供会计结算、税务结算、法律咨询等基本的服务，其在空间上的集聚直接节省了各创新主体的精力和费用。如中关村邦盛律师事务所向中小企业推出了“律师服务优惠团购”服务。按照其律师服务优惠团购，企业加入团购计划后，邦盛律师事务所律师即成为企业的潜在诉讼或仲裁代理律师，诉讼仲裁案件律师委托程序前置，一旦发生诉讼仲裁案件，律师介入迅速，不需要再另行办理相关法律手续即可立刻开展阅卷、取证等工作。该服务项目大大节省了企业寻找代理律师的时间，也为律师迅速展开调查、书写卷宗及法律文书赢得时间，为企业有效保护自己的合法利益提供了强有力的保障。

产业技术联盟、科技企业孵化器和加速器等有效地整合了资本、信息、人脉等各方资源，充分发挥了对技术创新的孵化作用。同时，园区内会计、税务机构进行财务、税务清算，法务机构提供法律咨询和诉讼支持，直接促进了知识创新层和技术创新层的创新输出，提升了企业创新效率。

4）政府政策支持

政策支持为中关村创新集群快速发展奠定了基础。政府管理部门通过不断地进行制度创新，根据现实发展状况及各创新主体的需求，不断调整和出台有关政策，以促进知识、技术创新，并鼓励服务创新。

（1）创新科研激励政策。为推动园区科学技术创新、科研成果转化，中关村在一批高等院校、科研院所实行职务科技成果、股权和分红权激励的试点，参与的高等院校和科研院所可以采取科技成果入股、科技成果折股、股权激励、股权出售、股份期权、分红权、科技成果收益分成等一系列方式，作为中关村首批开发出实行股权激励试点企业，在股权激励政策的拉动下，累计实现销售收入3.5亿元，研发出北斗卫星导航基带芯片、终端机、机场跑道异物监测雷达等7个新产品，员工数量从30多人增长到近400人，建立了促进创新的长期激励机制。

（2）创新财税优惠政策。为支持示范区高新技术企业的发展，北京市政府颁布了多项财税激励政策，在企业所得税、营业税、增值税到个人所得税等多个方面，都详细规定了可获得减免的适应条件和审批程序。此后，根据实际情况的发展，进一步制定了各种减税和免税规定，并对有限合伙制创业投资法人合伙人企业所得税、技术转让企业所得税、企业转增股本个人所得税等作了更进一步的安排。各项税收政策的优惠大大减少了科技企业的成本，增加了科研投入，有力地促进了其研发产出。在实施税收减免的同时，政府部门还对产学研联合实施项目、重大高科技成果转化项目等给予财政专项资金或补贴，进一步加速了科技创新产出和科技成果的转化。

（3）创新人才吸引政策。人才是创新驱动型发展过程中的最重要资源，吸引人才是刺激中关村科研创新的点睛之笔。中关村围绕服务外籍高层次人才、创新创业外籍华人、创业团队外籍成员、外籍青年学生、港澳居民特殊人才等高端人才，在落户、医疗、住房、创业等多项内容上给予优惠，放宽外来人员来京就业的单位类别、职务级别以及居留时限的限制。同时，简化就业类外国人办理入境和居留的审批程序，大大减少中关村外籍高层次人才申请永久居留的审批时限。为确保各项政策措施取得实效，切实增强中关村对人才的吸引力。公安部、北京市公安局在海淀区设立了公安部中关村外国人永久居留服务大厅，专门服务在示范区就业和创业的外籍人士，对涉及有关出入境政策的永久居留、居留许可和签证的申请进行受理、审核，并发放相关证件或提供咨询服务。至此，中关村从政策突破、政策放宽、程序简化及服务提升四个方面为引进人才、留住人才做出了全面的制度安排，有力地促进了“人才智力高度密集、体制机制真正创新、科技创新高度活跃、新兴产业高速发展”的中国特色人才特区的建设。

（4）创新金融支持政策。科技资本对高新技术产业的发展具有催化和促进作用。为加快培育科技型企业的发展，中关村出台了相关金融支持政策，引导各类金融机构为企业提供融资支持。为企业提供相应的贷款贴息、直接融资补贴、资信调查费用和保费补贴、融资租赁补贴、承接重大建设工程相关费息补贴等支持，对为重点培育企业提供金融服务的银行、担保、融资租赁、小额贷款机构提供风险补贴支持。目前，中关村已初步形成了“一个基础，六个机制，十个渠道”的科技金融服务体系，有效激发了各类金融资本的活力，整合了银行业金融机构、各类股权投资机构、多层次资本市场等多方力量，为科技企业的发展和科技成果转化提供可靠的资金保障。

5）企业文化与技术创新文化相结合

文化是推动社会发展的无形动力，中关村文化由产生于市场中的创业文化与科技创新文化相互作用而成，它涵盖了丰富的校园文化、创新的科学技术文化、丰富多彩的社区文化和丰富的企业文化。中关村的众多高等院校历史悠久，文化底蕴深厚，塑造了师生的文化修养和创造力。科学技术是知识的结晶和文化的重要组成部分，在继承、创新的循环往复中前进。中关村的社区文化活动频繁而丰富，社区居民是这些活动的主体。一方面，他们是文化服务的受益者，支撑着校园文化、社区文化、企业文化、科技文化的发展；另一方面，他们在文化活动的实践中丰富和发展自己，从而有助于整个地区的文化发展。不论规模大小，企业文化一直是中关村企业生产、创新的动力源泉。中关村企业主要是高新技术型企业，属于知识型或文化型企业，拥有深厚的文化底蕴。在企业文化内容方面进行创新，如改进经营理念、企业精神和企业形象等，是充分发挥企业文化在企业发展中的作用的重要手段。

中关村文化的精髓可以总体概括为“以创新为核心，鼓励冒险，容忍失败，倡导成功，敢于非常规”。创新是中关村文化的核心，中关村人具有的冒险精神不仅使他们能忍受创业阶段的艰辛，在坎坷的创业道路上披荆斩棘，更有助于发展其标新立异的个性，激发更多的创新灵感。这种逐渐形成、并不断强化的创新精神已深深植入每一个中关村人的心中。独特的创新文化已成为中关村创新发展的精神源泉和动力，鼓励创新和包容失败的理念鼓励着无数仁人志士在这里开展创新和创业活动。同时，这种全面、连续的创新活动又反过来发育了地区创新文化，使中关村形成了文化促创新、创新育文化的良性循环。

1.4.4 经验启示

（1）注重寻找地理优势和人才优势。中关村科技园区内有许多高等院校和研究机构，为高科技企业的技术创新提供了强大的后备技术支撑。中关村科技园区聚集着许多的高等院校和科研机构，这对产学研合作的实现非常有利。如，北京大学、清华大学等著名高等院校和中国科学院的众多研究所都位于中关村科技园区，这为园区的企业开展创新活动提供了非常有利的技术支持和研发条件。

（2）“科技+资本”双引擎驱动。研发投入是衡量科技创新企业群体创新能力的一项关键指标。2011 年中关村上市公司只有 115 亿研发投入，到 2015 年已经达到 820 亿的投资，再 2017 年，已达 1220 亿元，研发投资以较大的比例迅速攀升。可以说中关村上市公司是从市场角度获得资金，并且投入到研究开发中，因此，对于科技创新的支撑，通过投资能够完完全全实现，这个比例远远高于中国其他传统产业。

（3）为园区营造良好的生态化环境。良好的生态环境是园区生态化发展的基本保障。生态环境既包括内部支持环境，也包括外部国际环境。其中，支持环境主要包括生活和工作基本环境、信息化程度、生态理念和园区产业集群程度。生态理念在园区生态道路建设中起着主导作用，在理念的引导下，生态化道路可以得到不断的完善和发展；生活和工作基本环境以及信息化程度可以吸引更多企业入驻，从而为建设生态产业集群奠定基础。在国际环境中，园区需要积极主动地了解国际市场大环境，收集竞争对手相关信息，评估经济环境和预测国际市场发展趋势，结合区域自身特点确定基本主导产业，在综合国际产业发展趋势的基础上确定的核心产业才更有利于园区的长远发展和盈利。同时，积极创造与外国组织、企业、学术机构等合作交流的机会，在资源、技术和经验上分享和交流学习，创造园区向国际化靠拢的基本环境。

2 理论基础

在区域经济学研究领域，近年来出现了较多的跨学科研究主题，其中之一便是“区域创新生态系统”。我们通过图 2-1 梳理下该问题的跨学科研究背景。

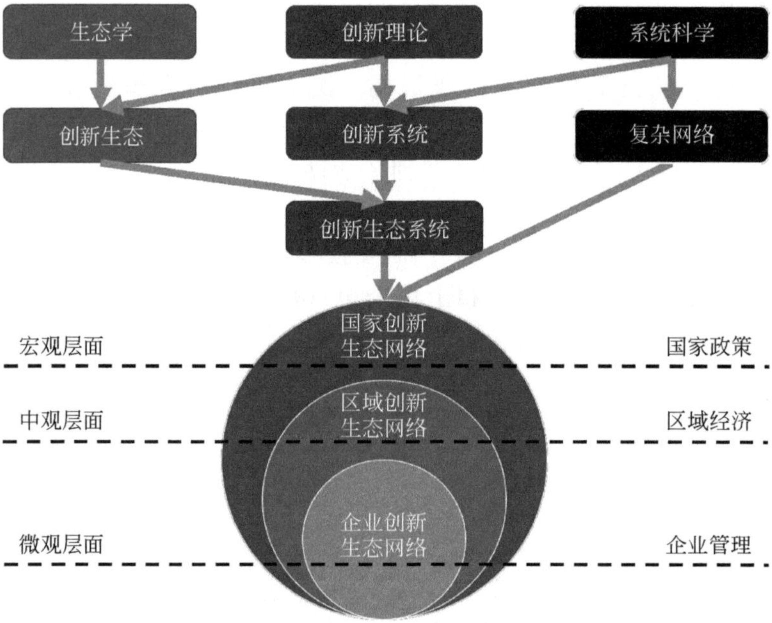

图 2-1 区域创新生态系统的跨学科研究背景

首先，它是“创新理论”与“生态学”的融合，当前出现了大量关于“创新生态”的研究。其主要从生态学的角度研究如何在区域层面（载体主要为高新技术产业园区）构建产业生态链，实现自我进化与永续发展。这类研究大量借用了生态学中的概念，非常形象地刻画了区域创新系统中各类主体之间的竞合共生关系，为通过定性方法分析创新发展的内在动力积累了良好的基础。但是其中有些研究过度侧重于生态系统与经济系统的类比描述，缺少科学严谨的定量化实证研究作为支撑。其次，它是“创新系统”和“创新生态学”两个研究领域的重叠，催生了“创新生态系统”的分支。人们普遍认为，“创新生态系统”的概念源于“商业生态系统”，并与“创新系统”的概念相结合。在创新网络、创新系统等概念和理论体系的前提下，创新生态系统成为当前学术研究前沿之一，已经初步形成了独特的概念范畴、理论体系。最后，则是近年来各个跨学科领域都积极引入的分析工具——复杂网络，将其应用在“创新生态系统”的研究当中，便出现了一种崭新研究范式——“创新网络”，它能够将创新活动涉及的要素流动（技术、资金、人才）和环境影响（政策、文化、组织）融入一个分析框架，通过对创新主体之间复杂关联的分析来解释网络结构与创新绩效之间的归因关系。近年来，随着网络分析工具的不断成熟和创新活动相关数据的日益丰富，从复杂网络视角对高新区创新生态系统进行研究已成为国内外学者关注的焦点。

2.1 生态系统理论

生态系统理论中许多看似简单的想法和理解，实际上具有非常深刻和复杂的含义。组织生态学还将生物学概念与经济和社会的法则相结合，以期更好地理解各个组织的生命周期。尽管至少在表面上都属于“生态”的概念，但这两个领域是建立在生态学领域之外，因为传统意思上的生态学很少关注人类活动，除非它们破坏了自然界的运行规律。本书将首先辨析自然生态系统和组织生态系统的异同，为后续研究创新生态系统提供理论基础。

2.1.1 自然生态系统

自然生态系统是在特定的空间范围内生物群落与外在环境及其之间复杂关系构成的有机整体。群落间以及群落与外在环境之间互相影响、制约，共同推动整个生态系统不断演进。生态系统具有对外开放性，不断吸收新的能量流入系统，并促使能量在整个生态系统中无阻地流动循环，同时，通过生物群落的多样性来维持生态系统的活力，通过生物群落与外在环境的协同性实现生态系统的良性发展，通过生态系统的自我调节功能推动整个系统不断演进。

自然生态系统可以包含数百甚至数千个物种，但是某些物种对于构建稳定的生态系统至关重要，被称为关键物种。从生态学角度来看，它们与许多占主导地位的行为者有着密切联系，如果将其移除则会导致整个生态系统崩溃。自然生态系统内的物种通过它们之间资源和信息的流动建立起联系，范围从高度专业化（即一个物种可以独自满足另一个物种所需）到高度广泛化，从狭生性物种到广生性物种，从高度有益到非常有害。互利共生是指使双方参与者都正向得利的互动，可以用（+，+）互动来表示，即两个物种之间的互动对双方都是有利的。如果物种间的互动仅对其中一方有利，那么对另一方来说可能是中立的，用（+，0）互动表示；也可能是完全有害的，用（+，-）互动表示，如捕食对象之间的关系。当然，互动可能对两个参与者都不利，即（-，-）互动，这便是典型的竞争关系。大多数生态学家认为（-，-）互动在决定自然生态系统的功能方面最为关键，也就是我们所说的“优胜劣汰”，是物种演化的基本动力机制。

对于自然生态系统最多的描述是其物种多样性。从技术角度来看，多样性是一种将多个物种与个体物种在整个物种中的分布相结合的一种度量。一般来说，它仅指现存的物种数量。长期以来，人们一直认为生态系统对外部扰动所展现的弹性（外部诱发的冲击）与物种多样性有关，包含更多物种意味着系统会表现出更高的弹性，部分原因是至少某些组成部分能够适应不断变化的外部环境。然而，近年来这种现象的普遍性引起了激烈的争论。实验研究虽然为这种现象提供了不同程度的支持，但是其内在机制仍不清楚，甚至生态系统“弹性”本身的定义也不一致[14]。

最新的研究表明，弹性源于一种称为嵌套性（nestedness）的系统拓扑结构。在自然生态系统中，狭生性物种倾向于与广生性物种互动，而不是与其他狭生性物种互动，形成了物种相互作用的嵌套网络（nested network）结构。从某种意义上说，嵌套性已被证明具有一定的弹性。假设一个自然生态系统中的物种开始消失，具有嵌套网络结构的系统要比完全没有这种结构的系统花更长的时间才能完全崩溃（即导致物种灭绝）[15]。由于这种结构对生态系统具有明显的保护作用，嵌套性已经开始引起学术界的广泛关注[16]。

2.1.2 组织生态系统

与自然生态系统类似，组织生态系统包含各种各样的参与者和组织，某些组织作为生态系统的关键物种出现，而系统则依赖于这类组织存在。例如，就林业生态系统而言，可以将采伐木材的公司视为关键参与者，因为如果没有此类企业提供的原材料，其他林业企业将无法运营。当然，其他企业也可以充当关键物种，即一个生态系统可以包含多个关键物种。

在组织生态系统中，互动也是通过资源和信息的相互流通所实现的，并根据它们产生的利益和所造成的损害而变化。首先，就像在自然生态系统中一样，可以存在互惠关系——双方都可以从商品和服务的交换中受益。其次，互动有时也可以使一个组织受益，而不会对另一个组织产生任何明显的影响。最后，组织生态系统中竞争的影响可能是有利的或者有害的，具体取决于环境。这种从竞争中获利的潜力受到人类社会各种规范、规则和制度的影响，是自然生态系统所不具有的。

组织生态系统具有嵌套结构。当前，嵌套性被观察到存在于功能和优先级重叠的各类参与者和组织，它们共同构成了这个生态系统。参与者和组织完全嵌套在大型组织中的情况较少（如一个仅将其产品出售给一个零售商的小型纸张制造商完全嵌套在该零售商中）。信息技术使得组织间的连通性大大提高，使其向着水平组织结构演化，也使得完全嵌套结构成为一种例外而不是标准配置。

嵌套的程度会对组织生态系统的弹性产生积极影响。生态系统中嵌套结构越多，当组织内部的参与者或局部发生故障时，就越有可能及时出现应急措施。换句话说，组织在生态系统中的“备份计划”只有在内部构成丧失功能时才发挥作用。例如，众多林业企业或林业相关企业在组织功能上的重叠形成了一种纠结结构，这种结构包含的冗余增强整了个生态系统的弹性。如果其中一家纸产品制造商与多个原材料加工商有供货关系，那么一家上游企业出现供货问题，下游企业可以通过与备用供应商的合作关系继续维持正常运转。因此，组织生态系统的嵌套性有助于防止参与者和组织受到局部甚至系统性故障的影响。

组织生态系统中的物质与信息交换通常发生在狭生性物种和广生性物种之间，而不是狭生性物种之间，这类似于在自然生态系统中观察到的相互作用模式。有所不同的是，交换也发生在文化环境中——它既是一个经济过程，又服从于社会体制或政治制度，受到营利性组织和政府机构的共同引导。

2.1.3 两类生态系统的异同点

自然生态系统和组织生态系统是既有共性又有区别的两类复杂系统。表 2-1 中列出了自然生态系统支持组织生态系统的隐喻，表 2-2 则是我们认为产生误导的假设——它们破坏了生态系统隐喻对于理解组织实践的实用性。这种基于生物生态学的隐喻十分形象地描述了由各类松散或紧密的纽带所组成的社会结构，并可以进一步通过这些纽带追溯各种形式的资源和信息的交换。作为近年来的研究热点之一，创新生态系统从各类组织生态系统研究中脱颖而出，众多学者和实践者借助生物生态学理论框架来研究由创新主体、创新关联、创新资源和创新环境共同构成的创新生态系统。

表 2-1　两类生态系统的相同点

	自然生态系统	组织生态系统
基本组织特征	自然生态系统是涌现的	组织生态系统大多数情况下是涌现的 ·唯一的例外是组织试图在各种规模上进行更多的全系统设计和规划
	自然生态系统的存在并不意味着它是健康、功能健全和持久的 ·在一组环境条件下，而非其他条件下，自然生态系统可以是健康、功能健全和持久的 ·即使自然生态系统具有弹性，许多甚至大多数物种的性能仍无法达到最佳	组织生态系统的存在并不意味着它是健康、功能健全和持久的 ·在一组经济、社会或（和）环境条件下，而非其他条件下，组织生态系统可以是健康、功能健全和持久的 ·即使组织生态系统具有弹性，许多甚至大多数参与者的性能仍无法达到最佳
生态系统特征	自然生态系统的稳定性源于关键物种 ·如果关键物种消失，系统可能会崩溃	组织生态系统的稳定性源于关键参与者
	物种的互动通过资源和信息的流动实现	参与者和组织的互动通过资源和信息的流动实现
	自然生态系统由互动构成 ·互利共生让所有物种增益 ·偏利共栖只让一个物种增益，而不是所有 ·捕食关系让一个物种增益，让其他损益	组织生态系统由互动构成 ·互利共生让所有参与者增益 ·偏利共栖只让一个参与者或者组织增益，而不是所有 ·捕食关系让一个参与者或者组织增益，让其他损益
	物种是狭生性或者广生性的 ·狭生性物种倾向于与广生性物种互动，而不是与其他狭生性物种	参与者是狭生性或者广生性的 ·狭生性参与者倾向于与广生性参与者互动，而不是与其他狭生性参与者
	嵌套性产生于物种互动形成的网络中 ·嵌套性赋予系统更大弹性 ·嵌套网络中通过移除物种而出现系统崩溃现象耗费更多时间	嵌套性产生于参与者互动形成的网络中 ·嵌套性赋予系统更大弹性 ·嵌套网络中通过移除参与者而出现系统崩溃现象耗费更多时间

表 2-2　两类生态系统的不同点

		自然生态系统	组织生态系统
基本组织特征	物种并不能预测未来条件，不能通过实施策略和调整结构来实现降低风险和增强确定性的目的	人类参与者引导组织发展，并试图预测未来条件，创造出策略和结构（制度）来实现降低风险和增强确定性的目的
基本组织特征	自然生态系统不包括应急措施，无法应对某个关键物种的缺失	组织生态系统通常包括应急措施，能够应对某个关键参与者或组织的缺失
基本组织特征	自然生态系统是通过较低层次结构的互动构建起来的	组织生态系统是通过较低层次或较高层次结构的互动构建起来的，因此本质上可以是基层的，也可以是自上而下的
基本组织特征	自然生态系统不会为了整体利益而进化	那些不为了社会整体利益而不断进化的组织生态系统，终将面临被淘汰或被孤立的危险境地
生态系统特征	竞争对于相关物种来说是损益的	竞争对于涉及的参与者或组织来说，可能是增益的，也可能是损益的 · 人类拥有规范、价值观和制度（例如法律），这些能够调节竞争为社会的整体利益服务
生态系统特征	自然生态系统可以有机地涌现、运行和崩溃，无需通过精心设计策略和结构的帮助或干预	组织可以设计和总体规划系统和网络

2.2　创新生态系统理论

在日益激烈的市场竞争中，为了在市场中有立足之地，企业不断提升自身竞争力，持续开展各种形式的技术创新。而最初的创新仅存在于单个企业内部或者停滞于科研机构内部，利用企业家的创新精神创造出新的价值，无法形成产学研的结合，这位于简单的线性创新层面。受市场结构、消费者需求、技术保护等多方因素的限制，单纯的组织创新或技术创新已不能满足企业和市场的需求。因此，企业的单独创新行为逐渐转变为“高等院校—企业—政府”的“三螺旋”模式①。三个机构功能互补、相互作用，信息技术成为生态系统创新的重要推力，在促进创新和发展中发挥关键作用。21 世纪初，创新更加强调用户的导向作用，创新体系进化为“政府—企业—高等院校—用户”的“四螺旋”模式，实现经济、社会和生态的良性循环，完成创新的生态转型，形成了一个能够支持不断创新和拥有创新活力的创新生态系统。

2.2.1 创新理论的由来

创新理论的发展经历了一个从技术创新到制度创新、从企业家创新到社会创新、从线性创新到网络创新、从孤立创新到创新系统逐步演化的过程。从熊彼特提出创新概念为起始，学者们对创新本质的探求就从未停歇。创新的动力机制研究也从单因素、双因素、三螺旋、四螺旋到“创新系统”，实现了研究范式的一次次转变。在这一过程中，全球也经历着科技水平的飞速发展。

熊彼特 1912 年在《经济发展理论》中首先提出创新的概念：创新是一种生产函数的改变，其中生产要素和条件构成了方程中的变量，不同的组合方式就是方程中的系数，系数的改变会导致因变量的改变。他第一次将创新与资本及劳动力区别开，并将其视为一种新的组合，但他将技术创新看成是一个经济系统的外生变量，并将技术创新过程看成一个黑箱，仅将其作为企业家为获得短期超额利润的一种原始的价值追求。晚年的熊彼特作为垄断经济拥护者的代表，对自己之前的创新理论进行了颠覆式的革新，他认为技术来自企业内部的创新部门。这一次，他将技术创新内化为经济系统的一个变量，并认为技术创新是企业发展和获取优势的关键。但同时，他也意识到，创新具有相当的风险，如果创新失败，例如研发的新技术与市场不匹配、核心技术未形成重大突破，或者其他资本、人力因素等问题的出现将极大影响企业的发展进程，形成负反馈机制，并将对企业产生重要影响。在他此后相当长一段时期，技术创新始终被视为资本积累的副产品，而资本在生产函数中则是自变量。直至 20 世纪 60 年代，科学技术在经济发

---

① 20 世纪 80 年代，随着知识经济的形成和发展，作为创新活动源头的高等院校成为科技创新行为的重要组织者和主体，高等院校不仅为创新发展提供了必要的知识、智力和人才基础，而且还直接参与科技成果转化、技术创新、产业升级、产品研发等创新活动。1995 年，三螺旋理论由美国学者亨瑞埃茨科瓦茨和荷兰学者勒特雷德斯道提出，并迅速得到国际学术界的广泛关注，逐步发展成为创新体系研究中的新范式。该理论强调高等院校、企业、政府在创新过程中的协同与互动，创新资源在三者之间既有横向的流动与扩散，又有纵向的整合与提升，其本质是通过增强三者之间有效互动形成的合力来促进创新资源的不断整合和创新系统的螺旋上升。通过增强高等院校、企业、政府三者之间的有效互动实现创新系统的不断演化和升级，从而促进经济社会的可持续发展。

展中的重要性日益突出，创新理论逐渐成为活跃领域，大量国内外学者开始对创新问题进行更为深入地思考和研究，并根据熊彼特的创新理论，形成了“技术创新”和“制度创新”各具特色的两大流派，以及更多具有综合性的研究。

20 世纪 80 年代，创新系统理论逐渐得到关注。Lundvall 使用“创新系统”(system of innovation) 概念时[17]，注意到 19 世纪 List 提出的“国家政治经济系统”(the national system of political economy) 概念[18]，将创新系统定义为一系列参与新技术开发和扩散的机构集合，这些机构为提高创新绩效而相互联系和作用。Freeman 于 1987 年以“国家创新系统”(the national system of innovation) 来概括和解释 1960～1980 年日本经济赶超与繁荣[19]。1993 年，Nelson 将国家创新系统定义为，一组通过相互联系与相互作用影响和决定企业创新行为的机构，他认为良好的制度设计可以保证国家创新系统的有效运行，良好的制度设计可以平衡技术的公有和私有两方面属性，在激励私人创新的同时，保持创新的公有性，有效促进技术的广泛应用[20]。1998 年，路甬祥主编的《创新与未来：面向知识经济时代的国家创新体系》介绍了国家创新体系基本理念，规划了构建中国国家创新体系的总体愿景和政策措施[21]。1999 年，我国著名学者李京文就指出创新是知识经济的灵魂所在，并提出加快建立和完善国家创新体系[22]。

2.2.2 创新生态系统的概念

创新生态系统具有一定的空间范围，许多学者都将目光投向区域这一特定范围。Cooke 首次界定了区域创新系统这一概念。区域创新系统被认为是一个区域组织系统，由生产企业、研究机构和高等教育机构组成，这些机构在地理上是分开的但又相互关联，这种体系支持并产生创新[23]。对区域创新系统的研究与演化经济学理论密不可分，系统内的创新组织需要相互学习、协同创新，而不是进行封闭式的创新活动。在系统构建的过程中基础设施和相关制度的建设必不可少，良好的基础设施和制度安排有助于系统内创新活动的催化与涌现。随着对区域创新系统的深入研究，创新主体间技术创新的相互依赖程度显著增强，协作竞争关系逐渐复杂，展现出自然生态系统的部分特征。这源于区域创新系统的成功并不是单个企业创新的加总。企业间协作研发和技术标准合作等创新行为的实现是重要的影响因素，而这个动态演化过程与自然生态系统存在着千丝万缕的联系。

对于创新生态系统的概念，有环境说、系统说和网络说三种视角。黄鲁成认为区域技术创新生态系统是“在一定的空间内，通过创新物质、能量和信息流的互动和相互依存，形成技术创新复合组织和技术创新复杂环境”[24]。区域创新生态系统强调该地区所有参与者之间的“相互适应”，不仅要关注有形物质资源的交流，更重要的是要关注知识、创造力和文化等无形资源的共享，是由创新主体与周围环境的相互作用、动态演化和相互依赖关系形成的系统。Jackson 将创新生态系统定义为“将技术开发和创新在功能上视为目标的参与者或实体之间的复杂关系”[14]。李万等认为，创新生态系统是指物质、能量、信息在创新群落与创新环境之间传导，形成共生竞合、动态演化的开放复杂系统[25]。柳卸林等人认为，创新生态系统是通过对生态学中创新资源的协同和整合，建立渠道和平台，共同建立以“双赢”为目标的创新网络[26]。陈健等认为，创新生态系统是指多方主体和外部环境相互联系、共同演进，形成实现价值创造和利益分享的创新网络[27]。企业和行业的创新活动都要以一定的空间条件为前提，在一定的空间范围内才能实施。Andersen 提出，创新生态系统首先诞生在一个成功的创新区域，如硅谷和班加罗尔，然后出现在一个新的行业（如云计算行业）或一个成功的创新平台，以及来自世界各地的企业家和投资者，他们致力于上述行列[28]。因此，区域创新生态系统被定义为一个与多个区域内的各种创新群体和创新环境相互作用的有机整体[29]。它不再局限于特定的工业部门内，而是延伸到某一领域内所有行业、研究机构和高等教育机构的重新整合，它们为了获得效率和效益相互作用。

基于以上阐述，区域创新生态系统可以定义为：在一定的空间内，由创新实践主体、创新服务主体、相关的支持机构或组织以及创新环境组成，通过各种创新群落之间的物质、能量和信息等元素的流动，形成具有自然生态特征的相互作用、相互依存的复杂的系统。

2.2.3 创新生态系统的构成

创新的生态系统是包含创新物种、群落和创新链的复杂系统。通过自我进化、自我完善和异质协同、竞争和共生、替代来实现可持续发展的目标。与链式创新相比，系统式创新打破产业创新链之间的界限，节约了交易成本，提高了运行效率。这里要指出的是，尽管创新生态系统是基于自组织原则不断发展的，但是系统内部各主体之间的合作不一定必然会形成多方共赢的局面，甚至系统会由于主体之间协作的低效或者失败而突然走向衰弱，其中主体的参与动机、意识等主观动机对于创新生态系统的发展也至关重要。

创新生态系统的形成不是主体的任意组合，而是必须遵循某些组织或结构的原则，系统中每个个体都有确定的层次与位置。创新生态系统可以分为五个层次：创新源、创新主体、创新种群、创新群落和创新链（图 2-2）。其中，区域创新系统中众多的创新链交织在一起之后就形成了创新网络，可以说创新网络是创新生态系统的具体表现形式和功能载体。

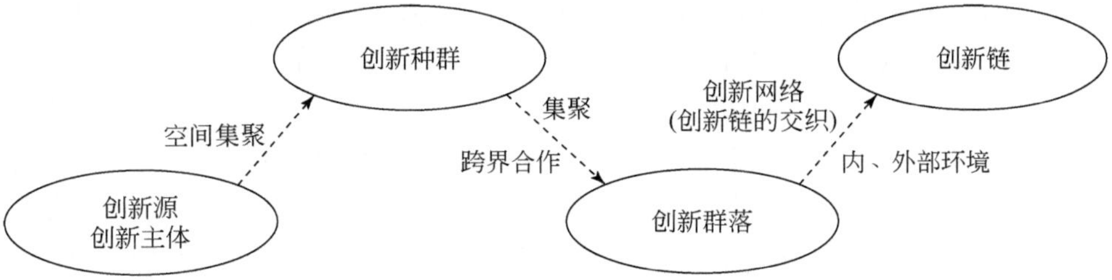

图 2-2 创新生态系统的层次结构

2.2.3.1 创新源

作为创新活动的重要组成部分，创新源实质上是能够提供创新资源的载体，也称为知识的来源或信息的来源。创新源涉及三个方面的问题：一是为什么要进行创新；二是创新源要创新什么；三是由谁进行创新活动。这三个方面的问题对应了创新源两方面内容：首先，创新的动力来源是什么，即创新的源泉；其次，创新主体开展创新活动的知识来源，即创新知识来源的问题。知识来源又包括内、外部知识来源和知识的转化。内部知识来源包括元件知识和架构知识，其中元件知识指的是个人创新的知识，而架构知识则是指将各个元件集成为一体的知识。外部知识源包括与创新主体有关的其他主体所拥有的知识，获得外部知识的主要途径包括商业交易、技术并购以及技术联盟等。这里需要强调的是，外部知识会更多地影响着创新主体。

2.2.3.2 创新主体

科斯在其著作《企业的性质》中指出："企业和市场是可以相互替代的不同的资源分配机制。在交易成本趋减导向下，企业已取代市场成为交易的新形式。而企业正采取各种各样的组织方法降低成本"[30]。从交易成本（transaction costs）的概念出发，企业的本质就是削减人与人、群体与群体之间的交易成本，减少达成协议或完成交易所占用的经济资源。当研究视角从企业价值链上升到产业价值链层面，企业在区域内的集聚也是为了降低它们之前因为地理位置而产生的交易成本（信息技术的发展降低了空间要素的约束）。与此同时，人才、金融、教育等创新要素在区域层面的不断聚集和共同作用，构成了创新生态系统的必备基础，这也正是波特所提出的产业集群理论的核心所在。

波特首先提出"产业集群"的概念。在对工业化国家进行了一系列研究之后，他用这个术语来总结这些国家的聚类现象。他提出产业集群的三个特征：一是产业集群的主体是企业和关联机构；二是这些企业和附属公司在地理上彼此接近；三是，这些公司和附属公司处于相同的或相关的工业领域[31]。实际上，产业集群只是经济系统发展的外在表现，企业和关联机构进行的协同创新（collaborative innovation）才是决定区域竞争力和竞争优势的关键所在，而它们也有了一个共同的名称——创新主体。

创新主体作为创新源的整合和载体，是指具有较强创新能力和意识，不断开展各种创新活动的组织，包括研究机构、高等教育机构和中介机构等。它能够整合各种创新资源，使创新活动和掌握新知识、新技术成为组织的一种基本职能。并且，组织本身可以在市场机制和竞争机制的引导下，自发形成一种知识结构，其能够形成一套固定地吸收知识、解决问题以及开发创新资源的方法，从而提高组织的技术创新实力，最终增强创新能力。

2.2.3.3 创新种群

创新种群是创新主体的集合，也是创新群落的“核心”。创新种群下有很多“亚种群”，例如制造业具有石油加工、医药制造等众多子行业，这些亚种群都具有自身独有的特征，并分布于创新种群和创新生态系统的不同生态位，所有亚种群的典型特点共同构成了创新种群的发展特征。创新生态系统作为一种协同整合机制，创新种群的整体协同性是很重要的，种群的整体创新能力是影响创新主体绩效的关键要素。值得注意的是，随着创新种群的扩大，承载种群的载体（如区域等）资源会逐渐无法满足种群的需要，从而使种群内部竞争加剧，这在其他不同层次的创新生态系统单位的发展过程中也会出现。创新生态系统中的主要创新种群的功能与定位各不相同，但都直接或间接影响技术创新的各环节，进而影响系统技术创新的涌现。

1）科研种群——原始创新主体

以高等院校与科研机构为主的科研种群是创新生态系统中知识与人才的提供者，主要从事原始性、基础性、无具体商业目的研究，是基础性研究的主要阵地。在市场经济背景下，企业一般是不会投资没有近期经济效益的基础研究的，然而基础研究却又是大规模创新产生的基础，高等院校与科研机构正是从事这类研究的最佳主体，同时，这也需要政府及相关部门进行组织并给予资金支持。此外，随着创新竞争要素地位的提高，高等院校和科研院所在创新生态系统中的职能也逐渐从单纯的知识生产与扩散逐渐转向同时重视技术成果转让、衍生企业、企业咨询和培训等。

2）企业种群——技术创新主体

企业是创新生态系统中的核心种群，是对基础创新成果进行应用与开发并进行产业化的部门，是技术创新的主体。在创新生态系统中，企业居于核心地位，其他创新主体需要与企业发生直接或间接联系，通过企业将技术创新成果产业化并最终转化为满足市场需求的产品或服务。企业是产业的微观基础，企业的盛衰将影响其所属产业的发展。在创新生态系统中，创新主体分为大型企业和中小型企业两大类，其中，中小型企业是创新活动的主要力量。在创新网络的作用下，系统内的不同企业间的分工日益明显，不同类型的企业在创新网络中的职能定位也逐渐明确。主导企业是系统中的领袖与核心，具有带动上下游企业联动发展、维系创新网络的作用。配套企业可以沿着产业链，围绕主导企业进行创新活动，是创新的主要力量。平台企业则依托特定市场资源的集聚优势，具有较强的创新资源聚合能力、业务推广能力和关联企业服务能力。

3）中介种群——创新分解主体

分解者是将无机物转换为简单有机物的异养生物，是维持生态系统运行所必需的要素。在创新生态系统中，起到这一作用的是中介种群，其主要作用是降低交易成本，加快创新生态中知识、信息、资金、人才等创新资源的流动，以实现要素的合理配置。中介部门的产生是系统中分工与专业化程度加深的结果，主要包括科技中介、产权中介、人才中介、行业协会等。

科技中介（包括科技咨询机构、产业联盟、创业孵化及科技成果转化类机构等）是支撑科技创新活动和促进科技成果产业化的专门机构。它根据市场经济规律，为创新企业、高等院校、科研机构等各类创新主体提供专业知识、专门技能以及社会化、专业化服务。科技中介是知识和技术扩散的重要渠道，在不同创新主体间发挥着重要的连接作用。

产权中介主要是指产权交易中心，它为企业产权和知识产权的相关交易提供平台，同时也降低了企业的退出壁垒，进而有效降低企业创新风险。

猎头公司与人才市场都属于人才中介。人才中介可以降低人力资源的搜寻成本，有助于创新生态系统中的人才流动，优化系统中的人才资源配置。

4）金融种群——创新投入主体

金融种群是创新资金的提供主体，它通过自身的投资融资行为，为主体的创新活动及时地提供充足的资金支持，从而形成与其他种群之间的资金流动，对整个系统的技术创新活动起支持和保障作用。金融环境与金融市场的优化发展是提高技术创新能力，实现系统快速健康发展的基础保障。金融种群主要涵盖商业银行、证券公司、保险公司、创投机构等部门。它不仅可以为创新活动提供资金支持，而且对于提高资金配置效率、节约交易成本、合理化企业组织有重要作用。

5）政府种群——创新催化主体

创新活动需要在特定的制度、组织、文化背景下进行。政府作为政策制定者和重要的创新主体，除具有建设基础设施、营造创新硬环境的职能之外，还承担着建设市场、信息、文化、法律等软环境的职能。此外，政府还具有组织和引导科研机构与科研企业研发攻关关键共性技术的职能；同时，政府能与其他创新主体产生交互作用从而对创新网络结构的优化和区域创新能力的提升产生直接或者间接作用。而这些职能的最根本作用都是通过直接投入、间接投入和制度安排等方式参与创新活动，旨在催化出成千上万的创新活动，形成自组织、自适应、自驱动和涌现的创新活动，促使创新成果涌现。

2.2.3.4 创新群落

创新群落的概念于 1996 年由 Lynn 等人在组织理论和组织生态学理论的基础上首次提出，具体指技术商业化过程中所直接和间接涉及的所有组织。他们认为，研究重点应放在群落成员之间的关系、技术和群落之间的互动效应上[32]。创新群落是指在特定时空内，各创新种群与创新环境相互作用、相互适应而形成的具有一定结构和功能的创新系统，它以最终形成商业化的技术创新为目的（图 2-3）。创新群落是区域创新生态系统的初级形态，每个区域创新生态系统内都可以形成若干个创新群落。创新群落可以有效降低创新活动中技术和市场的不确定性，克服单个企业在从事复杂技术系统创新时的能力局限[33]，从而降低企业因外部环境不确定性所产生的创新风险。

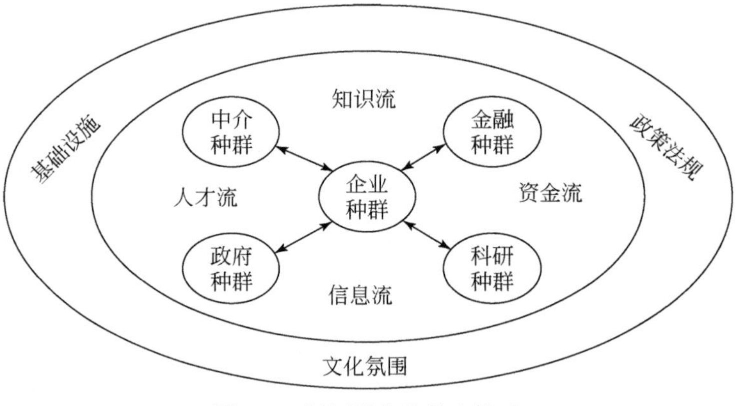

图 2-3　创新群落的基本构成

从生态学和组织学的视角来看，创新群落是一个开放性的系统结构，由创新种群、创新环境和创新资源组成，其中企业种群是创新群落的核心，其他种群则是创新群落的基础，为创新群落提供创新资源；基础设施、政策法规、文化氛围等要素为创新群落的外部环境；资金流、知识流、信息流、人才流等创新资源发挥了营养物质的作用，促进创新群落的健康发展。因此，创新种群、创新环境和创新资源有机结合在一起，共同构成了功能完整的创新群落。企业种群自身的能力和对创新的欲望，相关种群的服务能力以及与企业种群连接的强度，创新环境的完善程度，种群内部创新资源的丰富程度和流动速度等因素，影响着创新群落技术创新的绩效。

2.2.3.5 创新链

创新链的起点是创新源，它经过若干阶段形成成果，并转化为收益从而最终形成创新价值，因此，创新链的结果是整个创新成果的总价值。创新链是创新源形成创新价值的过程，包括创新孵化、创造创新成果、创新成果的生产和创新价值的实现。

有关创新链的认识一共经历了四个阶段：第一阶段，创新链是一个线性创新链，始于基础科学研究，结束于商业应用；第二阶段是强调市场反向反馈的线性创新链；第三阶段是强调创新链的非线性化趋势；第四阶段是强调创新链的循环模式，创新主体间的关系从最初的简单市场交易关系转变为战略合作关系，即创新链的网络模式。

综上所述，创新链是一条包含多环节、多主体以及多要素的链条，它建立在有效分工的基础上，以创新活动为纽带，使各创新主体通过合理互动、功能互补，共同致力于各创新主体关系从线性关系向非线性关系的演化，形成高效的创新网络，不断优化创新生态系统，推动创新价值的实现。

2.2.4 创新生态系统的结构

创新生态系统的结构主要指系统内各种有关创新要素在时空上的分布与组合，以及各要素在相互交流过程中通过能量流、物质流、信息流等的传递所形成的关系。区域创新生态系统的结构根据不同的判定标准可分为空间结构、时间结构和层次结构等。

2.2.4.1 空间结构

空间结构是指区域创新生态系统中不同类型的创新种群在空间上的系统结构，根据空间大小，将区域创新生态系统空间结构分为小尺度和大尺度。

小尺度区域创新生态系统是指围绕创新活动在某一特定区域内（如北京中关村）所形成的、具有鲜明区域特征的小型创新生态系统，其空间结构如图 2-4 所示。小尺度区域创新生态系统主要包括六个部分：高端人才、领军企业、高等院校与研究院所、创新金融、创新服务和创新文化。高端人才是指为促进区域创新活动所引进或培养的、在相关领域创新能力较强的、对区域创新活动有重要影响的人才。领军企业则是指在区域内创新能力较强，能够引领和把握区域创新方向的企业，往往这类企业拥有较强的资源整合能力。高等院校院所是指高等院校和科研院所，前者主要为生态系统培养创新生力军，后者则主要是提供最新研究成果，加速区域创新过程。创新金融是指为促进区域内创新活动所进行的金融方面创新，主要是为更多创新主体提供资金支持，缓解创新主体，特别是处于初创阶段的创新主体所面临的资金压力。创新服务包括政府服务和市场化服务，前者是政府通过产业政策等措施服务企业创新，后者则是指市场中的服务类企业为创新类企业所提供的各种服务（如咨询、税务等）。创新文化是指围绕创新活动所形成的、具有一定地域特点的文化，创新文化的繁荣有利于区域创新活动的迸发。

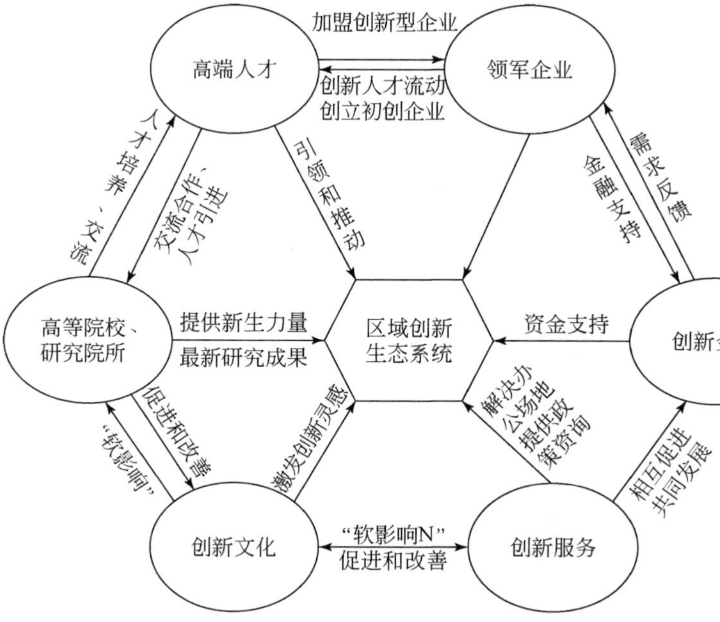

图 2-4　小尺度区域创新生态系统的特殊结构

大尺度区域创新生态系统，也可称为一般类型的区域创新生态系统，是指以省级或者跨省级（如京津冀、长三角等）行政区划为边界，围绕创新活动所形成的生态系统，其空间结构如图 2-5 所示。大尺度区域创新生态系统主体主要包括政府机构、中介机构、高等院校、科研机构、非政府组织和企业，这些组织机构的功能和作用与小尺度区域创新生态系统类似。所不同的是，大尺度区域创新生态系统在强调地理边界的同时，也强调域内和域外的有关创新组织机构之间的交流、合作，甚至创新文化的相互渗透，这也表明，创新活动不是孤立的、封闭的，而是联合的、开放的。

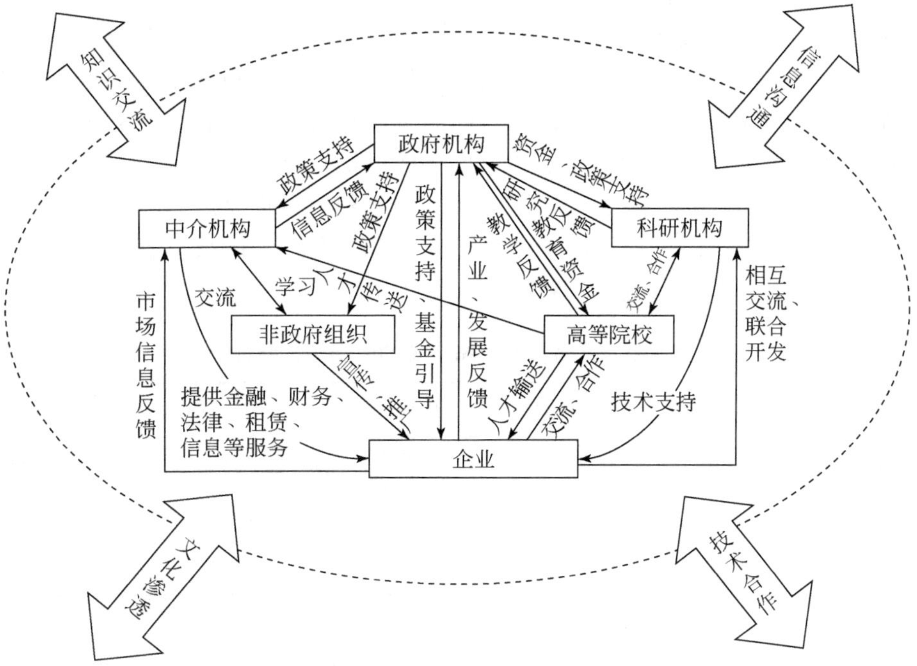

图 2-5　大尺度区域创新生态系统的一般结构

2.2.4.2　时间结构

系统时间结构是指在一定时间范围内，系统内创新种群的动态变化，包括创新主体从单体到种群，创新环境从不完善到完善，以及创新主体与其所处的创新环境之间的相互作用、相互影响进而形成生态系统的全过程。

区域创新生态系统的发展过程基本上可以分为起步、成长、成熟三个阶段，不同阶段有不同的发展模式。

在起步阶段，创新要素集聚程度不高，创新企业数量和质量低，中介机构服务体系也尚未形成，系统整体框架还未形成。在这个阶段需要更多发挥政府主导作用，通过制定和实施相关积极政策措施，搭建与其他区域的合作交流平台，积极与创新水平较高的地区展开交流。在积极引导本地企业从事创新活动的同时，通过形式多样的“引资”和“引智”工程，逐步构建区域创新生态系统。

在成长阶段，系统无论是创新能力，还是创新活动相关的配套建设都有很大提升。创新主体在一定区域内的交流活动频繁增加，系统更加注重对本地区创新主体的培育。政府职能开始由项目扶持向产业引导转变，市场发挥基础性作用；

同时，中介机构发展迅速，各种服务逐步完善，创新企业的社会成本大幅度降低，区域创新生态系统正在形成。

在成熟阶段，经过前两个阶段的积累，该阶段的系统运行机制已经完善，区域创新能力发生质的提升，由原来的创新成果引入转向创新成果输出，市场在创新资源配置方面发挥决定性作用，政府职能进一步转变，主要负责对创新企业进行监管、完善市场体系、营造竞争的市场环境、培育创新型文化等。此外，处于该阶段的创新生态系统，除了创新主体活动频繁和质量提升之外，中介机构的服务模式也丰富多样，对于提高整个区域创新生态具有重要的推动作用。区域创新生态系统不同时间段的时空结构特征如表 2-3 所示。

表 2-3　区域创新生态系统的时间结构特征

阶段	创新主体	推动力量	中介机构	市场作用	科技创新能力
起步阶段	弱小	政府	小或无	基本无作用	几乎没有
成长阶段	壮大	政府和市场	发展壮大	基础性作用	逐步增强
成熟阶段	独立	市场	发达	决定性作用	十分发达

2.2.4.3　层次结构

与其他创新生态系统不同，区域创新生态系统着重强调地域大小，按照地域大小可划分为产业聚集区创新生态系统（包括县级和地市级产业园区）、省域区域创新生态系统、跨省域区域创新生态系统和国家创新生态系统（图 2-6）。

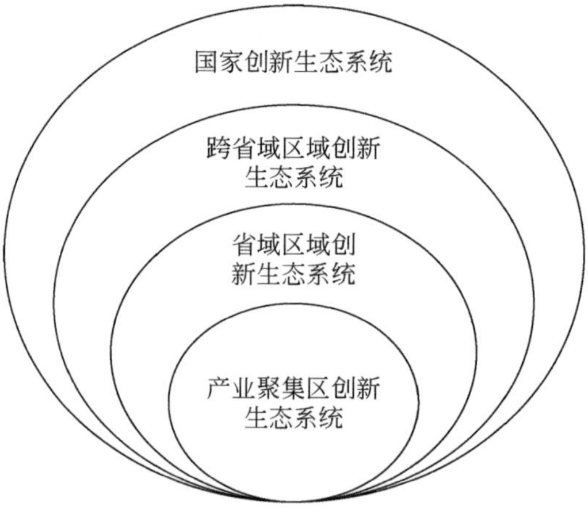

图 2-6　按区域划分的区域创新生态系统层次结构

随着区域创新生态系统范围的不断扩大，种群数量和多样性也不断增加，不仅促进了更大规模的创新活动，同时也提高了创新生态系统抵御外部风险的能力。

2.2.5 创新生态系统的特征

区域创新生态系统是区域创新活动中生态发展概念和模式的动态体现。以创建区域创新环境，有机整合区域创新要素，创新区域创新模式为目标，提升区域社会竞争优势，提高区域社会综合实力。强调区域创新可以在遵循基本创新规则和要求的基础上实现全方位推进和可持续发展。

从系统科学的角度研究创新，意味着这个系统像网络一样是一组相互联系的活动（或行为主体）结合而成的整体，这自然使人们关注创新系统的连接机制。是否通过现有连接充分利用了沟通和互动的潜力？在创新体系中形成潜在的联系是否具有经济效益？这些问题可以从创新生态系统的各类特征上找到线索。

2.2.5.1 整体协调性

系统内的各个组件之间存在强大的协调能力。如果在动态系统中缺乏重要的补充要素，或者无法改进和开发，这将阻碍甚至延迟整个系统的开发。在技术创新和商业化之间经常存在一个相当长的过渡期，这就是经济史学家经常提到的"反向突出"和"瓶颈"现象[34,35]。20世纪一些最重要的创新，比如电和汽[36]，都依赖于非常广泛的基础设施投资（电线和道路及燃油的分销系统）。不但如此，要发挥创新的潜能，这些投资需要与生产及分销配送组织的根本性变革相结合[37,38]。

区域创新生态系统的整体协调性主要是从目标效益、空间范围、内容体系和关系结构四个方面而言。具体而言，在目标利益方面，区域创新生态系统突出了创新的经济和社会效益，同时也注重生态效益的创新，这三个维度的综合提升是其基本内涵。从空间角度看，区域创新生态系统强调区域社会、经济和自然环境的协调共生发展，发现区域创新过程中可能出现的区域环境问题，并采取有效的策略和途径解决该问题。从内容体系来看，区域创新生态系统是一个由创新主体、创新对象、创新方法和创新机制组成的有机系统。其中，创新主体是核心，能够进行思维和动态选择。正是主体之间的互动合作使区域创新生态系统能够正常运转。从关系结构来看，系统与其外部环境之间的物质循环、能量流动和信息传递以及系统功能的有序运行都受到构成要素之间错综复杂的关系所影响。

2.2.5.2 区域差异性

长期以来，中国不同地区的经济发展情况存在不平衡性和差异性。这种差异决定了不同地区的创新生态系统在目标方向、具体任务、成分和结构关系方面存在差异。为使区域创新生态系统体现出区域性，在选择标准的方向时，有必要综合考虑区域环境的具体情况，紧密结合区域社会发展实际。同时，在完善区域创新生态系统和确定具体任务的过程中，有必要根据各种问题的重要性进行安排。根据任务要求，人力资源配置需要以区域资源条件为前提，遵循区域创新的基本原则和规则；根据不同类型问题的要求和特征，实现有序发展。在构建结构关系时，有必要仔细分析构成要素的性质、丰富性和有效性，努力实现要素的有机组合和优化排列。

2.2.5.3 动态适应性

与自然物种相类似，区域创新生态系统也具有适应性特征，通过改善内部结构和功能体现出来。合理优化外部环境，使环境向着有利于系统生存和成长的方向发展，或通过创新方法、手段和机制的变化以适应环境条件和要求。由于组成主体是多样化的，区域创新生态系统对环境的适应性也表现出多层次的内涵，包括：使系统适应作为有机整体的依赖环境；使企业、高等院校、研究机构、地方政府和中介机构等创新实体适应外部环境。系统的核心要素是适应社会环境和系统环境，随着环境条件的不断改变，区域创新生态系统在内部层面不断调整结构关系，改善功能机制；在外部层面改善物质能量流动，调整信息流动渠道，从而系统对环境的适应能力促进系统稳定有序运行。

2.2.5.4 有序平衡性

系统内部存在参与互动关系，外部存在协调共生关系，它们不是与生俱来的，也不是外部施加的，而是在创新主体的自组织过程中逐步形成的。这种性质在区域创新生态系统的运作演变中起到了不可忽视的作用。区域创新生态系统具有的独立性和稳定性是有限的，其物质、能量和信息平衡很容易被打破，从而导致系统的结构失衡和功能失调，最终会使区域创新生态系统失去明确的进化方向。为了保持生态平衡，组件类别应根据区域创新生态系统内部和外部环境条件的变化及时进行相应调整。充分挖掘构成要素的潜力，及时优化构成要素的结构，有效提高系统的整体功能，促进区域内新产品、新工艺和新技术的开发和应用，保持系统与外部环境之间的有序稳定性和动态平衡至关重要。在动态发展中，外部环境在平衡到不平衡到新的平衡过程中逐步改善，促进区域创新生态系统不断发展。

2.3 创新网络研究进展

创新网络是创新主体通过建立各种正式或非正式关系来实现创新功能，目标是更好地捕捉创新资源，以有效提高创新效率。创新主体间的关系既有企业间或企业与机构间进行合作的稳定的契约关系，也有企业间以及企业和机构间进行的非正式交流和接触关系。创新网络的创新主体，即创新网络节点。创新要素是指网络中的知识、技术、信息、人才、资本和生产资料等。创新网络节点间的连接则反映了创新资源的流动，即创新活动的具体表现。创新网络的核心价值在于建立一个桥梁，促进创新实体之间的活动和互动，有利于创新主体之间知识及信息的产生、积累和传递，为集体创造、扩散和应用知识及技术提供了有力的平台。

2.3.1 创新网络的基本内涵

创新网络的研究最初源于网络的研究，最早由美国社会学家 Burt 提出，他首先认识到社交网络的对技术创新的重大影响。Freeman 认为创新网络拓扑结构的基础是企业之间的创新合作联系，并对其进行了分类：如企业和研发公司、技术交流协议、合作研发协议、许可协议、分包、生产分工、由技术因素推动联合研究项目、供应商网络。Steinberg 和 Arndt 强调了网络的协同特征，即网络的整体创新能力远远超过个体企业创新能力的简单加和[39]。Koschatzky 将非正式交流加入创新网络的定义中，提出创新网络为一个相对宽松、非正式、重新整合的内部沟通系统，并促进组织之间的学习和交流[40]。Foss 等将网络主体具体化，提出创新企业、合作伙伴、竞争对手、中介机构、科研院所、高等院校、行业协会和政府共同构成了创新网络[41]。

与国外研究者从社会网络角度展开研究不同，国内研究者对创新网络的研究是建立在对创新系统研究的基础上展开的。我国学者李新春提出，创新网络是一套从产品设计、技术创新到市场化的政治、社会和市场组织安排。在组织结构动态演进的过程中，技术创新的概念化和市场化以及知识的积累、信息的交换、信息的传播、公司之间的竞争与合作以及各种正式或非正式关系，形成了动态发展的网络结构[42]。李金华将创新网络定义为一个创新主体适应创新复杂性的组织[43]。具体而言，创新网络主要包括三个组成部分：创新主体、创新资源和创新活动。其中，创新主体主要涵盖企业、高等院校或研究机构、政府机构、中介组织。创新网络可以将所有节点的集合记录为不同创新主体之间的关系，且每个节点具有的特性不同，彼此间交叉互动，以非线性的方式进行状态转化。创新的网络资源不仅包括硬件设施资源，也包括金融资产和人力资源等显性资源，更重要的是知识、技术和信息等软件资源。网络活动主要是指创新主体间为完成共同的创新从事的一切活动，体现在网络内活性节点间的相互作用中。魏江对产业集群创新网络中的知识溢出问题进行过深入的研究，他将集群的组成分为竞争者、供应商、用户以及公共部门四类，认为这四类主体间通过价值链联结形成了创新网络。魏江还给出了创新网络的科学定义，认为集群的四类组成在创新网络中具有不同的功能，同时又具有很好的互补性[44]。

2.3.2 创新网络的形成原因

创新网络的形成基于很多因素，但 DeBresson 和 Amesse 指出创新网络的形成主要有三个动因：第一，技术和市场的不确定性；第二，技术的复杂性；第三，技术成功合作产生的额外收益[45]。通过创新网络，企业可以更高效地获得所需的技术和市场信息，并在创新系统中占据重要地位。面对市场的不稳定性和技术环境的不确定性，参与创新过程的企业最重要的战略行为是区域内网络的连接。区域内网络的连接是该地区各种创新实体快速发展的必要条件。王缉慈通过对中国区域创新网络的研究发现，基于专业化分工，地区内的企业可以建立密切的互动合作关系。即网络构成了一种促进主体间的知识流动和扩散的组织模式，并通过创新网络的整体功能获得了竞争优势[46]。

创新网络的形成有利于企业获得自身发展所需的创新知识[47]，促进创新活动的发展和新产品的开发[48]，并提高企业创新能力进而获取更大的创新优势[49]。高新技术公司无法离开创新网络独立生存，因为创新网络可以降低技术和市场的不确定性，扩展公司产品的设计空间并且使得用户企业不再为了选择合适的产品而额外奔波的成本损失[50]。此外，创新网络的空间配置可以影响企业的创新效果。因为地理的邻近可以加强对创新网络的支撑，如文化认同感和企业之间的相互信任程度[51]。

网络的形成是分工专业化的必然结果[52]，创新网络具有产学研组织和网络组织的优势[53]。创新网络可以促进集群内部企业的技术创新、能够提高高科技创新的效率、降低失败的风险、使企业能够保持持续的创新能力、促进集群内技术创新的快速传播[54]。创新主体可以通过网络优势实现创新成本的降低，比一般意义上的创新联盟的创新性特点更为突出[55]。网络中的核心企业通过自身的竞争力及网络地位的强化，在提升自身价值的同时也对整个网络的结构产生重要影响[56]。而区域创新网络中存在正式或非正式互动学习的特点，因此网络成员之间的研发活动将产生知识溢出效应[57]。

2.3.3 创新网络的动力机制

关于网络结构对创新的作用机制分析，首先需要挖掘并量化其结构关系，在这方面国内外学者均开展了有益尝试并取得众多进展。吴结兵通过对创新的网络结构属性和网络动态能力的研究，指出网络结构属性在创新网络发展中不可或缺的作用，网络节点之间的交互和协调至关重要[58]。网络节点是相互交流与合作的基本元素，它们将在长期的互动与合作中逐步加强彼此之间的关系。同时，不断提升网络组织的吸引力和凝聚力[59]。而网络整体结构特征和个体结构特征也对集群创新和企业创新有重要的影响。个体结构特征包括节点度、中介和结构[60]。樊霞和朱桂龙研究了区域创新网络的层次结构对创新机制的影响[61]。

而网络结构对于创新的影响也可以从整体与个体的网络位置进行研究。Lee 等人发现开放式网络对提升韩国中小企业的创新潜力具有积极作用[62]。Shiha 和 Chang 认为中国台湾地区拥有完善的产业创新网络，其对创新的刺激作用更大[63]。张景华提出，创新网络的形成有利于区域产业集群的转型升级[64]。由于网络的扩展效应，存在 Meltcalfe 定律（网络节点的数量等于网络的值）和信息活动的马太效应。同时，由于网络资源的有限性和分布不均，创新的风险也在增加。因此，可以通过减少创新网络中的交换频率来降低技术创新的风险[65]。其中，通过增加或减少特征路径的长度，即通过增加或减少节点之间的通信频率，可以有效地抵御并减少创新的风险。快速准确地使用网络信息可以有效地改善公司的创新工作程序，从而提高创新的效率和效益[66]。Rampersad 等指出创新网络结构对产品研发和创新管理影响较大[67]。而处于网络中心或结构洞的公司能够在知识获取和交付方面获得比边缘位置更多的资源优势[68]。企业可通过创新网络获取所需的创新资源，以克服自身资源不足的缺陷[36]。

2.3.4 创新网络的演化路径

创新网络不是静态孤立的，而是动态并持续演进的。网络形成的过程是一个网络化和根植的过程。该过程可分为四个过程：形成、增长、整合以及网络的根植[69]。在网络形成、发展和成熟阶段，社会文化对网络成员的选择、网络之间的关系、网络大小和外部连接具有不同的影响[70]。而创新过程具有开放的、不可逆的、非均衡的特征，存在着非线性和随机“涨落”的形成机制。它是一个自组织的演化过程，从旧结构的不稳定性到新结构建立的自组织演进过程[71]。所以李金华和孙东川将复杂网络理论引入创新网络领域，并通过定量手段描述了创新网络的拓扑结构，并建立了三个创新网络的演化模型[72]。李勇等应用物理复杂控制论描述了创新网络的初始状态，总结出网络择优链接机制，深入分析了创新网络在网络演进中加点、加边和重连的影响[73]。刘有金和刘莉君基于对集群创新网络演化机制的分析，发现创新网络的混沌特征，并通过参考昆虫种群模型分析验证了集群创新网络的成长路径：创新网络结网、创新网络增长、创新网络成熟和创新网络更新，即 CLC（cluster life cycle）模型[74]。根据复杂自适应系统理论，田钢等利用计算机仿真来模拟创新网络结构的演化过程。结果表明，创新主体不断调整自身的行为规则，以适应环境的波动，从而引发创新网络的出现，创新主体之间的知识差异也体现出来。知识的规模、记忆的专业化程度和传播知识的方式对创新网络的发展具有重要影[75]。龚艳萍和陈艳丽通过研究发现，企业创新网络具有复杂性、分布性、异质性和创新主体自治的特点，并运用复杂适应系统的思想，发现了企业创新活动中的自组织现象，验证了企业创新网络是一种复杂的自适应系统[76]。

2.3.5 相关研究评论

由于经济与技术全球化进程的加快，创新网络已经不再是传统意义上的区域网络，而是一种开放的、国际化的产业组织形式，因此，本书将创新网络定义为以技术或产品创新、知识和技术资源共享与协同进步为目的各种创新合作关系和制度安排。创新网络的形成过程通常经历“企业群落—产业集群—创新网络”的过程，因此，创新网络是产业集群发展到高级阶段的产物。同时要注意，并非所有的产业集群都能发展成为创新网络，只有那些具有较强持续竞争力和生命力的产业集群才能涌现出创新网络，如果在一个产业集群内出现了创新网络，那么这样的产业集群将具有较高的可持续发展能力。因此在发展区域产业集群时，政府的政策支持和市场环境的优化在这个过程中起到决定性作用。由此可见，一个高新技术产业集聚的高新区成功的关键在于是否形成了一个较为完善的创新网络，高新区人才、资金等生产要素及技术、知识和信息资源可以经创新网络顺利传播，而实现创新和增值也是衡量一个地区自主创新能力水平的重要指标。

目前，虽然部分学者应用网络分析法和复杂系统论对创新网络的演化过程进行了初步探索，对网络实体之间的创新网络、网络结构和竞争与合作的概念进行了逐层深入的研究。但现有的研究缺乏对创新网络演化机理的系统研究和梳理，缺乏对高新区创新网络的微观结构和宏观体系结合研究，同时忽视了高新区内生知识的产生、扩散及利用机理，对高科技领域创新实体的复杂性缺乏研究。大量研究将目光投掷于创新网络中的关系类型、联系机制、创新网络形成的影响因素，以及创新网络对技术创新成功的作用。极少有研究关注创新网络形成和演化的动力机制，主要体现在以下几个方面：一是多数学者停留在对创新网络结构静态研究，尚缺乏对高新区创新网络动态演化过程进行研究；二是大多研究是对创新网络的组织架构等表象问题的研究，过于强调网络节点的社会关系研究，而对网络形成的内部机理和内部机制研究较少；三是缺乏对高新区创新网络在区域经济和外部溢出中作用的分析；四是倾向于研究国际上成熟的创新网络，缺乏对于我国以高新区为代表的区域创新网络的实证研究；五是对高新区创新网络演化建模较少，高新区创新网络的培育机制研究不足。

总的来看，现有的研究对高新区创新网络的形成机理、动力机制、演化规律、创新效应等问题的研究相对较少。本研究将重点关注高新区创新网络演进的动态过程，将复杂网络理论与创新生态系统理论相结合，研究高新区创新网络的形成过程及不同演化阶段。并以中关村科技园为例，通过构建网络模型对高新区创新网络的网络特点进行研究，判断高新区创新网络所处的创新阶段以及面临的主导机制和存在的问题；通过理论与实证分析相结合，并在网络层面给出高新区如何优化创新环境，完善创新网络建设的建议。

2.4 复杂网络分析工具

复杂网络是由节点及其相互关系构成的，具有自组织、小世界、无标度等性质的网络结构。创新网络作为产业组织网络的一个重要研究分支，可以通过复杂网络分析工具来探究其形成机理和演化机制，并为相关政策研究做好理论铺垫。

2.4.1 图论的起源

网络的研究有非常悠久的历史。早在 1736 年，数学家莱昂哈德·欧拉为了证明 Königsberg 的七桥问题，构造了由点（顶点或者节点）和线（边或者连接）构成的图，其中 4 个顶点 A、B、C 和 D 代表该地区的四块空地，7 条连接 4 个顶点的边代表了该地区的 7 座桥（图 2-7）。

Euler 通过七桥问题所要传达的信息是：图或网络具有自身的属性，这种属性隐藏在它们自身的结构中，可以限制或增强笔者使用网络的能力[77]。欧拉的这种论证方式也正是图论的前身[77]。

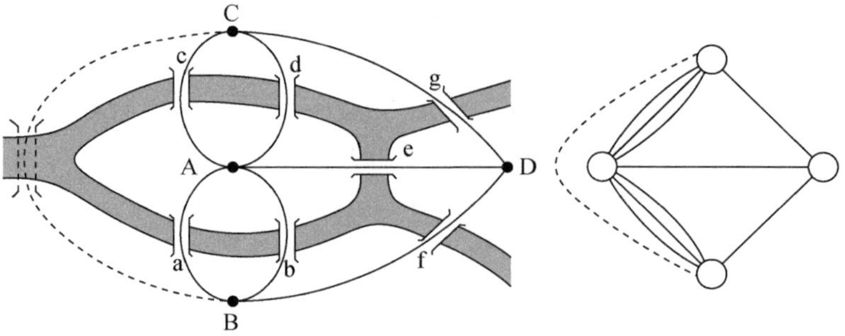

图 2-7　七桥问题的简绘图

通过剔除问题的细节，图论能够清晰地描述重要的拓扑特征，这也使它成为描述网络特征的基本数学语言。因为网络的最简单形式便是一系列的顶点和一系列连接这些顶点的边，这些顶点在今天看来涵盖的范围非常广泛，例如 Rapoport 和 Horvath 提出的人和友情[78]、Faloutsos 等提出的计算机和通信线路[79]、Price 和 Redner 分别提出的科学论文和引用[80,81]等。这些研究成果表明，图论的应用早已超越了纯数学领域，并且已经开始解决系统工程领域实际问题。

2.4.2　复杂网络的基本概念

复杂网络（图）可以用二元数组集合（V，E）来表述。其中：集合 V 是节点集，其中元素即为节点（node）；集合 E 是边集，其中元素则为边（edge）；集合 E 中的每条边 l_i 都有集合 V 的一对节点（u，v）与之对应。一般来说，我们设定节点集 $V=\{v_1, v_2, \cdots, v_n\}$，用 a_{ij} 表示节点 i 与 j 之间的边数，那么矩阵 $A(G)=(a_{ij})_{n\times n}$ 为图 G 的邻接矩阵[82]。一般情况下，我们采用邻接矩阵来描述复杂网络内部节点与节点之间的拓扑结构关系，进而在此基础上进行各类计算与统计，揭示其所代表的系统的若干性质。

如果边集 E 中任意的节点对（u，v）和（v，u）实际上指代的为同一条边，那么图 G 表示的网络称为无向网络（undirected network）。反之，如果对应不同的边，则称为有向网络（directed network）。在有向网络中，与有向边 e_{ij} 相关的节点 i 称为源节点（source node），节点 j 称为汇节点（sink node）。如果边集 E 中所有边的权重都为 1，即 $|l_i|=1$，说明该网络只关心边存在与否，我们称之为无权网络（unweighted network）。同理，如果网络通过权重来区分边的重要性，那么则称之为加权网络（weighted network）。根据边是否具有权重和方向，我们可以将复杂网络简要地分为四类：无权无向网络（binary undirected networks，简称

BUN 网络）、无权有向网络（binary directed networks，简称 BDN 网络）、加权无向网络（weighted undirected networks，简称 WUN 网络）和加权有向网络（weighted directed networks，简称 WDN 网络）。假设网络中有 N 个点和 K 条边，那么 K 最少为 0，最多为 $N(N-1)/2$。如果 $K \leqslant N^2$，网络是稀疏网；如果 $K = O(N^2)$，则是稠密网。

在社会经济领域，图论除了作为一种描述抽象模型的语言，也成为一种分析经验数据的实用工具。一方面，在对社会网络的量化分析中很多术语来自图论，比如元素聚合度、路径长度、阀、连接组件等；另一方面，图论被看作是各种社会影响传播的媒介，如信息和疾病。网络系统的结构特性，特别是连通性，与社会系统的行为特性联系在一起之后，使得对图的研究趋势从确定目标发展到非确定目标。

2.4.3 重要的特征度量

随着对复杂网络研究的深入，学者们从统计学的角度提出了许多针对网络节点和网络整体的度量方法，以此揭示复杂网络的结构特性。

2.4.3.1 度

网络的连通度（connectivity）一般简称为度（degree），节点 i 的度用 $K(i)$ 来表示，它表示的是与节点 i 相连接的边的数量。一个节点在网络中的重要性往往用度来衡量，度越大则意味着重要性越高。根据网络的邻接矩阵，我们可以对其进行统计：

$$K(i) = \sum_{j \in \tau(i)} a_{ij} \tag{2-1}$$

式中，$\tau(i)$ 为所有与节点 i 相连的节点的集合。

对于有向图来说，度根据其方向分为两类，即出度（out-degree）和入度（in-degree）。前者指的是从节点 i 指向其他节点的有向边的数目（$K^{\mathrm{OUT}}(i) = \sum_{j \in \tau(i)} a_{ij}$），后者则是从其他节点指向节点 i 的有向边的数目（$K^{\mathrm{IN}}(i) = \sum_{j \in \tau(i)} a_{ij}$）。此外，所有节点的度的平均值称为网络的平均度（average degree），一般记为 K。

2.4.3.2 权

在网络研究的早期阶段，国内外学者大多集中在无权网络领域。但是，无权网络中缺少关于节点之间相互作用强度差异性的表述，无法体现网络中连边的多样性。特别在社会网络研究分支，这个问题变得更加突出。21 世纪初开始，关于加权网络的研究逐渐增多，这是因为它能够更为真实地还原网络的动力学特征与拓扑结构之间的联系。

1）边权

与邻接矩阵类似，加权网络的表示方式也是采用矩阵，不同点在于它的元素不仅限于0或1，而是赋予了权重，即用权重矩阵 $W=\{w_{ij}\}$ 表示（N 为网络的规模，即节点总数），其中，w_{ij} 表示边 e_{ij} 上的边权（weight），其公式定义为：

$$w_{ij}=\begin{cases}f(v_i\ v_j)\text{，若}v_i\text{ 到}v_j\text{ 存在边}\\ \infty\text{，若}v_i\text{ 到}v_j\text{ 不存在边}\\ 0\text{，若 }i=j\end{cases} \tag{2-2}$$

式中，$f(v_i\ v_j)$ 为给连接节点 i 和 j 的边赋权的函数。如果边没有方向属性，那么 $w_{ij}=w_{ji}$，即其权重矩阵是对称的。

需要注意的是，边权根据其反映节点之间紧密程度的本质属性，又分为相似权（similarity）和相异权（dissimilarity）。前者权值越大表示两个节点之间的关系越紧密，后者权值越大表示两个节点之间的关系越疏远。

2）点权

点权（strength）是对边权的一种综合体现，统计对象也从边变化为节点，其公式为：

$$S(i)=\sum_{j\in\tau(i)}w_{ij} \tag{2-3}$$

不难看出，$S(i)$ 的数值度量不仅与跟这个节点相连的每一条边的边权有关，也包含了其度的信息，即同时考察了节点质量和数量两方面的影响因素，是网络局域信息的一种综合体现[83]。同样，如果网络具有方向属性，那么点权还要从出权（out-strength）和入权（in-strength）两个方面进行统计。

2.4.3.3 路径

为了研究节点之间的间接关系（静态）和信息传递（动态）问题，需要引入路径（path）的概念。一般情况下，网络问题求解的是最小化问题——求最短路径（shortest path），用 d_{ij} 来表示，即找到节点 i 到 j 所要经历的边的最小数目，将其定义为节点间的距离（distance）。如果网络中不存在这条路径，则表示为 $d_{ij}=\infty$[84]。

1）最短路径

计算网络中每一对节点之间的最短路径有两种思路——广度优先搜索（breadth first search）和深度优先搜索（depth first search）。本书根据前一种思路，采用 floyd-warshall 算法解决这个最优化问题：

$$d_{ij}^{(k)} = \min_{i,\ j,\ k \in (1,\ 2,\ \cdots,\ N)} \{ d_{ij}^{(k-1)},\ d_{ik}^{(k-1)} + d_{kj}^{(k-1)} \} \tag{2-4}$$

$$D^{(N)} = \begin{pmatrix} d_{11}^{(N)} & \cdots & d_{1N}^{(N)} \\ \vdots & \ddots & \vdots \\ d_{N1}^{(N)} & \cdots & d_{NN}^{(N)} \end{pmatrix} \tag{2-5}$$

式中，$d_{ij}^{(N)}$ 为节点 i 到节点 j 的最短距离，$D^{(N)}$ 为最短距离矩阵。

对于边权为相异权的网络，即边权越大表示节点之间的距离越大的网络，也可以采用这个公式的反复迭代实现求解，只需将邻接矩阵替换为边权矩阵即可。

2）最强路径

对于边权为相似权的网络来说，有时最短路径长度并不能合理地反映所要研究问题的本质。例如在投入产出网络中，最短路径长度实际上是产业部门之间关联强度最小的价值链，而在此基础上进行的介数中心性分析、社团划分和聚类分析则违背了基本的产业经济学常识，但更为遗憾的是目前大部分的相关研究还是没有注意到这个问题。所以，在相似权网络中（无论有向还是无向），为了使分析更有针对性和科学性，不仅应该明确路径搜索的目的是什么，而且需要将迭代公式进行修正。Xing 提出了基于调和平均值的 Floyd 算法，据此确定整个网络中任意两个节点之间的最强路径[85]：

$$\mathrm{SRPL}_{ij}^{(k)} = \max_{i,\ j,\ k \in (1,\ 2,\ \cdots,\ N)} \left\{ w_{ij}^{(k-1)},\ \frac{w_{ik}^{(k-1)} \times w_{kj}^{(k-1)}}{w_{ik}^{(k-1)} + w_{kj}^{(k-1)}} \right\} \tag{2-6}$$

公式中将边权矩阵中 $w_{ij} = \infty$ 的权值都换为 $w_{ij} = 0$，最终得到最强路径矩阵 $\mathrm{SRPL}^{(N)}$。创新网络在某种情况下呈现出相似权网络的特征，因此需要根据最强路径来进行相关测度与分析。

2.4.4 经典的复杂网络模型

从对于网络认知的发展过程来看，人们一开始认为系统要素之间的关系是规则的，可以通过形式上较为完美的拓扑结构来描述，即所谓的规则网络。这类网络是由 N 个节点组成的环状网络，每个节点只与它最近的 k 个节点连接，因此节点具有相同的度和集聚系数。图 2-8 是常见的三种规则网络，分别是全局耦合网络、最近邻耦合网络和星型网络。

当然，规则网络只是在理论上存在，现实中的网络并不是规则的，而是具有某种随机性。在 20 世纪 50 年代，大规模网络曾经被描述为随机网络，学者们认为网络在形成过程中节点间的连接是完全随机的。随机网络是最简单的复杂网络，在计算机技术不发达的 90 年代之前一直是复杂网络研究的主流。随机网络最早的理论研究开始于 20 世纪 60 年代 Erdös 和 Rényi 提出的 ER 随机图模型（简

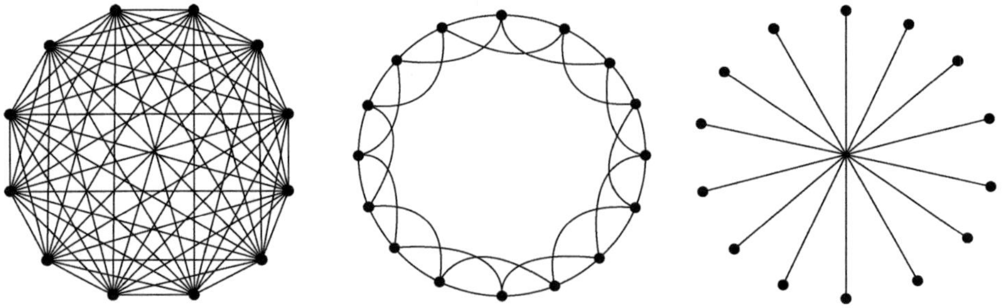

图 2-8　三种规则网络拓扑结构示意图

称 ER 模型）。ER 模型具有较小的平均路径和较小的集聚系数，并且节点的度分布可以用 Poisson 分布来表示。

2.4.4.1　WS 模型

小世界网络模型的研究起源于对许多社会实际存在网络的观察和研究。现实世界中存在的大部分网络具有小世界效应（small-world effect），它是指在网络中发生连接节点之间的平均距离，随着网络中节点数目的增加成对数关系增加。小世界效应最为著名的表现形式，就是由社会心理学家 Stanley Milgram 于 1967 年设计的社会网络实验，该实验的目标是找到在美国任意两个人之间的“距离”，而实验的结果是中间人的平均数是 5.5。直到 1991 年，John Guare 在百老汇的戏剧中将这种效应称为“六度分隔（six degrees of separation）”。Watts 和 Strogatz 根据 Milgram 的假设提出了 WS 模型[86]，其构造算法如下：

（1）从规则网络开始，构造一个具有 N 个节点的最近邻耦合网络。每个节点都与它左右相邻各 $k/2$ 个节点相连，k 是偶数。

（2）以概率 p 随机重连网络中的每条边，即将边的一个端点保持不变，而另一个端点取为网络中随机选择的一个节点。规定任意两个不同的节点之间至多只能有一条边，且每一个节点都不能有边与自身相连。

显然，以上演化规则中，$p=0$ 对应于完全规则网络，而 $p=1$ 对应于完全随机网络。通过调节概率 p 的值，可以得到具有小世界特征的复杂网络。

小世界网络与其他网络的区别在于：规则网络的平均最短距离较大，集聚系数也较大；随机网络的平均最短距离较小，集聚系数也较小。但是，小世界网络的平均最短距离较小，接近随机网络，而集聚系数却较大，接近规则网络。

2.4.4.2　BA 模型

Barabási 等在研究 WWW 的动态演化过程中发现许多复杂网络具有大规模的

高度自组织特性，并且度分布符合 Pareto 分布，因此将这类网络命名为无标度网络，即 Barabási-Albert 网络模型（简称 BA 模型）[87]。无标度网络存在很强的异质性，导致无法使用一个特征度值来进行描述。BA 模型中节点的度值 $K(i)$ 相对于它的概率 $P(K)$ 满足幂律关系，且幂指数多在［2，3］的范围内，这一现象在现实网络中十分普遍。

BA 模型具有两个特征：增长性（growth）和偏好依附性（preferential attachment）。第一个特征表明：实际网络的出现和生长往往是从一个小小的节点核心开始，随着节点的数量的增长，通过新生节点与原有节点的连接而不断演化的，这个过程贯穿于网络生命周期始终[88]。这说明网络是开放的，其规模并非固定而是不断增大的。例如，万维网上每天都有大量新的网页产生，每个月都会有大量新的科研文章发表。第二个特征则意味着：随机网络和小世界网络均假设任意两个节点间相连接（或重新连接）的概率与该节点的度无关，即新的连接是随机产生的。然而，大多数现实网络呈现出择优连接的迹象，新加入的节点更倾向于与那些连接度较高的节点相连，这种现象称为网络世界的马太效应[89]。BA 模型的构造算法如下。

（1）从一个具有 m_0 个节点的初始网络开始，每次引入一个新的节点并且连到 m 个已存在的节点上，这里 $m \leqslant m_0$。

（2）新节点与已经存在于网络中节点 v_i 的连接概率 $\prod(i)$，与节点 v_i 的度 k，满足以下关系：

$$\prod(i) = \frac{k(i)}{\sum_i k(i)} \tag{2-7}$$

经过 t 步之后，便可得到一个具有 $N = t + m_0$ 个节点和 mt 条边的无标度网络。如图 2-9 所示，无标度网络从 2 个节点逐渐增长至 11 个节点，每一时刻新增的节点（三角型）倾向于与现存节点（圆形）中度较大的建立一条新的边。增长性和择优连接性使得无标度网络中最终出现一些具有极大边数的 hub 节点[87]。

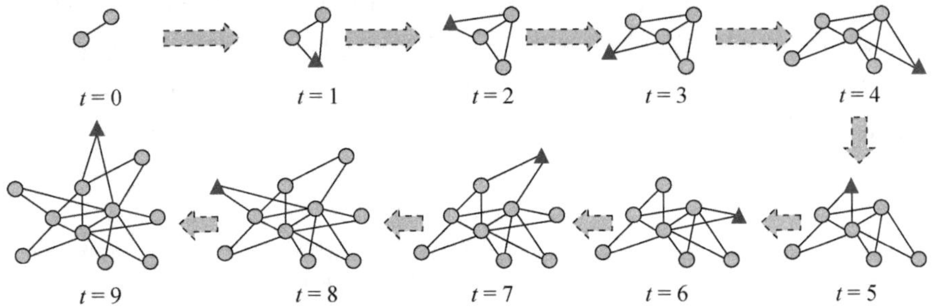

图 2-9　无标度网络的节点增长过程

BA 模型的统计特性简述如下：

(1) 平均路径。对于随机图而言，节点之间的平均距离 l 与系统的规模成对数关系，即 $l = \log N$。而对于 BA 模型来说，其平均路径 l 和网络规模 N 之间存在一个非正常的双对数关系：[90]

$$l \propto \frac{\log N}{\log\log N} \tag{2-8}$$

这表明无标度网络具有小世界特性。

(2) 集聚系数。BA 模型的集聚系数为

$$C = \frac{m^2\ (m+1)^2}{4(m-1)}\left[\ln\left(\frac{m+1}{m}\right) - \frac{1}{m+1}\right]\frac{[\ln\ (t)\ ]}{t} \tag{2-9}$$

与 ER 随机图类似，当网络规模较大时，BA 模型的集聚系数较低，不具有明显的高聚类特性[91]。

(3) 度分布。目前对 BA 模型的度分布研究主要有连续域理论[49]、主方程法[92]和速率方程法[93]，这三种方法得到的结果近似相同。在借鉴 BA 模型主要理论思想的基础上，Bollobás 认为对于一个具有 N 个节点的网络而言，如果度 $k < N^{1/15}$，那么度分布函数为

$$P(K) = \frac{2m(m+1)}{k(k+1)(k+2)} \approx 2\ m^2\ k^{-3} \tag{2-10}$$

通过比较具有相同节点数和平均连接度的随机图和无标度网络模型，发现后者的平均路径相对小些，而集聚系数则相对大些。这表明无标度网络中那些度很大的节点在缩小网络中节点之间的距离上起了相当重要的作用。根据分形理论①，如果网络一直按照 BA 模型的择优连接机制发展下去，那么整个系统的异质性会愈加显著，最终导致发生系统性风险的概率越来越大。

2.4.4.3 多层次网络模型

复杂自然或工程系统中主体之间错综复杂的相互关系具有明显的层次性，使得这些系统具有多重子系统和多个层次上的连通性。考虑到这种“多层次”对于理解复杂系统的重要性，近年来复杂网络领域出现了大量关于多层网络的理论框架与研究工具，也被称为“网络的网络”[94]。与单层网络比较，多层网络的拓扑结构特征源自其本身的跨层相关性。

---

① 分形理论的最基本特点是用分数维度的视角和数学方法描述和研究客观事物，也就是用分形分维的数学工具来描述研究客观事物。自相似原则和迭代生成原则是分形理论的重要原则。它表征分形在通常的几何变换下具有不变性，即标度无关性。由自相似性是从不同尺度的对称出发，也就意味着递归。分形形体中的自相似性可以是完全相同，也可以是统计意义上的相似。

在社会网络领域，不同类型的连边反映了相同节点集合中存在的多重维度关系，可以避免网络建模过程中单一类型关系对现实的粗糙近似描述[95]，形成了所谓的“多元网络”[96,97]和“多关系网络”[98]，而对于社会网络中不同类型的节点和层次结构的研究则往往借助于“多级网络”框架[99]。此类研究所采用的理论工具包括指数随机图模型[100]、超网络和超矩阵[101]及识别社会角色的单元模型和关系代数方法[102]。对于互联系统来说，其渗流过程分析显著不同于单层网络的随机失效特点[103]，某一层次网络中的扰动即可影响到其他相关层次，进而导致整个系统层面的级联失效[104]。此外，网络随时间的动态变化也可以通过构建时序多层网络来进行研究，大大提高了链路预测的准确度和可信度[105,50]。对于难以采用传统图论方式来表示的网络系统来说，多层网络从数据挖掘的角度提出了可行的研究思路。例如，针对多种类型节点和连边的异质网络分析框架[106]、基于元矩阵的动态网络分析[107]、基于亚结构的相关性分析等[108]。

多层网络被视为由多个单网络组成的网络集，且各层网络自有连接边之外，在网络间可能存在依赖边的连接，构成相互依存网络[109,110]。相互依存网络会呈现出更为复杂的动力学特性，现有研究较少侧重于相互依存网络可控性的鲁棒性。通过经典控制论解决复杂网络可控性的一个显著缺点是由于其网络规模而导致的计算量过大，需要对 W 秩的所有组合进行规模化搜索[111]。为此，Liu 等人提出了一个针对单一网络结构可控性的分析框架[112]。只要网络在结构上可控，就可以通过调整适当的参数来控制整体网络[113]，然而只能解决单个网络的可控性而没有考虑到多个网络的情况。Menichetti 等人讨论了节点最小入度和出度对网络可控性的决定性影响[4]。通过对比无标度网络和最大熵网络之间的可控性，Lvlin 等人发现后者具有更高的可控性[114]。Tao 和 Barabási 通过计算所有最小匹配集中单个节点频率来提出节点控制力的概念，提出了一种可用于分析控制力与节点度之间关系的方法[115]。为了测量驱动节点集中节点的重要性，Tao 等人根据复杂网络结构的可控性考虑驱动节点的分类[116]。

但上述研究并没有考虑到多层网络可控性的鲁棒性。Watts 研究了随机网络中仅包含过载失效的级联失效模型，失效节点的负载将被重新分配给其他功能节点[117]。Buldyrev 等人研究了不考虑过载失效的相互依存网络的失效过程，网络中节点的失效将导致对应网络中节点失效，因此，小部分节点失效可能导致整个网络崩溃[118]。Cohen 等人通过渗流理论考虑结构失效[119]。大多数关于复杂网络鲁棒性的研究都集中在网络结构上，而没有考虑可控性[120,121]。为了测量单个网络的可控性的鲁棒性和全局连通性，通常基于最大弱连接模块提出参数[122]。基于连边进行攻击对可控性的鲁棒性进行测试，结果表明该参数具有准确性和可用性[123]。Liu 等人提出了一种冗余设计方法来优化相互依存网络的结构[124]。

2.5 本章小结

本章对研究所涉及的理论和工具进行了梳理，论证了它们之间的辩证关系和内在联系。首先，本章介绍了自然生态系统和组织生态系统的基本概念、相似点和相异点，这也是以往常见同类研究的理论基础——通过隐喻的方式在自然规律与经济规律之间建立衔接，进而预测人类活动和组织的发展趋势。但是，这种解决问题的方法往往只能治标不治本，并没有正视社会经济系统的特殊性和进化性。其次，本章接下来简要介绍了创新生态系统的概念、构成和特征。这类研究大量借用了生态学中的概念，非常形象地描述了创新系统中各类主体之间的竞合共生关系，为通过定性方法分析创新发展的内在动力奠定了良好的基础。但是，许多已有研究侧重于生态系统与经济系统的类比描述，缺少科学严谨的定量化实证研究作为支撑。再次，本章将近年来的研究热点——创新网络，作为表征和测度创新生态系统的核心方法论，使得研究能够有的放矢，在利用好现有数据的同时充分运用科学的分析工具。最后，本章还对具体的复杂网络分析工具进行介绍，包括理论起源、基本概念、特征度量和经典模型。在此基础上，本章将构建创新网络模型，提出网络测度指标，并根据经典模型的社会学和经济学含义推测当前创新发展所处阶段、演化机制和未来方向。

3 高新区创新生态网络研究框架

本书研究的国家高新区是指在我国境内建立，并经中华人民共和国国务院批准的国家级科技产业园区，由科学技术部管理并由当地政府建设。它通常形成于智力密集和开放的环境，便于企业、高等院校和研究机构、政府、中介服务机构和金融服务机构聚集并形成有机合作，生产高新技术产品，加速科技成果转化，推动高新技术产业的形成和发展，增强科技创新力度，提升产业国际竞争力[125]。可以看出，国家高新区是国家制度安排的产物，承担着重要的国家战略，是技术创新要素的聚集地，是高新技术产业发展的重要依托，是实现创新驱动和内生增长的示范区。

根据国家高新区的内涵和基本特征并结合学者对于创新演化的现有研究，国家高新区创新发展的内涵主要包括以下几个方面：第一，国家高新区是制度安排的产物，其创新和演变都体现了国家的战略选择；第二，国家高新区作为具有创新生态系统特征的区域经济社会组织，它遵循着从低级到高级、从简单到复杂的螺旋式的演化过程；第三，虽然国家高新区的创新发展遵循一定的发展规律，但发展中其受到内外部环境的影响，呈现动力机制多样化的特点；第四是国家高新区的创新，体现为“点—线—面—体”的不同结构层级，从无序到有序的演变过程，是一个从分散的、随机的、无序的点式创新范式到有秩序、有组织的网络创新的可持续发展过程[126]。

网络关系是指，在特定的地理空间内（高新区），创新主体间（包括创新主导企业和相关企业、高等院校或科研院所、中介组织和政府机构等）在一定的环境（政策、文化、交通通信等）下基于知识、信息、技术、资本、竞争等因素而发生的具有网络结构和功能的关联方式。对于创新网络而言，其连接关系正是指创新主体间发生的各种合作与联系。而创新主体间的联系是知识、信息和技术等创新资源在扩散过程中实现知识增值和创造价值的“价值链”，这一价值链是网络中知识和信息传递扩散的关键渠道。网络连接关系既包括在网络节点间流动的物资和劳动力等正式关系，也包括创新主体间为促进信息和知识等资源流动的非正式关系。正式关系包括以企业为创新中心的基于创新活动发生的水平和垂直关系，以及企业与高等院校、科研院所和政府及中介组织间的正式契约关系，也包括企业与其他合作主体间的正式契约关系。企业间的联系是创新活动中最重要的链接，是推动经济社会发展的最重要的因素，是推动技术进步、知识更新的主导因素。非正式关系则是指基于共同的社会文化环境和彼此信任基础上建立的人与人之间的社会网络关系。这种关系能够有效地传递和扩散知识，有效加快创新速度，有利于创新活动的高效开展，有利于创新成果的扩散和传播。Zeng 等研究发现，创新的复杂过程导致了中小企业对外部网络的使用，那些与其他企业、中介组织和研究机构有显著的正相关关系的企业能够取得更好的创新[127]。

3.1 高新区创新生态系统的网络构成

3.1.1 点：创新主体

创新主体是创新生态系统的关键要素，对于推动高新区的发展具有重要影响。创新主体的战略规划、生态需求决定创新生态系统发展的高度与方向；创新主体的经济贡献和社会贡献则反映了创新主体在创新生态系统中的生态位。结合现有的研究情况和收集的高新区资料，我们认为高新区创新生态系统存在主要的四类创新主体，分别是高新技术企业、中介与金融机构、企事业单位、高等院校和科研机构。

1）高新技术企业

高新技术企业是创新生态系统发展的核心主体，承担着面向市场化的创新活动的重任，其功能是接受创新技术与理念，并进行消化和降解，生产出新颖且实用的产品，是创新生态系统中的关键环节。国家高新区所聚集的高新技术产业集群和所形成的创新创业环境为其实现创新发展造就了动力引擎，不断涌现的新兴产业业态、创新型的高新技术产品和服务，不同程度地推动着国家高新区的创新发展。以高新技术产业为主体的企业群体决定了国家高新区的创新、集约、绿色及协同发展。

2）中介与金融机构

各类中介服务机构和社会组织是国家高新区大力培育发展的，并在国家高新区发展运行中发挥着突出作用的参与主体，也是国家高新区体制机制创新和园区发展中推动多元化治理的重要构成。中介机构的主要作用是促成交易，加快创新生态系统中知识、信息、技术、资本、人才等创新资源的合理配置。高新区内的中介服务机构包括技术服务、管理咨询、教育培训、知识产权、创业孵化等，也包括产业联盟、行业协会、商会等社会服务和产业促进组织。同时也汇聚了包括融资平台、风险投资银行等在内的众多投资机构和服务平台。

3）企事业单位

我国高新区创新网络中的网络联系，主要是通过政府来构建的。许多高新区从设立之初就是由政府选址、规划的，在其发展过程中，当地政府相关财政税收优惠政策、产业政策起到了很大的指导作用，促进了高新区内企业的成长和集聚。政府在我国高新区创新网络中有着不可或缺的地位，在国家高新区发展中发挥着推动引导作用，各级政府部门的协同合作贯穿于国家高新区酝酿设立和发展演化的全过程。各级政府部门既是国家高新区的创建者，更发挥着领导管理、协调促进和规范约束的综合作用。

4）高等院校与科研机构

高等院校和科研机构主要承载着培育高层次人才、探索前沿理论与知识、进行技术研究开发、开展技术转移转化及产业合作创新等社会功能，是国家高新区发展的关键主体。国家高新区内高等院校、科研院所通过衍生大量创新创业企业、吸引毕业生聚集在学校周边就业创业、为从业人员进行继续教育和职业培训、开放共享研发基础设施等多种方式，极大地促进了区域内隐性知识的本地化学习过程，增强了国家高新区创新发展的技术基础和社会氛围。同时，依托高等院校和科研院所发展起来的高等院校科技园和环高等院校知识经济带也成了创新发展的重要载体。

3.1.2 线：创新关联

整个创新生态体系中，各个创新主体之间围绕技术、资本、产品等进行着持续不断的资源交换，具体可表现为技术转让、资本流动、产品物资转移、人才流动等。企业间的竞争本质直接体现为生态系统所驱动的技术、人才和协作网络共生发展。相应的，创新生态系统中的创新主体通过创新关联的作用实现协同创新。

1）创新技术维度

先进技术是科学理论、实践经验和物资设备在产品和服务研发、生产、交付过程中的知识体系。先进技术作为高新技术企业的主要特征与发展动力，对于国家高新区创新生态系统的形成与发展是不可或缺的重要部分。同时，高新技术企业等创新主体通过技术交流与运用，为系统中孤立的创新主体提供了链接机会，在知识传播的同时也实现了系统外部技术的内化，通过上述过程，将创新生态系统中的其他主体链接了起来，在提升了创新生态系统的关联度的同时，也提升了整个创新生态系统的创新水平。

2）创新资本维度

创新资本是极其珍贵的，创新的过程是漫长的，但创新的结果却是难以确定的。创新资本必须贯穿创新全过程，而创新主体之间的资本往来是保持创新生态系统正常运作，为创新生态系统的蓬勃发展提供助燃剂的重要保障。按照资金来源可以分为创业投资和金融融资。创业投资主要来自各级政府设立的创业投资引导基金、国有资本投资和社会投资；金融融资主要包括资本市场融资和银行贷款。我们通过搜集高新技术企业的投资融资情况来勾画高新技术企业内部以及与其他外部企业的资金流。

3）创新产品维度

产品是高科技企业创新的载体，是企业参与市场竞争的利器。产品创新本质上是企业技术进步的突出反映，是高新技术企业各项投入的最终产出，是企业所获得资源的凝聚。在高新区这样的创新生态系统中，创新产品供应链的上下游关系是极为突出的交流关系。作为创新活动的最终结晶，下游企业在获取创新产品的同时，也感受了上游企业在创新产品中蕴含的创新技术、创新意识以及创新能力。从过程来看，产品创新体现为企业为获取竞争优势过程中所进行的突破性创新和渐进性创新，即功能创新[128]。创新产品交流是衡量高新区创新活力的重要标杆。获取创新生态系统的产品流动有利于我们了解创新生态系统中各企业通过产品交易所传递的创新意识与创新能力。

4）创新人才维度

创新人才是核心战略资源[129]。作为创新经济增长极、新兴技术聚集地、新型城市承载体和制度创新先行区，国家高新区的发展本质是人力资源的集聚、成长和发挥作用的过程。从区域经济发展的宏观视角来看，企业间创新人才的流动不仅反映了社会人才结构的变化，而且隐含了产业结构优化和调整的关键信息。高新区的人才流动可以分为企业与企业间的人才流动以及高等院校和科研机构与企业间的人才流动。总而言之，创新人才的重要性决定了高新区的集聚效应，对于创新人才之间的流动起到了很大的优势作用。通过企业间的人才来源我们可以构建创新生态系统的人才流动情况。因此，从社会效益帕累托最优的角度来统筹创新人才流动导向，是非常具有现实意义的研究方向。但是目前尚不具备高质量数据来建立创新人才流动网络。具体来说，高新区管委会层面缺少企业之间人才流动的统计数据，企业人力资源管理部门也不便于提供员工的个人简历，各类求职网站的大数据提取将是我们下一步研究工作的重点。

3.1.3 面：创新网络

高新区内创新主体之间正式或非正式、直接或间接、显性或隐形、线性或非线性的复杂关联非常适合用网络的形态呈现出来，便于研究者将过去大量相关研究结论用大数据进行进一步解释和深入挖掘，最终服务于政策设计层面。根据范围，创新网络可分为国际、国家和区域创新网络。其中国际创新网络涉及不同的国家，如欧洲国家之间的联系和合作形成的创新网络，国家创新网络是指由一个国家不同地区的参与形成的创新网络，如以网络结构为特征的国家创新系统。我们现在研究最多的是区域创新网络。

我们从价值链的两个维度——垂直网络与水平网络，对创新网络进行抽象界定，具体如图 3-1 所示。

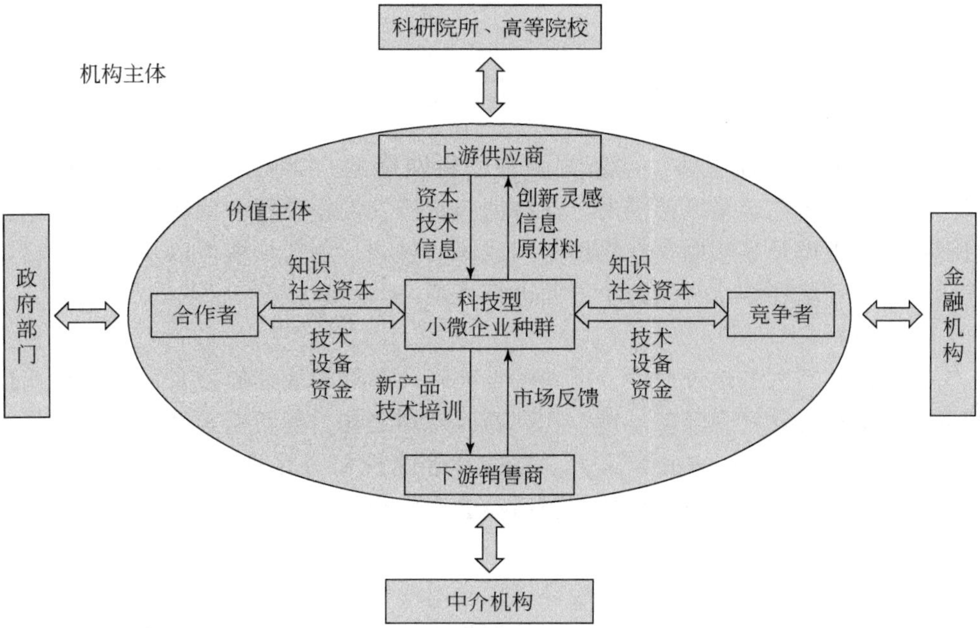

图 3-1　创新生态系统网络框架

垂直网络是指由科技型企业、上游供应商、下游销售商和消费者共同构成的价值链纵向创新网络。其中，供应商除能够为企业提供原材料和零部件外，还能够提供创新灵感和技术更迭信息，而科技型企业的创新活动在给供应商带来利润回报的同时，其知识溢出效应还能够使供应商得到更多的技术和信息。销售商的市场信息反馈是科技型企业创新的重要依据，它为客户提供的技术支持、售后服务和产品推广等活动是创新产品成功商业化的关键。为形成核心竞争力，科技型企业通常将有限的创新资源集中于研发环节，而原料更迭、创新成果市场化以及市场信息反馈等其他必要的创新环节则要依靠价值链上的合作者完成。

水平网络是指科技型企业与竞争者和合作者构成的横向创新网络。科技型企业受自身规模所限，难以利用价格竞争与行业内大企业抗衡，唯有依靠技术创新取得竞争优势，并通过商业化获得市场回报。但科技型企业创新资源有限，内部研发力量薄弱，需要借助技术合作企业、配套设备服务外包机构等合作者的力量，通过技术、设备、资金等互补性资源整合实现创新突破并完成商业化进程。此外，科技型企业对于知识和社会资本的依赖远远大于对实物资源的依赖，合作关系的建立和维持是科技型企业实现资源互补和获取外部知识的重要途径。科技型企业与那些争夺相同创新资源、生产相同产品或替代品、占有相同或相似市场的企业形成竞争关系，这种竞争关系既抢夺彼此的市场空间，又成为其不断创新的外部推动力。

3.1.4 体：创新环境

创新环境是创新主体、创新关联和创新网络的“容器”。就国家高新区而言，创新环境是在政策区范围内，支持创新主体、创新关联和创新网络协调运行的制度、政策以及其赖以存在物理空间载体的总和。创新环境可以从区位、政策环境、竞争环境和技术环境四个方面进行概括。

1）区位

区位是高新区的地理属性，反映的是高新区所处的地理位置及社会联系，包括资源禀赋环境和社会经济环境。在高新区规划之初，创新要素供应程度是位置条件选择的主要方面。Bruno 认为，靠近高等院校和研究机构、交通条件便利、自然环境优越将对高科技园区的创新活动会产生积极影响[103]。

2）政策环境

高新区的成功源于特定的制度环境，政府政策对其发展过程具有显著的引导作用。园区在运行过程中，各创新主体间将产生复杂关系，合理有效的宏观管控行为和鼓励政策将在园区整体功能完善和提升中发挥重要作用[130]。高新区所处的政策环境包括软硬环境、优惠的产业政策、鼓励创新宽容失败的文化、完善的基础设施和公平的法制环境。

3）竞争环境

高新区及创新企业必须面对国内外市场的双重竞争环境。必要的竞争可以激发高新区及创新主体的内部潜力。在当前全球价值竞争格局背景下，只有积极应对并拥抱竞争，才能使园区在激烈竞争中生存并发展，占据全球价值链中的高端环节[131]。同时，适度竞争有助于提高园区和企业的开放性，缺乏外部资源和多样性容易形成封闭，并带来系统性风险。

4）技术环境

技术进步是经济增长重点研究的内生变量，对于高新区而言则是外生变量。

技术环境的影响因素相当重要，主要体现在三方面：首先，技术环境影响了园区产业升级的进程和效率；其次，技术迭代、创新范式转变对于园区企业创新的影响是颠覆性的；最后，技术环境还表现为对于技术创新的偏好，即是否采用最新技术去提升高新区的整体创新能力提升[132]。

3.2 高新区创新生态系统的网络结构

3.2.1 高新区创新网络的形成过程

创新生态系统结构的表现形式是创新网络。演化经济学在解释网络的结构及其动态性方面提供了很有价值的分析工具，特别是当相关的演化经济学理论和方法引入区域经济学和创新地理学的研究中时，在企业创新过程中对演化经济学的动态分析有助于人们更清楚地了解技术体制结构的发展。其中，知名学者Koschatzky 等认为对创新网络的研究通常是基于一定的地理空间，他们指出创新网络在与外部联系的同时，必须扎根于本地区的社会文化环境才能发挥出最佳水平，推动地区发展[40]。区域创新网络根植于该地区的社会和文化背景，可以通过创新和发展来促进区域创新环境的改善。也就是说，创新网络是创新生态系统结构的映射，创新网络与创新生态系统之间有机联系、相辅相成。

高新区生态系统通过创新网络支持企业实现有效创新。它被有需要的企业复制、创新和变异，从而实现技术创新。在网络结构中，大量的企业、人才、知识、资金和信息资源涌入，促进了新技术和新产品的衍生。在世界范围内，知名高新区成功的原因在于在园区内形成成熟的创新生态系统和完善的创新网络，园区企业可以建立长期、稳定、直接或间接的创新链接，并在创新生态系统的环境中健康发展。从短期角度来看，网络关系呈现出静态、稳定的特征，但从长远来看，它是一个动态的变化过程。运行机制是维持网络运营的重要支撑，通常基于市场监管，并辅以政府政策调整。高新区的创新网络的作用是为了更好地满足高科技产业集群对创新知识的进一步需求，直接影响着企业创新能力的提升。它是由高科技产业集群随着自组织的演化而形成的。在高新区创新网络形成的过程中，竞争协同和发展必不可少。

高新区创新网络的形成并不是偶然事件，而是具有一定的必然性。高新区创新网络能够形成和发展是因为它具有传统创新模式所没有的一系列优势。首先，通过网络创新，可以在很大程度上降低创新成本。高新区创新网络可以在网络中组织多个创新实体，使每个创新实体都能建立长期的信任与合作，从而实现资源共享和优势互补，降低交易成本，简化创新互动过程，增强创新实体间合作的长期性和稳定性。其次，可以通过网络合作关系共享网络的整体利益。科技发展为技术创新带来了更多机遇的同时，也带来了更严峻的挑战。企业为了在技术方面处于优势地位，在激烈的市场中立于不败之地，形成合作的网络关系，有利于网络资源的共享，充分发挥个体优势。同时，利用网络结构的优越性，创造更有价值的产品和服务，在创新合作的过程中不断获取新技术和新知识，进而增强自己的核心竞争力。最后，利用网络伙伴关系分担创新风险。在快速增长的市场竞争背景下，企业必须提升市场应变能力、高效的技术研发能力和强大的财政能力。创新风险本质上是不可避免的，通过创新网络，企业可以利用网络的优势在一定程度上缓解这些问题，实现网络资源最低限度的浪费，即通过网络优势降低企业创新风险并避免风险后果。

由此可见，高新区创新网络的形成源于企业发展的需要，从实证研究发现，高新区的企业、政府、高等院校或科研院所在创新过程中面临着诸多问题，这些问题通常无法依靠单个组织单位加以解决。其中，企业面临技术创新能力不足、科研成果缺乏等问题；政府面临的问题是区域发展不平衡，难以提高区域自主创新能力；高等院校或科研院所面临的是培养的人才不适用、缺乏科研经费、科技成果转化率低等问题、科技中介组织及风险投资机构则面临难以发挥真正的作用等问题。通过调研发现，企业、政府、高等院校或科研院所对这些问题都有一定的认识，也存在合作创新的愿望和基础，愿意在日常交往中建立起互惠互利的合作关系，而且不少企业和高等院校已经建立了诸多联系，例如合作建立实验室，共同进行科研项目合作，虽然只是一些局部的合作，但已经体现出多方合作的趋势，这为全方位、多主体间建立网络形式的合作奠定了基础，为创新网络的形成与发展提供了可能。值得关注的是在我国，部分高新区已经形成了较为成熟的创新网络，例如后文将重点研究的中关村创新网络。可以说，创新网络的构建和发展是多智能体合作与创新的未来，是创新模式的必然趋势。

3.2.2 高新区创新网络的基本属性

高新区创新网络，是指在高新区范围内，创新主体以及各种创新要素在创新关联的相互作用下建立的，能够促进创新的各种正式或非正式的链接。高新区创新网络之所以能对高新区创新发展发挥巨大的促进作用源于其五大特性。

1）异质互补性

创新主体的异质性是构成创新生态系统多样性的基础。由于高新区创新主体资源的差异性，使得创新过程中创新网络可以将不同的资源形成多样化的组合。

在相互间知识和技术资源共享过程中，创新网络中的创新主体通过合作可以实现创新成本降低、创新效率提升的协同效应，这也是高新区各创新主体间形成创新网络的基础。

2）持续开放性

创新生态系统作为复杂系统的关键是具有开放性。创新本质上是一种创新主体在网络机制的作用下进行资源的持续交换和信息的互动交流的过程。各创新主体一方面在长期的竞争合作中，形成了相对稳固的网络互动关系。另一方面，创新生态系统对于创新主体持续的影响作用，也通过创新网络结构的变化不断发挥作用。环境中不断有新的创新主体和创新资源要素进入创新网络，持续的竞争合作又使网络中不断产生新的链接。多维连接提升了创新主体的信息和技术获取机会，又通过不断提高网络结构的复杂性，帮助创新主体实现与创新生态系统外部环境的良好适应。

3）动态复杂性

一方面，由于高新区创新网络中的企业动态变化是根本性的，随着高新区创新生态系统的演进，创新网络将呈现大幅扩张和创新主体间路径依赖性集聚的结果，这其实正是网络复杂性和动态性的体现。另一方面，创新要素的持续增加和网络流动也是构成创新网络的动态复杂性的重要原因。创新主体的网络位置会随着创新要素的变化，在网络结构上持续变动。随着竞争的加剧和对优质资源的追逐，创新主体要取得更丰富的成果，必须更加主动地建立新的网络联系，更多地与新的主体和资源产生互动，从而有效提高创新网络的整体创新能力。

4）区域根植性

高新区创新网络与创新生态系统中区域经济社会发展水平、基础设施条件、创新文化软环境、政府制度和园区政策存在紧密联系。创新主体在发展壮大过程中，充分享受了创新生态系统的系统优势，并将其转化到创新网络中形成稳定的网络关系。随着创新网络的不断演化，众多创新主体间形成并共同遵守的行为方式也外化成创新生态系统的一部分，成为新进入创新网络的创新主体所必须共同遵守的行为准则。通过这种独特的区域属性形成的创新网络具有强大的根植性，并通过持续强化网络结构形成带有明显区域属性的创新能力。

5）协同竞争性

高新区创新网络内各创新主体间的合作与竞争是并存的。网络创新的实质是网络内企业相互学习的过程，在注重协作的同时，创新主体间不得不为了争夺创新资源、追求最大利润而展开竞争。因此在创新网络中，竞争与协作都是创新主体的必然选择。一方面，充分竞争为协同创新提供了可能；另一方面，协同创新只不过是竞争的多样化选择。

总体来看，高新区的网络属性主要表现在两个方面：经济网络属性和社会网络属性。在经济网络属性方面主要体现在企业间的分工与协作，在创新网络中，创新主体通过网络分工和协作可以有效提高信息对称程度和分配信息资源，从而降低创新的风险和交易的费用，进而减少市场的不确定性，使得创新主体能够共同进步。从社会网络角度来看，在创新主体内部以及各个创新主体间的社会关系能够有效降低管理费用，并能激发创新主体的创新活力。此外，社会网络还对经济网络起到一定的支撑作用，因为社会网络能够帮助和促进创新主体间的合作，例如创新主体间可以相互拆借资金、共同解决创新中存在的问题、共享创新信息、共同获取并使用创新资源等。

3.2.3 高新区创新网络的复杂性分析

高新区创新网络的形成是建立在企业之间通过各种协议、契约等正式或非正式关系上的，而企业之间相互依赖、风险共担等各种关系是错综复杂的，难以定量化分析，具有很多的不确定性。同时网络是开放的，其演化过程具有动态性，网络中的节点数量是不断变化的，伴随着新节点的加入和老节点的退出，于是网络关系发生变化，随之网络结构也发生了变化。对整个网络而言，网络具有多层性，而且是一个立体结构，并非简单的平面结构，使其产生复杂化原因有以下几点：一是企业内人员的复杂性，企业间的合作体现在企业员工间的合作过程，而人类行为具有明显的复杂性，由于企业间的合作涉及相关企业领导以及项目负责人、合作时间地点和合作方式等方面的选择和决定，而这一切都是以人的行为复杂性为基础的。基于不同的角度不同的人会做出不同的选择，由此造就了企业之间合作的复杂性。二是不同行业复杂性带来的复杂化问题。在整个创新网络中，参与创新活动的企业往往涉及不同领域，由此带来了一定的行业跨度，并引发不同行业间不同理解的复杂性。三是不同组织关系带来复杂性。不同企业间的关系多种多样，其组织形式也多种多样，有横向的同行业之间的合作关系，也有母子公司的形式，由此造成的复杂的组织关系。四是企业合作的快速性带来复杂性。由于高新技术更新换代的频率不断加快，企业的合作过程也呈现出较强的快速性，在意识到自己有合作需求或者有相应的项目需要合作的时候，企业往往会迅速与合适的企业组建合作网络来互相协作。五是企业间合作的不确定性带来复杂性。由于企业合作的时间、合作的成员、合作的方式会随着不同的项目而不同，由此带来了更多的复杂性问题。

一个复杂系统的复杂适应特征主要表现在四个方面：一是整个系统由若干子系统组成，而且各个子系统的结构、运动模式和性质具有整体系统的特点，且整体系统的功能远远大于子系统功能之和。但子系统发生变化时，对整体影响不大。二是内部各个子系统相互之间是非线性的。三是整个创新网络是一个处于远离平衡态的开放系统。四是在高新区所处环境范围内，创新网络具有自组织、自学习和自适应的功能，能够自动形成有序的状态，并能适应环境的变化而繁殖进化。在高新区创新系统中，“复制”便是技术和知识在网络中的扩散和应用，“变异”便是网络主体在技术或产品方面取得了创新，网络主体通过竞争或者合作，经过市场的选择，在整个创新体系中共同形成了既分工又协作的创新生态系统，而且通过自组织、自学习、自适应不断地取得进化，即走向成熟。

高新区创新网络作为一个高度开放的系统，在开放的环境中，创新人才的流动及人才流动带来的技术转移显得非常普遍，同时高新区又与外界保持着密切的联系，不断与外界进行能量和信息交换，这使得园区内的企业技术构成、产业结构、运行机制和管理机制都要不断地适应所处的环境而进行着不断的革新。高新区创新网络本身是一个良好的生态系统，网络内丰富的人才、知识、信息、技术等资源是其竞争力提升的主要因素。当前，高新区已经发展成为世界上最适宜高新技术产业发展的环境，如美国硅谷、印度的班加罗尔、中国台湾的新竹科技园等，这些科技园发展的动力来源于其创新网络的形成和发展。在这些高新区最初形成的时候，政府虽然起到了很大的推动作用，但真正的作用来自高新区自身的发展。因为它本身就是一个复杂系统，当政府作用开始减弱而外部市场环境力量占主导作用的时候，整个园区的发展就处于一种非平衡态，这种非平衡态注定了园区要不断地适应环境的变化而取得发展。技术革新便是高新区基因的突变，竞争和适应便是高新区创新网络系统复杂性的表现。由此可见，整个高新区的创新网络具有复杂适应系统所具有的自组织、自学习、自适应的特征，不断地演化、完善，并走向成熟。其创新能力也随着创新网络的发展而不断提高。

概而论之，高新区创新网络可以看作是一个复杂的非线性系统，其系统内部诸多要素交互作用构成了一个复杂网络。该系统通常处于非平衡态，系统内各要素间的联系方式，以及系统与外部环境的关系都是在不断变化的，同时还存在诸多的反馈作用，由此导致了整个创新网络的不确定性。在高新区内部存在着一套相互作用、有利于科技创新的系列机制，在推动技术创新和提高企业竞争力方面起着重要的作用。主体间通过交流物质和信息流而相互作用，并在交互作用的过程中取得学习的经验，以此来改变自身的结构和行为方式，进而取得不断的发展和演化。高新区的竞争优势超过各个组成部分的简单加总，超过简单加总的部分便是高新区区别于其他组织形式的显著系统特性。

3.3 高新区创新生态系统的演化路径

西方经济学者和管理学者对创新理论的研究大致经历了三个阶段：从经典经济理论到国家创新体系理论再到演化经济学的最新发展。每个阶段分别对应线性范式阶段（创新范式 1.0），创新体系阶段（创新范式 2.0）及现在正在进入的创新生态系统阶段（创新范式 3.0）。从理论发展角度来说，这是一个从孕育到成长，再到成熟的过程，而每一个阶段内部也是一个不断完善的过程。当理论体系已经不能有效解决实际问题的时候，就需要打破陈规，寻找新的理论方法，即理论研究从量变到质变跃迁。因此，在文献梳理的基础上，本书将创新生态系统的演化过程按照创新范式的三个发展阶段进行了划分，并引入网络科学理论来刻画每个阶段系统所呈现出的结构性特征，最后总结出促进创新生态质量不断提高的内在动力机制。本章的研究框架如图 3-2 所示。

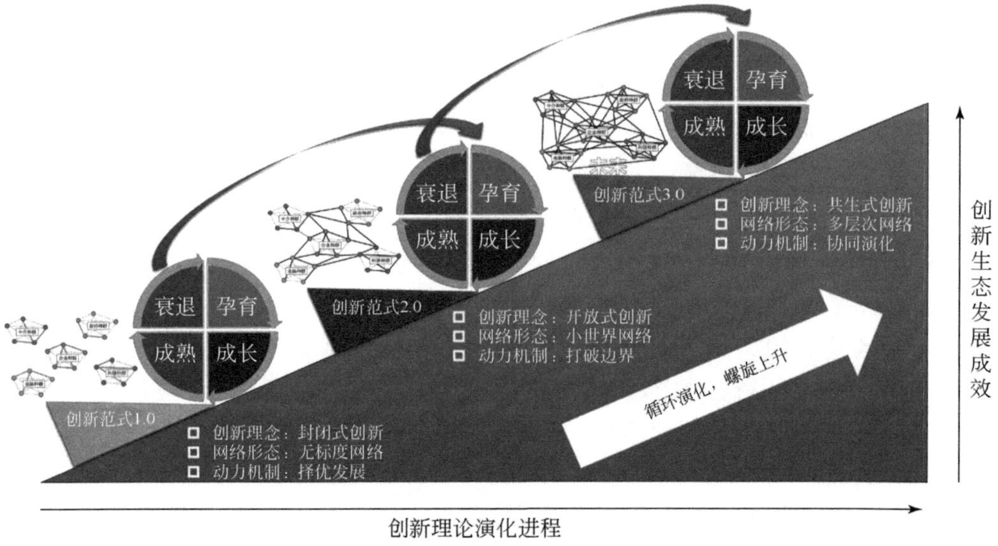

图 3-2 创新理论演化进程的结构变化特点与内在动力机制

创新生态系统是个动态的、不断发展的系统，它的演化成长是在追赶竞争力、合作外溢力、环境根植力和外部扰动力等各种系统作用力的非线性叠加下共同作用的结果。创新生态系统有可能从孕育期走向成长和成熟，也有可能由成熟走向衰落，或是可能直接衰亡于任何一个成长阶段。但是由于创新主体自身的新奇性、创造性和适应性特征，以及受创新主体的自组织性和调节性的能动作用，系统通常会不断修正克服负向力，选择放大正向力。因此，有生命力的创新生态系统的势能提升路径通常符合逻辑斯蒂增长模型（Logistic Growth Model），演化过程历经系统孕育期、成长期、成熟期和衰退期，但又不止于衰退，而是循环演化、螺旋上升。

3.3.1 孕育期

创新范式 1.0（封闭式创新）强调建立“双螺旋”，由公司设立的独立研发机构和市场需求共同驱动。反映在已建立的供需关系的原始市场中，这种模式可以提高供应商的供应能力、提升产品或服务的竞争力。在这个阶段，创新的概念初步形成。

从创新网络角度上看，创新实质上是一个呈网络状发展的动态过程——不断有新的创新主体加入，也不断在它们之间产生创新要素流动的新渠道。以图 3-3 为例，不同颜色的节点代表了分属不同类别创新种群的创新主体。虚线代表弱关联，表明因为同属于一个价值链或者功能作用类似，它们在种群内部会有天然的关联，但尚未成为实现创新的载体；实线则意味着强关联，即创新实体已经建立了合作关系。在这个阶段，产业集群刚刚形成，不仅创新种群之间的创新关联尚未完全建立，而且种群内部的主体或亚种群之间也远没有达到资源和信息充分共享的局面。虽然种群的整体创新能力是影响创新主体绩效的关键要素，但是那些具有较多强关联的创新主体亟需打破组织间壁垒，进而实现创新要素的流动与融合。

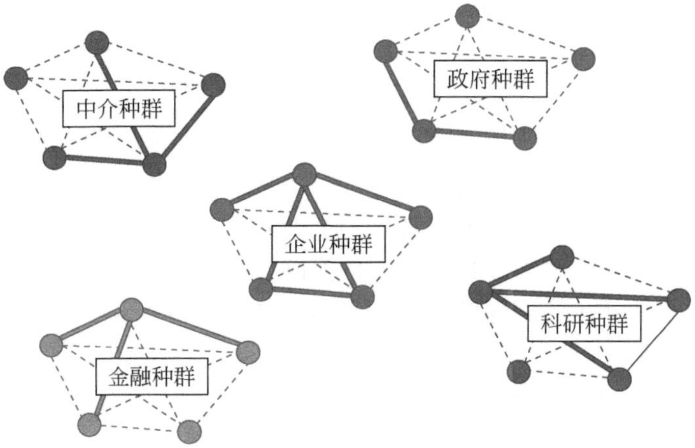

图 3-3　创新范式 1.0 下创新生态网络拓扑结构

高新区最初形成的时候，只是一些松散的高新技术企业的集聚，企业间相对独立存在。随着园区的发展壮大，外部环境的变化及国际市场的冲击，园区内的企业彼此间由于业务需要加深了联系，并逐步迈上合作的道路。尤其是那些在产业链上存在上下游关系的企业，围绕某一产业或产品，逐步结成相对稳定的合作关系。当合作的需求和愿望越来越普遍时，一种新型的合作组织即网络逐步建立起来。在创新网络形成的早期阶段，创新主体通过与具有互补技术能力的企业建立创新合作关系，如专业化协作的垂直分工，形成了最初的网络聚集。这一阶段的网络是局部的、松散的，结构特征表现为网络密度小、稳定性弱。合作形式表现为在较松散的合作体系和短期的合作合同下开展创新活动。由于缺乏长期持久的联系，创新主体的学习能力不足，网络创新氛围不够浓厚，网络主体的创新欲望不强，仅对知识进行简单聚集。由于网络初期拓扑结构随机性较大，网络效应和网络效益难以全面体现，因此在网络初期创新绩效不高[133]。

1）网络形态：无标度网络

在高新区发展初期，创新网络表现为无标度网络的典型特征。随着新的创新主体的进入，会进入创新网络并与既有的优势企业开展合作（例如创新水平高的企业能吸引更多的其他企业或科研院所展开合作创新）。在高新区创新网络中，创新主体如企业和高等院校、科研院所的数量通常随着合作创新的深入以及产品的研发和市场的扩大而增加，进而导致整个网络规模的变大，主体间的关系变得更加多元化和复杂化，网络演化的过程中虽然错综复杂，但在一个健康的发展环境中，创新网络会逐步完善，整个网络功能不断增强，最终创新能力也会得到提高。

2）创新理念：封闭式创新

在创新范式 1.0 阶段，网络整体呈现出非常明显的异质性，各种阻碍创新要素流动的壁垒（如条块分割、地理位置、专利保护、信息不对称等）让创新网络变得大而不强，即创新主体有限的选择往往伴随着较高的交易成本（轻松容易的合作对于整个系统的效益来讲不是最优的，风险是相对较大的，这其实是信息缺乏、网络有限、交易成本高的体现）。这也说明了此时整个创新生态系统缺乏科学的统筹规划，其中绝大多数创新主体实际上遵循的是一种封闭式的创新发展理念，即无论是创新主体之间的合作，还是创新要素的聚集，都是主要集中发生相同创新种群内部。

3）主导机制：择优发展

相较于随机网络，BA 网络具有较大的聚集系数和较短的平均路径长度。在此类高新区创新网络中，创新资源的配置效率以及知识、信息的传播速率明显高于随机网络。高新区创新生态系统在演化进程中，创新网络每时每刻都有新节点产生和老节点的退出。网络功能持续增强，但优势节点拥有网络中绝大部分连接，占有更多资源，是网络的核心，也是整个创新网络的动力因素。在此阶段，核心节点在高新区创新生态系统中的作用非常重要，主导了并推动了网络的运行和系统的演化。

4）存在问题：网络异质结构加剧创新系统风险

创新网络是创新资源再分配的基础。在此阶段，创新资源在初次分配后，通过网络的作用会向着关键的核心节点即向着资源利用率高或者具有核心竞争力的节点流动，然后通过节点间即不同创新主体间建立的合作机制，由核心节点即创新主导企业对创新资源进而再分配，从而优化资源配置，提高了创新效率。由于高新区创新网络在这个创新阶段的结构具有很强的异质性。弱小的创新主体对整个系统运行的影响较小，难以造成系统性风险。同时，那些创新广度较大的重要创新主体由于在整个网络中占据主体地位，特别是拥有关键技术、资本或者拥有市场统治地位的企业或科研院所，它们具有维持推动网络功能的作用。如果其出现故障或风险，导致创新主体无法及时调整运行策略、创新活动面临夭折，那么创新网络将面临分崩离析的危险。这体现为创新网络的异质性所导致的生态系统脆弱性。

3.3.2 成长期

对于国家创新体系理论的研究为创新生态系统的成长期提供了参考。在这一阶段，对创新不能再局限于关注个体的独立行为，还应注重创新实体之间的关系。德鲁克将创新分解为技术创新和社会创新[134]。弗里曼针对日本率先提出了“国家创新体系”。伦德瓦尔指出，国家创新体系的核心在于生产者和使用者的互动学习活动。“三螺旋”理论强调高等院校和研究机构是创新的源泉，企业是创新网络的核心，而中央和地方政府构建了创新环境。由此可见，开放式创新理论是国家创新体系的重要理论支撑。

毫无疑问，美国硅谷是一个成功的产业集聚区，它孕育了众多世界知名的高新技术企业，引领了技术创新的时代前沿。硅谷绝不仅仅是一个密集的工业区，而是一个技术型公司与许多种类繁多的专业公司以规则的方式聚集在一起的区域创新生态系统。例如，除拥有 3COM、苹果、Intel、思科等国际著名的技术型公司以外，硅谷还有如安永、德勤、毕马威和普华永道等知名会计师事务所，拥有 Brobeck 等律师事务所、IDG 等风险投资机构。可以看出，硅谷最引人注目的特征是高科技企业所需要的支持服务，包括金融资本家和银行家、猎头公司、会计师、咨询顾问及大量其他专业人员，为区域创新生态系统的创新涌现提供了必要条件。

我们可以用图3-4来描述以硅谷为代表的创新生态系统的网络拓扑结构。该网络中不仅创新种群之间的创新密度很高，而且种群之间也打破了各种阻碍创新要素流动的壁垒，在创新深度上也有了极大的突破，已经形成了类似于区块链的创新生态系统——不仅增强了系统的稳健性，也实现了全局的开放式创新。如果我们从复杂的网络角度看待创新生态系统的演变，我们会发现它逐渐从无标度网络过渡到小世界网络，许多创新链穿越了不同的创新种群，实现了更多创新主体之间的跨种群合作，实现了更高层次、更大范围、更强功能的创新合作。究其本质，创新链是由多环节、多主体以及多要素构成的价值链，它建立在有效分工的基础上，以创新活动为纽带，使各创新主体通过合理互动、功能互补，共同致力于各创新主体关系从线性关系向非线性关系的演化，形成高效的创新网络，逐步优化创新生态系统，最终实现创新价值。

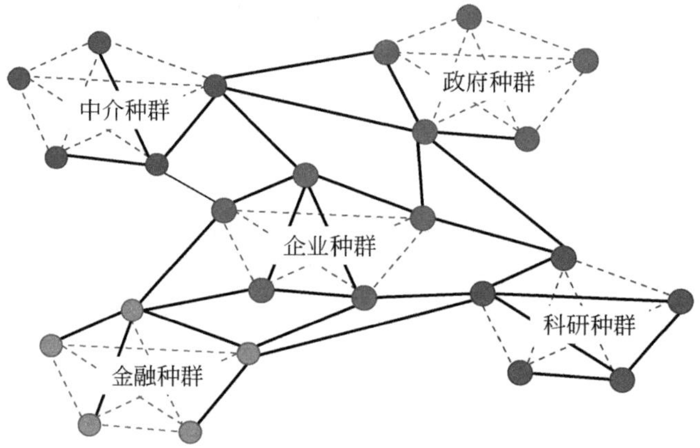

图3-4　创新范式2.0下创新网络拓扑结构

随着网络创新主体间合作的紧密和频繁，创新网络也随之逐步扩展和完善。网络结构逐渐集中和强化，形成了明显的局部聚集和清晰的分工。在专业服务机构、中介组织、行业组织等的服务协作下，网络中隐性知识和信息技术快速传播，网络主体间基于共同的行为模式，信任程度不断增强。在这一阶段，非正式网络关系也逐渐出现，创新人才通过弱联系关系进行思想交流和创意传播，提升了网络的异质化水平。政府职能由政策支持向创新引导转变。区域创新生态系统进入快速发展阶段。

1）网络形态：小世界网络

WS网络与其他网络的区别在于：WS网络的平均最短距离短，接近ER网络，但集聚系数很大，接近常规网络。小世界网络是研究流行疾病传播、社交网络的主要模型。同时也为探究创新网络的演化机制提供了思路——通过特征路径和集聚系数所代表的创新深度和创新密度来判断创新生态系统是否进入创新范式2.0阶段。这个阶段最为明显的现象是开始出现大量伴随产业集群出现的创新群落。该阶段的网络发展过程可以表示如下：企业区位选择→优势生态位形成→区域集聚优势出现→区域创新网络的形成→产业创新群落的出现→创新网络持续打破边界→创新生态系统初步形成。

2）创新理念：开放式创新

通过对网络特征分析，所处该阶段创新生态系统中的创新主体对于技术创新和市场合作有了更高的需求，随着网络范围的扩大和网络结构的紧密，创新企业强化技术创新、提高创新绩效等目标的实现对外部资源的需求性和依赖性显著增强，相应的创新生态系统逐步发展、创新网络结构不断密集。主要体现在以下两个方面：一是子网络的聚集趋势更为明显，产业集聚效应带动创新群落发展。在WS创新网络中，网络创新密度得到了极大提升。创新种群是区域技术创新生态系统的基本构成要素[135]，在网络结构中表现为子网络，是创新生态系统的基础。信息在子网络中流动频次开始加快，传播效率持续提升[136]。这是因为相对于总体网络的巨大跨度使得子网络的集聚相对容易。通过强化创新主体间信任，其创新协作、资源共享和风险分担的成本降低，而网络创新绩效不断提高。二是网络链接加强，紧密联系促进技术扩散。随着网络链接的加强，网络点权和边权不断提升，表现为创新主体联系的更加紧密。从网络节点角度而言，更高的点权和边权意味着相对于整体网络，其与既有节点的联系频效的提升，这使得网络中资源和信息能够更快更有效率的传递。同时，由于网络结构的加强，链接路径也变得更短，可以更容易地从异构节点中获得信息[137]，这对于技术创新和系统稳定性是至关重要的。

3）主导机制：打破边界

对于创新网络来说，较短特征路径长度意味着创新主体可以更容易从其他主体那里获得自己不具备的信息和资源。也就是说，如果很多创新主体无法接触到对创新活动很重要的创新要素，那么整个创新系统将会出现创新能力不足的系统性问题。根据伯特的Structural Holes理论，介数高的创新主体拥有信息优势和控制优势，可凭借网络地位获得中介利益[138]。在此阶段，由于创新种群开始打破各自边界形成了众多创新群落，极大地促进了区域内各种思想的碰撞和异构资源的流动，也使得创新范式1.0阶段网络中存在的大量结构洞逐渐减少。

同时，各类中介服务机构和政府部门也开始在创新网络中发挥重要的桥梁作用。通过多样化与异质性的网络联系，子网络内部、子网络之间的信息沟通渠道逐渐增多，沟通的成本进一步降低，特别是通过多样化的跨界交流，知识、信息、资本等要素突破原有的流动范围，在整个创新生态系统网络中传播。政府管理部门也搭建各种平台，促进子网络之间的交流与合作，并通过打破行业或技术领域的藩篱，使传统意义上由市场关系难以建立联系的创新主体间开展合作，极大地提高了产生技术突变涌现的可能性。

4）存在问题：集聚程度过高导致系统结构僵化

但是，创新网络拓扑结构过高的集聚程度将带来创新生态系统的锁定效应（lock in effect），其本质上是一种“路径依赖”现象。Arthur 认为创新技术的利用具有收益递增的效应，可通过抢占先机实现自我增强，从而在良性循环中获得优势[139]。此阶段创新网络小世界特性使创新主体充分利用区域内的知识和技术资源，积极引导子网络的建设，通过创新主体间资源共享、优势互补，克服个体创新的局限性。但是，随着创新密度的不断升高，创新源开始变得同质化，创新种群容易过度关注创新群落的资源和信息，导致大量信息实质上是同质和冗余的。Uzzi 和 Spiro 认为，创新种群之间过高的集聚程度会导致创新主体被孤立，抑制其与新颖多样的信息建立联系，并最终降低创造力水平[140]。Lee 等人认为网络的最佳集聚程度依赖于技术变化、知识形成和传播模式、社会发展阶段等因素[141]。总而言之，在这个发展阶段的末期，创新群落的网络形式可能趋于封闭，这将削弱其适应外部市场环境波动和自我功能修复的能力。

3.3.3 成熟期

目前，对创新的系统范式研究越来越多地利用生态学的理论和观点。针对 Nelson 和 Winter 的创新模型，Schot 和 Geels 进行了优化并提出了战略利基管理理论。与此同时，许多社会学家从不同角度解读创新生态系统。硅谷提出“下一代经济与创新生态系统”。2013 年，哈佛商业评论提出共生式创新，进一步聚焦在生产、教育和研究的“共生”，以及政府、企业、高等院校和用户的“四个螺旋”。欧盟也提出了欧盟 3.0 版本的创新范式演变理论①。

该阶段创新网络的重要特征是创新种群之间的天然界限已经不复存在，各种资源和信息在网络中的传播过程可以跳跃层级限制，最终共同形成了一个创新群落——互利共生且密不可分的创新网络。我们将此时的网络拓扑结构描绘为图 3-5，但是它还不足以体现创新大环境所提供的各类支撑要素与条件。

---

① 2013 年，欧盟正式发布开放式创新 2.0，并认为开放式创新 2.0 将成为“新的官方语言”。该报告提出，政策的第一阶段的基础是线性模型，第二阶段的基础是创新系统理论和开放式创新 1.0；第三阶段，即欧盟采用地平线 2020 计划，重点关注欧盟对创新生态系统的看法，政府（公共机构）、企业（行业）、高等院校（研究机构）、用户（公民）组成的“四螺旋”，即“开放式创新 2.0”新范式。2013 年 6 月，主题为“开放式创新 2.0”的国际论坛在都柏林举行，标志着第三代创新范式研发进入新阶段。

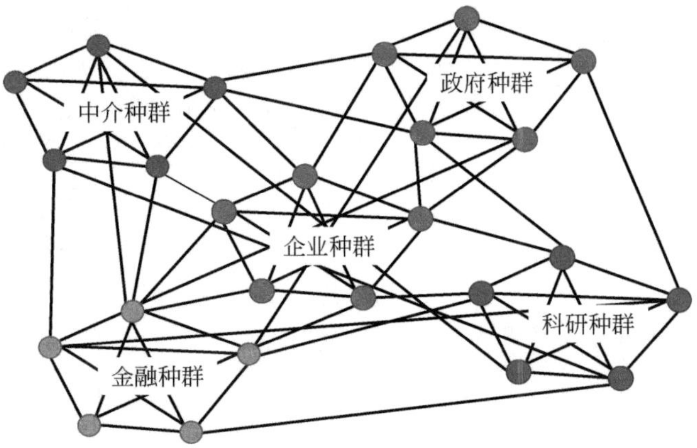

图 3-5 创新范式 3.0 下创新网络拓扑结构

随着创新与合作的不断深化，创新网络逐渐走向成熟。网络以自主创新为主导，品牌效应得以显示。各种创新实体在网络中和谐共存，逐渐形成了核心层、辅助层和外围层之间协同创新的良好局面。网络节点间联系更加紧密，创新资源及时有效地流动，表现出明显的知识溢出效应。非正式的创新网络——隐含的关系网络和社交网络丰富多样，在创新网络中发挥着强大的作用。陈雪梅等人认为，现阶段网络隐性知识、技术和信息流动畅通，有效地提升了网络企业的创新速度和效率。在成熟的创新网络中，创新主体达成更高水平的共识，促进了共同文化的形成。它增强了创新主体的本土根源，逐渐反映了马歇尔所谓的“创新空气”[142]。成熟期的创新网络元素趋于完善，创新主体之间的关系基本稳定，网络密度趋于合理，网络范围扩展路径丰富，可以获得强大的外部能力。在网络中形成更好的社会资本，如“信任”“互惠”“忠诚”，在规范网络节点行为上扮演着不可忽视的角色。成熟网络营造了浓厚的集体学习氛围，企业通过知识重组将网络知识转化为个体知识。反过来，它转变为竞争优势。这时，网络具有很强的开放性，与企业、供应商、竞争对手、网络内外的消费者等都保持着良好的关系。整个网络获得强大的生命力，形成了一个具有声誉显著的品牌（图 3-6）。

至此，创新生态系统成熟阶段的运行机制已经确立。网络结构密集而又坚固，市场机制得到充分发挥，政府职能由培育和鼓励转变为环境营造和文化培育，中介机构服务的质量水平达到较高层次，创新生态系统具备持续发展的生命力。

1）网络形态：多层次网络

从这一阶段的创新网络拓扑结构来看，明显呈现出多层次网络特性。这个阶

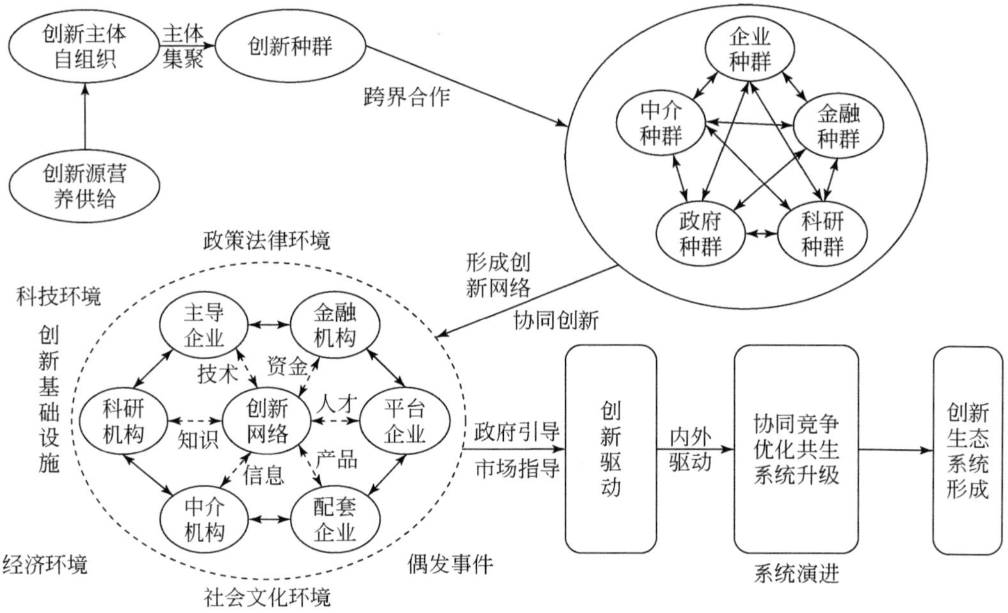

图 3-6 高新区创新网络动态演化过程

段的创新生态系统是各层面（物质流、资金流或信息流）的功能性子系统组成的复杂巨系统，是具有生命周期的有机体。此时的创新活动不仅发生在位于相同层面的创新主体之间，而且会跨越不同层面来形成全新的创新组合。各子系统之间的复杂关联使得整个系统呈现出空前的功能性和自适应性。创新主体纷纷主动构建或积极加入多组织、高层次、跨领域互补共生的创新网络。

2）创新理念：共生式创新

共生是生物界的普遍现象，德国生物学家德贝里提出了“共生”是物种间形成的协同进化相互关系[143]。当前，高新区创新生态系统正在逐渐向共生式创新过渡。在上一个阶段中，创新主体已经基本上能够整合利用跨组织、跨行业、跨领域的外部资源，但是也因为锁定效应而出现结构僵化问题，阻碍了其进一步发展的步伐。究其本质，还是因为它们之间缺乏完全的信任（即便是处于合作关系中的主体，随着合作业务的进行，它们之间的关系也会发生变化，而且瞬息万变的资本市场也增加了不确定性），商业壁垒依旧存在于创新主体、创新种群和创新群落之间。所以，发展到相对成熟阶段的创新生态系统中，子系统内部和子系统之间开始形成类似于生态位功能的共生关系。在共生式创新理念的指导下，异构资源在全系统中得以优化配置，成为孕育颠覆性技术的肥沃土壤。

3）主导机制：协同演化

多层次创新网络属于复杂非线性系统[144]，而只有具有完善的自组织结构和运行机制，才能满足整个系统协同①发展的基本条件。从整体角度来看，当前阶段的高新区创新生态系统已经在各个子系统层面呈现生态位融合的趋势。但需要注意的是，无论创新生态系统发展到何种阶段，其基本构成——创新主体之间永远存在着对有限资源的竞争关系，所以生态位整合终究要受到资源有限性的制约，每个创新群落和其子网络总会达到充满状态[145]。若处于同一生态位的创新主体无限制地增长，必将导致激烈竞争并使其他相关主体受到影响。因此，围绕着区域核心创新源的产业布局及其生态位整合是政府监管部门的重要任务。生态位整合强调利用各种生物和种群的相互协作，从而实现避免恶性竞争，优化资源配置，实现协同演化的结果[146]。关于创新协同演化机制，现有研究多是从共生理论的角度出，对创新网络的知识协同创新效应进行研究，包括网络演化的生命周期阶段[147]、适应机制[148]、理论演化模型[149]、竞合共生模型[150]等方面。

4）存在问题：全局统筹优化加大政府管理难度

创新生态系统是一个自适应的、层次结构有序的有机体。多层次网络由于其内部子系统的相互依存作用，会呈现出更为复杂的动力学特性。随着创新生态系统成熟和创新网络的完善，创新主体的技术、资源储备和创新动能得到大幅度增强，主体间关联关系也由残酷竞争为主变为差异化追赶，实现了稳定的竞合共生关系。但与此同时，在整个生态系统网络稳定性增强的趋势下，其系统风险逐渐加大，受到来自系统外部环境的影响和干扰的可能性逐渐增强。如果系统不能走向螺旋形上升的持续发展通道，系统可能由于缺乏动力机制或受到外部竞争破坏而走向衰落。总而言之，创新发展的复杂程度达到了前所未有的高度，对政府监管部门的全局统筹能力提出了更高的要求。

3.4 高新区创新发展现状和发展阶段的总体判断

国外高新区起步于20世纪50年代，经历了30年左右的发展期后，于20世纪90年代步入成熟期。国内高新区起步较晚，20世纪90年代，在国外高新区进

① 所谓系统协同，是指生态系统中的生态因子在系统发展的过程中相互作用、相互适应的过程。在创新生态系统形成和发展的过程中，主体之间以及主体与环境之间是相互联系的，当这种联系通过驱动作用形成了相互协调、相互促进的关系时，创新生态系统的形成和发展才是有效的。

入成熟期时，国内的高新区建设才刚刚起步；但国内高新区发展速度较快，园区的软硬件都得到了较大的完善。

作为改革开放事业的重要组成部分和实践探索者，国家高新区从1988年诞生之日起，就肩负起了“发展高科技，实现产业化”，推动“科技与经济结合”“创新与创业结合”的历史使命。高新区是科技的集聚地，也是创新的孵化器。30年来，国家高新区走出了一条具有中国特色的高新技术产业化道路，成为我国发展高新技术产业的重要力量。在我国经济发展进入“新常态”，由高速增长阶段转向高质量发展阶段的背景下，国家高新区经济继续提质增效，保持稳中有进、稳中向好势头，有力促进了经济发展新旧动能接续转换，支撑了国民经济平稳健康发展，为实现经济高质量发展积累了宝贵经验。

1）高新区是我国自主创新的主阵地

国家高新区坚持转变发展方式，践行新发展理念，不断提升发展质量和效益。据科学技术部火炬中心统计数据显示，2017年156家国家高新区GDP总计9.52万亿元，占我国GDP总值的11.5%；全口径出口总额3.45万亿元，占全国货物和服务出口总额的20.4%。在经济发展持续稳中向好的同时，质量、效益同步提升，2017年，国家高新区内共有4.6万家高新企业，占全国的近四成(39.4%)。园区企业研发经费支出与园区生产总值是全国平均水平的3.3倍。发明专利申请授权量占全国的18.2%，每万名从业人员拥有发明专利是全国平均水平的27倍。2017年国家高新区新产品实现销售收入73 597.0亿元，新产品销售收入占产品销售收入的33.3%，新动能不断显现，充分体现了更高质量、更有效益、更可持续的发展。

2）创新产业集群聚集态势明显

我国96%的互联网百强企业和53%的生物医药百强企业都在国家高新区范围内。国家高新区还孕育出华为、腾讯、阿里巴巴、百度、联想、小米等一批代表中国科技发展水平的龙头企业，形成了中关村、武汉东湖、杭州等一批创新型产业集群。2017年，国家高新区高技术制造业主营业务收入占全国比重超过35%；武汉东湖高新区光纤光缆、激光产业产值占全国50%以上；上海张江高新区集成电路产业产值约占全国35%；天津高新区风能产业产值占全国近30%。

3）创新创业环境不断优化

国家高新区坚持集聚各类创新要素，持续优化创新创业环境。目前，国家高新区聚集了全国一半的孵化器和众创空间，是我国天使投资、风险投资最活跃的地区，创新创业已成为国家高新区的价值导向和生活方式，形成了“科技报国、产业报国”的精神追求和“鼓励创新、宽容失败”的文化氛围。拥有核心关键技术的科技型创业成为国家高新区的显著特色，2017 年国家高新区拥有 2576 家“瞪羚企业”，同比增长 23.5%，125 家“独角兽企业”占全国 76.2%，同比增长 20.2%。创新创业活力不断涌现，创业带动就业效果明显。截至 2017 年底，全国高新区内企业年末从业人员 1940.6 万人，较上年增加 134.7 万人；当年吸纳高等院校应届毕业生 61.5 万人，较上年增加 7.6 万人，国家高新区企业成为吸纳高等院校毕业生就业的重要渠道。

4）创新生态系统尚需完善

目前，我国许多高新区虽然经济体量较大，但多还停留在扩大政策区范围以容纳更多企业的外延式发展阶段，园区内企业联系较少，尚未形成功能完善的创新生态系统，园区内企业总体呈现出创新能力不足、增长优势不明显、市场竞争力不强的特征。高新区亟需实现发展阶段跃升。作为未来肩负创新驱动发展国家战略的主力军，国家高新区亟待实现由外延式发展向内生式增长的阶段跃升。只有通过跨越企业仅是地理空间上集中的初级阶段，向创新网络不断紧密、创新生态系统不断成熟逐渐演进，才能实现提升高新区创新竞争能力的最终目标。

3.5 本章小结

本章结合国内外高新区发展实践归纳总结出这类创新生态系统的网络结构构成要素，分别是：创新主体（点）、创新关联（线）、创新网络（面）和创新环境（体）。它们在拓扑结构上虽为层级递进关系，但是在功能上互为支撑和补充，共同构成了一个非线性开放式生态系统。高新区创新网络之所以能对高新区创新发展发挥巨大的促进作用是基于它的五大特性——异质互补性、持续开放性、复杂动态性、区域根植性和协同竞争性。

高新区创新发展经过孕育阶段、成长阶段和成熟阶段。在文献梳理的基础上，本章将创新生态系统的演化过程按照创新范式的三个发展阶段进行了划分，并引入网络科学理论来刻画每个阶段系统所呈现出的结构性特征，最后总结出促进创新生态质量不断提高的内在动力机制。在高科技区域形成创新网络的创新 1.0 阶段，网络表现为无标度网络的基本形式，网络节点的联结以择优发展机制为主导，但网络的异质结构会加剧创新系统风险。随着创新网络的逐步完善，创新发展进入创新范式 2.0 的成长期，这个阶段最为明显的现象是开始出现大量伴随产业集群出现的创新群落。传导路径的缩短促进了技术扩散效应；但网络集聚程度过高易导致系统结构僵化，这一阶段的主导机制为打破边界。高新区创新发展的最终阶段是创新范式 3.0。创新生态系统发展进入成熟期，这个阶段的创新生态系统是各层面（物质流、资金流或信息流）的功能性子系统组成的复杂巨系统。在多层次网络下，多个种群组成的创新群落更有效地利用和整合各类资源，实现协同演化的目的，而统筹全局也加大了政府管理的难度。最后，本章最后一节总结了我国国家高新区创新发展现状和发展阶段的总体判断。

4 高新区创新生态系统的演化机制

网络结构作为复杂系统的直观抽象，充分体现了系统内各个主体之间的错综复杂的关联关系，进而为它们相互影响、相互作用、共同形成系统局部或整体功能的动力机制作出科学解释。结合区域经济系统发展实践，我们认为高新区创新生态系统的演化动力机制可以从技术协作、资本运作和市场竞争三个层面出发来进行归纳和总结（图4-1）。

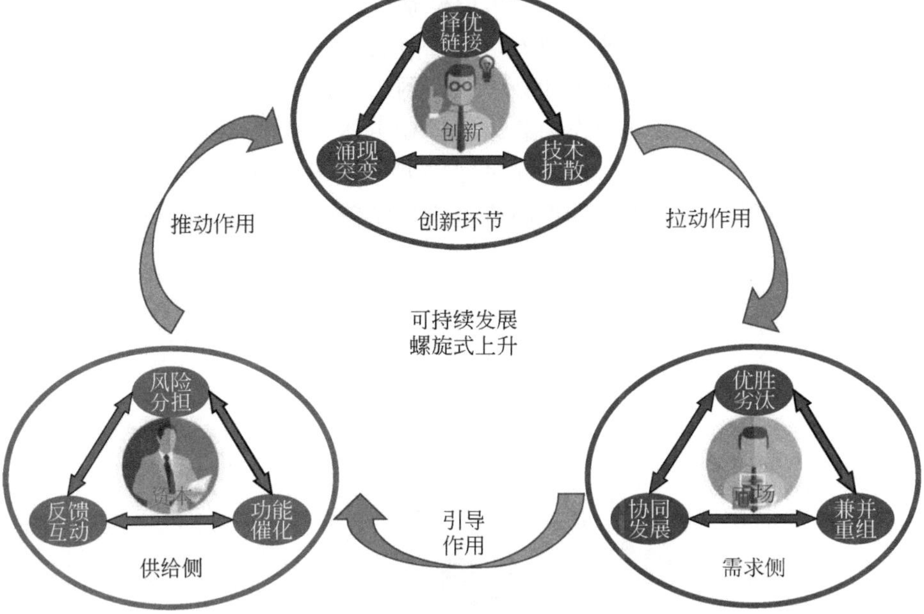

图4-1　高新区创新生态系统不同层次之间的作用机制

技术协作、资本运作、市场竞争三个层次在创新生态系统中呈现出促进创新发展的运作闭环。高新区以技术、人才、资本、产品等创新要素为纽带，通过技术协作扩散、资本共同出资风险分担、产品市场优胜劣汰等不同途径和方式，统筹产学研创新资源。其中技术协作是直接影响企业创新产出的重要环节，通过加强跨区域、跨领域创新力量的优化整合，促进了不同的创新资源面向产业和企业开放共享；而企业的创新技术研发需要大量资金的投入，资本运作作为创新链条的供给侧，企业间的投融资关系推动了企业在技术上合作关系的建立，同时为企业技术研发提供必要的资金支持；市场对创新产品的需求对企业的创新程度提出更高的要求，拉动了企业在技术上的革新以及对于协同创新的热情，以市场为需求导向，将技术的发展聚焦在被广泛需要的关键领域，加强主动引导，通过需求来拉动形成技术创新的持续供给能力。同时市场对创新产品的需求反馈影响了资本市场对高新技术企业的创新能力评估以及资金分配。技术、资本与产品三层次内部及之间的作用机制使得高新区创新能力的发展环环相扣，呈现螺旋式的上升，构建风险共担、收益共享、多元主体的协同创新共同体。

4.1 技术协作对于创新的作用机制

技术协作对于创新的作用机制，可以概括为择优链接机制、技术扩散机制与涌现突变机制。图 4-2 对三种机制关系进行了展示。择优链接机制表现为核心优势主体对中小企业以及新进入者的吸引。在网络指标中，体现为度值与点权的上升。技术扩散机制是以专利合作为载体的创新主体间技术交流与融合，体现为网络密度的不断上升。涌现突变机制通过促进创新主体的颠覆式创新实现整体创新能力的增强。主体的介数中心性提高将会增加颠覆式创新出现的可能性。

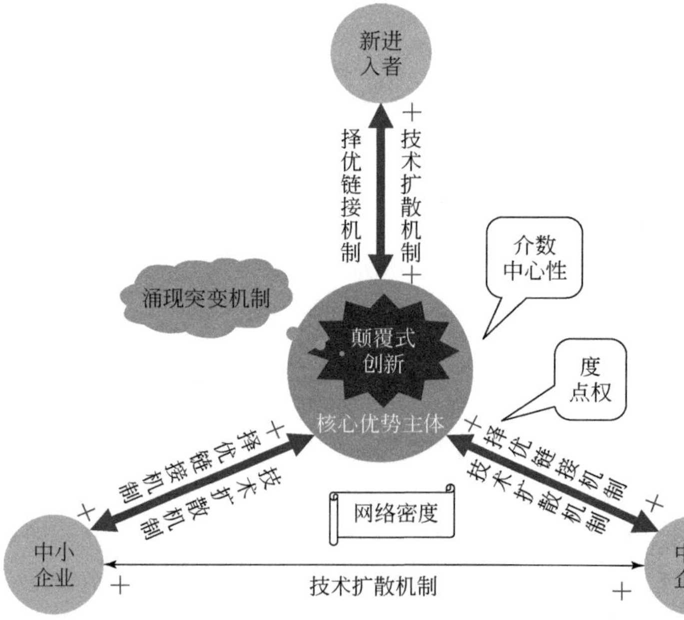

图 4-2 技术协作对于创新的作用机制

4.1.1 择优链接机制

择优链接机制是复杂系统结构演化的基础性概念，也是从起始到成熟阶段贯穿创新生态发展过程的核心机理。创新主体基于自身利益动机，在降低风险、提升收益的心态下进行合作选择过程。与自然生态系统中物种的趋利避害机理类似，创新生态系统中的开拓者倾向于与那些已经占据优势地位、具有丰富资源的先行者建立合作关系。虽然双方之间的不一定会得到互利互惠的（+，+）结果，但是前者很大程度上会规避对自身不利结果的出现。因此，择优链接机制赋予网络中心节点更好的资源条件和更高的自由度，同时也降低了新加入节点在信息获取方面的进入壁垒，所以在大量具有网络拓扑结构的系统的演化过程中普遍存在。

一方面，择优链接的“择”指的是创新主体的主动“选择”。在经典经济学理论中，选择是市场主体追求效用最大化的过程。而在创新研究的分支下，创新主体要在众多主体中选择合作伙伴，在多样化的创新产品中选择市场定位，甚至在多种创新模式中选择适合自身的发展模式，它们受到有限理性和不完全信息约束，进行的只是局部优化。另一方面，择优链接的“优”指的是创新主体为了降低创新风险，必然会寻找能够满足其对于技术、资金、渠道等方面的需求的其他主体进行合作，进而形成了错综复杂的创新网络。在这一过程中，创新主体、创新种群，能否选择或者被选择则完全取决于其在网络中的位置。根据结构洞理论，这些创新先行者（往往变现为网络中心度较高）在创新网络中一旦具有了相对信息优势，那么它们便获得了支配信息资源并以此控制其他开拓者的能力。

对一个行业的新进入者来说，理性的选择是进入一个竞争相对较弱的产品领域或细分市场。但是由于历史原因、技术条件的限制，现实情况是那些竞争不激烈的产品领域，由于客户资源稀少，同时技术、资质、实力等门槛要求相对较高的领域，企业进入非常困难。而市场容量大、客户资源较多、技术进入难度相对较小的领域，虽然市场竞争比较激烈，但往往成为新进入者在比较技术优势和市场优势的情况下，选择其作为企业发展的开端。与此同时，这些领域中的翘楚便成为它们模仿和合作的重点对象，以求尽快在新环境下立足。在当前经济技术发展背景下，信息与软件产业蓬勃发展，派生出众多关联领域，也是竞争网络产生择优连接的原因之一。

创新生态系统的择优链接机制会提高其网络拓扑结构的异质性。不同于以往经典研究结构洞与中心性理论，Gigone 和 Hastie 认为网络核心层与非核心层间结构一般具有异质性，而信息与知识更容易在这样的结构中实现传播[151]；Kitano等认为冗余节点或同质节点，可提高网络的稳定性。当具有无标度网络特征的创新生态系统内部开始出现小世界效应时，其网络结构的异质性和稳定性同时得到了增强[7]。

4.1.2 技术扩散机制

自然生态系统具有物质循环、能量流动和信息传递的作用，其中信息传递具有重要的作用。创新生态系统在信息传递方面与自然生态系统非常类似，即技术创新的真正意义在于技术创新扩散。在创新网络中技术扩散存在以下几种模式：一是人才流动，企业、高等院校和研究机构人员之间的合作和人才流动可以催生创新扩散效应，而创新网络中人才的非正式关系，为那些不易编码和复制的隐性知识传播提供了可能；二是合作溢出，各创新主体之间进行合作与互动，促进了创新溢出效应的产生。在同一网络中，各创新主体之间存在直接或间接的联系，联系和合作深度的深入使各实体之间的信息交流和知识转移的频率逐渐加快，从而产生合作溢出；三是示范溢出，在高新区的创新网络中，创新领导者创造的新技术、新工艺、新产品或新服务将迅速传播和扩散，并起到示范带动作用，带来其他企业效仿，进而提高了整个区域的创新水平和创新效率。

研究发现，具有网络结构的创新企业集群可以帮助这些企业有效地分享知识，最终实现创新技术的扩散[152]，究其根本，是网络拓扑结构决定了网络中信息传播的效率和效果。在随机网络结构下，节点间的集聚程度较低，但是信息传播速率较高；在规则网络结构下的情况则与之相反，节点间的集聚程度越高，则传播速率越低；而在小世界网络结构下，节点之间集聚程度与信息扩散速度接近于成正比。现阶段的高新区创新网络已经基本经过了企业集聚和技术沉淀阶段，网络结构逐渐从无标度网络向着小世界网络过渡，同时网络密度也在不断提高，高新技术企业间技术和知识的复制和传播速度会越来越快，对技术发展方向的预测和把握也会越来越准确。一方面，高密度的创新网络有效缩短了知识和信息传播渠道的长度（网络平均距离下降），这有利于创新系统通过其内部错综复杂的技术经济合作关系（例如专利合作研发）网络获取系统外部资源，并将新的创新理念、模式和技术快速传递到创新网络结构中的各个创新主体；另一方面，高密度的创新网络显著降低了知识交换的成本（强关联比例上升），进而提高了创新系统中知识和信息的传播广度和深度，改进了创新主体利用创新资源的效率，推动了学习型组织的建立，有助于创新绩效的提升。

创新网络促进了知识和信息的扩散和转移，进而促进了新知识的产生，同时知识和信息的扩散、转移与新知识的形成反过来又推动了创新网络的发展[153]。创新主体的数量越多、异质性越强，创新网络所包含的信息量也就越丰富。相比于网络外部的企业，网络内部的创新主体通过融入网络获取了信息优势，提高了对技术发展趋势的预测性，既有利于知识储备和知识资源的优化配置，也有利于内部创新和模仿创新。

4.1.3 涌现突变机制

自然生态系统中的突变现象是指系统由于微小的外部条件变化产生剧烈的不可逆响应，表明其多稳态结构是产生重大突变的主要原因。这种微小的变化往往首先破坏了系统中关键物种的生存条件并使它们发生应激反应（发生基因突变来适应环境变化，或者由于适应不了环境变化而种群数量降低甚至灭绝），然后占据系统核心地位的它们通过信息扩散机制快速将这种外部影响放大到系统层面。生态系统内部冗余的信息传递路径数量越多、平均长度越短（即微观稳态结构越多），则突变带来的系统性影响越大。

创新生态系统也具有和自然生态系统类似的拓扑结构特点和信息扩展机制，我们称之为涌现突变机制。这种机制对创新网络内部的创新主体（节点）及其之间的博弈关系（连边）会产生重要影响，对创新生态系统的发展方向和目标定位可能造成实质性改变，有利于创新生态系统保持其活力和先进性。创新主体的突变主要体现为在创新理念上打破路径依赖，在产品创新上推陈出新。涌现突变也是创新发展的关键动力，创新本身也包含着涌现突变的过程[154]。我们可以按照程度将其分为渐进式创新和颠覆式创新。如果创新主体的创新策略出现突变的可能性较大，那么打破创新思维的路径依赖就更加容易。由于创新主体视野和能力的限制，颠覆式创新往往难以获得成功，但是从整个系统层面来看，这类尝试是值得鼓励和提倡的。特别是在基础科学领域，一旦涌现出世界前沿的理论和方法，则意味着整个区域乃至国家的产业结构都会得到系统性优化。

创新生态系统中涌现出来的颠覆式创新的适应性决定了其能否推动系统发展。颠覆式创新不断与现有创新环境相互作用直到融入其中或被淘汰，不可避免地会打破创新生态系统的稳态结构。这类创新会瓜分一定比例的系统资源，进而与相同生态位上的创新主体产生竞争关系，从而导致优胜劣汰。同时，适应性强的颠覆式创新也会逐渐获得越来越多的创新环境支持，大量与之共生的技术会出现，从而优化整个系统的创新能力并提升其稳定性。这是一个复杂非线性反馈过程，而核心节点的突变将对网络结构造成巨大影响。如果出现的是正反馈作用，会被其他创新主体所学习和模仿，进而引导整个创新生态系统的良性发展；而一旦产生负反馈作用，则会诱发创新生态系统的不稳定性因素甚至导致系统性崩溃。

4.2 资本运作对于创新的作用机制

资本运作对创新的作用机制分为风险分担机制、功能催化机制与反馈互动机制（图4-3）。其中风险分担机制是投资主体之间基于相同的融资主体选择而形成的风险分担现象。反馈互动机制则是投资主体与融资主体之间通过信息往来产生的正负反馈，并影响企业投融资关系的形成与发展，体现为创新节点度值与点权指标的变动。功能催化机制是企业资本运作对企业创新功能的催化作用，网络密度的上升将扩大功能催化机制的作用范围。

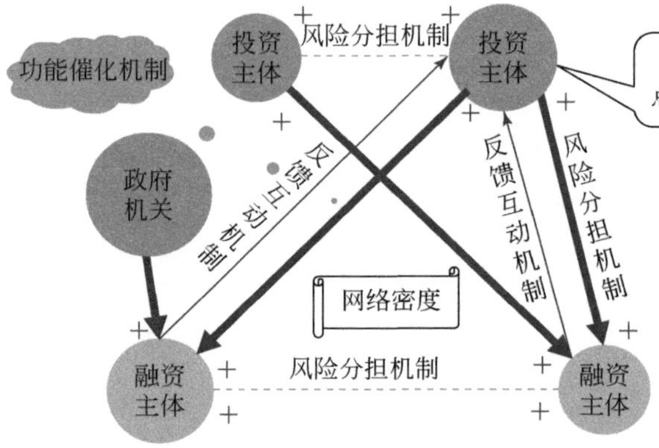

图4-3　资本运作对于创新的作用机制

4.2.1 风险分担机制

科技创新是高投入、高风险、长周期的复杂过程，资本投入虽然有可能获得超高收益，但是其面临的风险也是不可小觑的。在此过程中充斥着诸多的风险因素，而确保各种资源持续稳定投入是创新成功的基础，决定了创新的绩效。创新生态系统的高度复杂性使得投资主体难以准确预测行业发展前景，并且它们的资源和能力具有有限性。它们在根据现有信息全面评估融资企业的潜力和需求的前提下，还希望与其他投资企业建立合作关系，共同分担投资过程可能遇到的风险。这个过程与自然生态系统中物种之间形成嵌套结构的共生网络非常类似。

嵌套性原本是对自然生态系统中物种间重叠交互结构的一种度量，通常应用于物种—地点系统（描述物种在不同位置的分布）或物种—物种相互作用网络(描述物种之间相互作用的二分图网络，例如宿主—寄生虫，植物—传粉者等)。在自然生态系统、组织生态系统（例如社交网络、贸易网络和创新网络）等截然不同的非随机网络场景下，它们的拓扑结构都呈现嵌套性。

嵌套结构在描述企业之间投资融资行为的网络中体现为：投资企业倾向于将资本注入到那些已经形成集群发展态势的融资企业，因为后者已经适应创新环境并从中获取创新资源，进而形成一定程度的创新能力；投资企业会因为具有相同的融资主体而产生间接关联，并且这种关联越多、越强，相关投资企业的投资风险便会越低；融资企业也会因为具有相同的投资企业而产生类似的关联；并且随着投资企业网络和融资企业网络规模（对应于自然生态系统中的物种丰度概念）的不断扩大，两类企业之间产生互惠共生关系的可能性也在变大。所以，在创新网络中，投资融资企业形成的嵌套结构同时从双方角度降低了系统性风险带来的影响。

4.2.2 功能催化机制

自然生态系统中物种间的相互关系可分为对抗性关系和互助性关系。互助性关系又分为互利共生与原始协作。互利共生用（+，+）表示，对一方有利用（+，0）表示，对一方有害用（+，-）表示。在区域创新生态系统中，投资主体和融资主体的关系非常类似于物种之间的正相互作用，而且我们可以将投资主体简单划分为营利性组织（各类科技金融机构，如风险投资公司和孵化器企业）和非营利性组织（政府机构），它们与高新技术企业在创新协作的基础上建立了更加稳固的资本关系。相对于技术网络间控制力相对薄弱的合作，通过资本纽带建立的投资融资关系对促进创新主体间合作创新具有更为重要的意义，可以从节约成本、增加收益、网络扩展三个角度实现创新的放大效应，本书称之为创新发展的功能催化机制。

高新技术企业是资金流与知识流相结合的枢纽，但是科技创新活动的高风险性和创新主体的信息有限性限制了区域科技金融网络的构建。一方面，创新主体在技术研发、产品中试、成品生产、市场推广过程中，任何一环的失误都可能导致创新失败。另一方面，科技金融企业则面临着所有的投资和预期收益的损失。因此，科技创新的高风险性严重制约了高新技术企业进行创新的动力以及商业银行等保守型金融主体的参与。在这个前提下，创新生态系统的稳定发展非常依赖于来自各类科技金融机构的资本为科技项目提供的资金支持，它能够促进企业吸收更多的创新知识、技术和人才，提高创新生产的效率，形成互利共赢的（+，+）互动。高新技术企业在保持各自差异化的利益诉求及相对独立的主体地位的同时，也会通过资本合作的强联系，在技术创新、市场协同和配套服务等领域实现资源的共享，提高各自的整体收益，形成双赢的局面。

科技金融机构与高新技术企业之间的信息不对称具有常态化。高新技术企业有好的创新技术和创新项目，而受制于缺乏科技金融机构投资机会，难以获取创新项目所需的大额资金；同时，科技金融企业则由于缺少项目致其减少投资规模加大了资金成本。节点间信息不对称更为糟糕的情形是产生道德风险，如高新技术企业违反协议，擅自改变资金用途或隐瞒投资收益，逃避偿付义务等。因此，政府有必要采取相应机制介入区域科技金融网络，弥补市场失灵。如果只从经济角度而不是社会收益角度来看，政府机构与高新技术企业之间的投资融资关系类似于（+，0）互动，前者主要目的是通过各种直接或者间接的金融支持来促进企业的创新活动，提高创新生态系统的稳定性和发展潜力。直接金融支持一般指进行财政补贴和进行税收优惠。而间接金融支持即“政策性金融”，即通过与市场的结合，采用投资或政策性担保的方式进行。此外，政策类公司，如园区融资担保公司、园区运营管理公司作为高新区创新主体的重要组成部分，通过投资融资机制建立了与企业之间的资本纽带，对强化企业服务、提供非财税类的政策支持具有重要作用，起到了稳定器和加速器的作用。

4.2.3 反馈互动机制

自然生态系统的自我调节能力是通过系统内正负反馈机制实现的。负反馈的作用是维持生态系统达到稳态，如草原上植物、羊和狼的关系。正反馈能实现系统的快速演化乃至崩溃，如富藻的湖泊。

在创新生态系统的投融资层面，投资主体和融资主体间具有正负反馈机制。一方面，投资企业会根据其在投融资创新网络中所处的位置以及自身实力，对被融资企业进行评价，如跟投行为，并进而对自己的投资行为进行调整。另一方面，这种评价和投资行为也会对网络中其他投资、融资企业产生影响，进而改变或者优化其他投融资行为。在长期的互动反馈过程中，投资融资双方在网络作用下，使得整个网络的发展方向能够体现群体选择利益和价值。所以，我们也可以把这个创新发展过程看作是金融资本和技术进步的化合反应过程。从系统动力学角度来看，政府机构的主要作用之一就是设计一套促进投资融资环境自我强化作用的正反馈机制，使得投资融资双方通过良性互动完成互利双赢和共同发展。我们也可将其看作是功能催化机制的一种间接形式。

一般来说，具有多样性、结构复杂的生态系统自我调节能力强，而成分单一、结构简单的生态系统的自我调节能力就相对较弱。也就是说，随着网络规模扩大和异质性增强，反馈机制能够更好地服务于网络结构的稳定性。一方面，创新主体在投资融资网络中的行为会形成行业内信息，这种信息在外部是很难获取到的；但是网络中临近的节点却可获取这些信息并进行传递。这些关键的信息通过投资融资网络的传递形成正向反馈，促进了融资网络整体发展水平的提升。另一方面，若融资企业创新失败，与之链接的投资主体基于利益会思考是否继续投入资本，这将淘汰一部分高新技术企业，等待被分解重回网络。而留下的高新技术企业不仅会成为支撑创新生态的重要节点，其创造的价值将吸引更多的投资企业进入，持续提升投融资网络的资本总量，持续扩展网络规模。

4.3 市场竞争对于创新的作用机制

产品竞争对创新的作用机制分为优胜劣汰机制、兼并重组机制与协调发展机制。正如自然法则，创新产品间的竞争也会对企业的技术创新带来优胜劣汰的筛选。网络密度越大的企业产品重叠程度也会相应提高，使得这一机制更为明显（图 4-4）。同时，同一价值链上的企业可以通过兼并重组机制扩大自身的竞争优

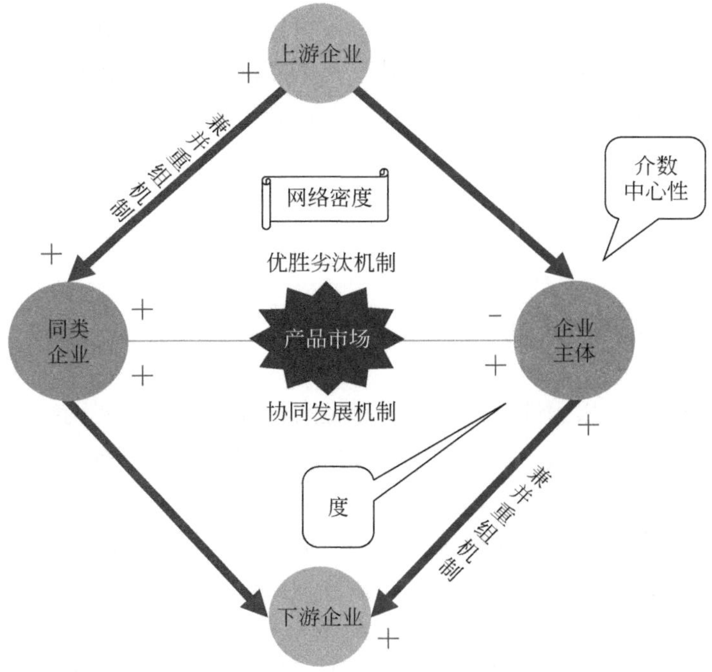

图 4-4　市场竞争对于创新的作用机制

势，并增强创新实力。介数中心性较大的企业易于获得更多的重组机会与效益。竞争与合作不是绝对的，在一定条件下会实现转化，竞争企业的生态位重叠也会促进企业的协同演化，形成互利共生的创新生态。

4.3.1 优胜劣汰机制

企业也如同自然物种一样，适者生存，优胜劣汰。由于创新资源的稀缺性，处在同一系统中的企业必然形成生态位重叠，进而引发生态位竞争，即创新主体间的（-，-）互动。随着企业核心竞争力逐渐增强，企业生态位的扩展也使得竞争网络中企业间生态位重叠度越来越大，表现为网络密度的不断提高。为了保持既有的竞争优势，并持续扩展新领域为企业可持续发展做好资源要素准备，企业一方面在优势领域持续进行竞争扩张，进一步挤压竞争者的生存空间；另一方面与潜在优势领域的企业加强合作，实现资源的持续聚合整合（涉及后文中另外两种机制）。在这一过程中，虽然创新生态系统整体的创新能力得到极大提升，但网络内部生态位竞争格局变得异常激烈，亟待实现与外部环境的资源交换（如吸引风险投资）。

创新主体要想获得可持续的竞争优势，必须充分利用竞争网络中的外部信息预测竞争对手反应从而开展创新活动。企业可以通过产品创新，生产出有别于其他企业的新产品，实现产品差异化提升企业创新能力；也可以通过技术、服务等方面的创新，降低产品生产成本，提高企业创新绩效。在市场中，优胜劣汰并不都是对创新绩效有积极作用的，不完善的市场条件下逆向选择的现象大量存在。所以，政府机构在创新生态系统中所要发挥的功能就是：维护良性淘汰机制的运行，杜绝恶性淘汰机制的出现；鼓励原始创新，控制模仿创新。

4.3.2 兼并重组机制

企业生态位具有累积性特征，当企业生态位在被占据后，网络并不因此而破裂，而失败者将形成与核心网络的脱节，但其资源将留在网络中，等待被再次组合和利用，由此实现了网络的突破和重构。

在创新生态系统中，高新技术企业通过优胜劣汰机制促进自身技术、产品和服务的创新活动。一部分企业实现了创新能力的提升和竞争优势的确立，而失败的企业或者彻底退出市场，或者选择重新融入创新网络结构，将其技术、资本、人力等资源以一定代价转移给其他主体，本书称之为兼并重组机制类似于自然生态系统中捕食关系的（+，-）互动，如果创新生态系统中实力较强的高新技术企业兼并同属于一个领域的实力较弱的企业，那么从系统整体层面来看不仅避免了恶性竞争的出现，而且有利于创新资源的优化配置，从而实现局部创新绩效的帕累托最优。高新技术企业可以通过资产并购与重组来实现资源的优化配置，但并不是所有都是成功的。因此，从维持创新生态系统科学发展的全局角度来探索高新技术企业的兼并重组是很有必要的。

4.3.3 协同发展机制

创新生态系统是动态且不断演化的系统，在其发展过程中，网络结构实现了从松散到逐步紧密的过程，创新企业的规模和能力从小到大，生态系统创新能力实现了由弱到强，共同构成了一种类似于生物生态系统的共生机制。这里称之为协同发展机制。这种机制是创新生态系统中的各类型创新主体相互协作、协调共生并通过学习、模仿和复制、扩散等机理的作用，使得创新生态系统内部出现涌现突变，产生互利互惠的（+，+）互动的重要动力来源。在这一过程中，他们的利益是相关的、目标是同向的，通过形成一个利益共同体而实现各自的利益和价值。

在创新生态系统的网络视角下，各类创新企业的创新活动都反应在网络上，并被网络结构所影响。因此，单一企业特别是那些关键节点的行为改变都会对网络产生影响进而可能改变网络结构，并对其他创新企业产生影响，这种影响可能是微小的，但也有可能是巨大的，这完全取决于网络的结构和节点所处的位置。但是随者创新生态系统的成熟和网络结构的稳定，这种影响的影响程度会逐渐降低，一方面是因为创新主体会基于自身利益考虑，避免其核心利益受外部网络影响；另一方面是在创新网络中，竞争企业间的知识共享也会产生协同效益，因为这些企业面临相似的资源限制和市场行情。竞争越激烈，单个企业越难控制市场，从而激励原本互为竞争关系的企业在相互学习中获益。

4.4 本章小结

从高新区层面来看，创新生态系统可以从技术协作、资本运作和市场竞争三个视角展开分析，这有助于充分认识创新生态系统的演化动力机制。具体来说，技术协作的作用机制主要是择优链接机制、技术扩散机制、涌现突变机制。择优链接机制是创新网络中优势企业对于创新合作的高度吸引力；技术扩散机制指创新网络的形成与发展促进了知识和信息的扩散和转移，反过来又推动了创新网络的发展；涌现突变机制下创新网络中核心节点发生的突变行为将对整个网络结构造成巨大影响。资本运作的作用机制分为风险分担机制、功能催化机制、反馈互动机制。风险分担机制指投资融资企业形成的嵌套结构同时从双方角度降低了系统性风险带来的影响；功能催化机制从节约成本、增加收益、网络扩展三个角度实现创新的放大效应；反馈互动机制是投资主体根据创新环境及资本存量，对投资行为、策略和选择机理进行调整。市场竞争的作用机制主要是优胜劣汰机制、兼并重组机制、协同发展机制。优胜劣汰机制是创新资源的有限性与企业生态位竞争对市场内创新主体的反馈机制；兼并重组机制是市场竞争格局下创新主体通过兼并重组整合资源，占据生态位优势；协同发展机制中市场主体形成利益共同体，促进创新网络的完善和创新生态系统的成熟。

5 高新区创新生态系统的多层网络模型构建

基于前期分析，当前学术界与实务界对于创新生态系统的理解还更多的是停留在模糊定性分析“创新系统”和创新网络初步阶段。因此，亟待从理论和实践角度对创新生态系统研究提供深入的研究视角。国家高新区作为科技创新的主要空间形态和产业载体，对提升科技创新能力，引领区域发展具有战略意义。新形势下如何提升国家高新区自主创新能力，探索其创新发展动力机制与实现路径是一个紧迫的时代要求，更是一个复杂的命题。通过上文的理论脉络梳理，本书发现对于这样一个内在作用机理复杂、包含主体异质性程度高、具备高维数据结构的复杂系统来说，最有效的研究切入点就是根据复杂网络理论进行模型构建，从多个维度刻画创新主体之间的相互作用关系，并在此基础上探究创新生态系统的发展动力机制和演化路径。

在上一章中，本书从技术协作、资本运作和市场竞争等三个方面对创新动力机制进行了定性梳理。为了进一步结合大数据进行定量测算，本章依次建立了三类网络模型。

5.1 技术协作网络

在创新生态系统中，新兴技术的扩散促进了区域经济增长、社会生产效率提高、生产技术与管理方式革新。从耗散结构理论的视角来看，一项创新技术由于它能够提高系统的运行效率并创造出更高附加值，或者能节约劳动力投入与成本支出，抑或提高生产系统的功能而开拓新的市场机遇，从而使创新主体在其周围产生一个不稳定的非平衡态。经济系统为了逐步达到平衡态，总会有一种平衡的力量（受到经济利益的驱动）来促使创新技术向外扩散和传播，同时周围的创新主体会通过各种方式将其吸收并转化这种新的技术。学术界一般通过建立专利共引关系网络来研究新兴技术扩散效应，这是一种基于复杂科学理论的有效方法。但是，创新主体与专利技术之间的关系不仅限于共引层面，还包括了自主创新、协同创新、专利转让和专利许可等多种途径。所以，本书将建立技术转移协作网络模型来研究企业—专利、企业—企业之间的技术扩散关系。

5.1.1 引文网络模型

在复杂社会网络研究中，为了分析研究对象之间的间接关系，通常需要将有向网络转化为无向网络。以图 5-1（a）所示的引文网络为例，边代表了相互引用关系；图 5-1（b）表示了共同引用的权重。

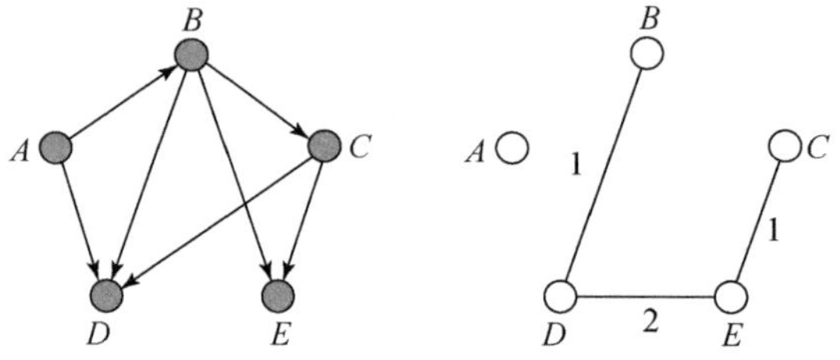

图 5-1 论文之间的引用关系及形成的共引网络

简言之，共引网络反映的是两篇论文同时被多少篇其他论文引用。接下来，我们将研究由申请专利企业、购买专利许可企业、通过转让获得专利企业与特定专利的所属关系所构成的技术扩散网络结构。这里需要注意的是，专利技术和学术文献拥有一个共同的特性——可复制性，这解释了技术的充分扩散将会给区域经济发展带来巨大的网络外部性影响①。

5.1.2 技术转移协作网络模型

本节通过建立技术转移协作网络（inter-enterprise technology transfer network，IETTN）来分析高新技术企业在新兴技术扩散过程中产生的协同合作关系。IETTN 模型虽然建模思路来自引文网络，但是它还具有一些新的特点。通过调研发现，一部分高新技术企业通过与科研院所进行产学研合作、或者购买专利许可、甚至技术转让的方式获得创新源动力；但是还有一部分是通过自主创新的方式，原始专利申请人即为当前专利权人。另外，专利的共引频次实际上体现了企业之间创新合作程度或企业内部创新竞争力，所以给网络中的连边设定边权加以

① 现代高新技术产业中最显著的特征是表现出网络外部性（network externality），这种特性最早由 Jeffrey Rohlfs 于 1974 年在对电信服务的研究中发现，即新用户加入电话网增加了该网对原用户的价值。著名的梅特卡夫法则（Metcalfe Law）描述的经济现象即网络外部性：网络的价值以网络节点数平方的速度增长。

体现是科学并且合理的。综上所述，IETTN 模型是一个加权且允许节点具有自环的网络模型。结合社会网络模体分析范式，我们将企业与专利间的关系梳理为 5 种情况，如图 5-2 所示。

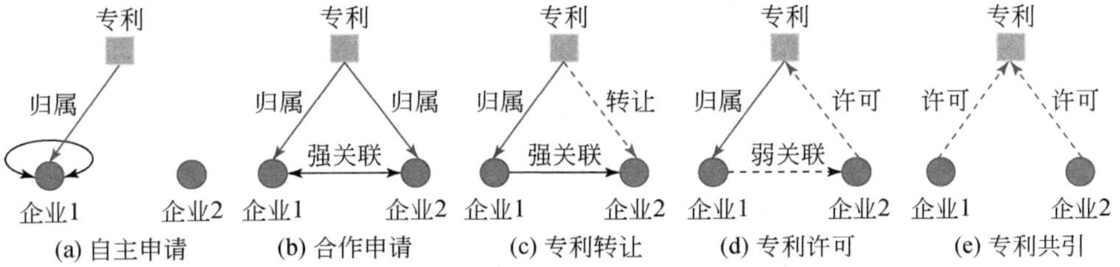

图 5-2 IETTN 模型中技术扩散过程的 5 种情况

注：图中位于上方的黄色方形节点为专利，位于下方的蓝色圆形节点为相关企业；两类节点之间的蓝色实线表示的是专利所属关系，虚线则表示的是专利传播途径；黑色实线表示企业之间在专利方面的强关联，虚线则表示弱关联。

（1）如果企业既是专利唯一的申请人，又是专利当前唯一的所有人，如图 5-2（a）所示，那么这种情况属于自主申请，没有与其他企业产生技术扩散关系。

（2）如果企业是与其他（一个或多个）企业是专利的共同申请人，如图 5-2（b）所示，那么这种情况属于合作申请，相关企业之间产生双向技术扩散强关联。

（3）如果（一个或多个）企业将专利转让给了另一家企业，专利所属权发生了变更（蓝色虚线的方向代表了归属权转移），如图 5-2（c）所示，那么这种情况属于专利转让情况，相关企业之间产生单向技术扩散强关联。

（4）如果（一个或多个）企业通过许可证的方式让其他（一个或多个）企业获得专利使用权，专利所属权并没有发生变更（蓝色虚线的方向代表了专利引用），如图 5-2（d）所示，那么这种情况属于专利许可，相关企业之间产生单向技术扩散弱关联。

（5）如果（两个或多个）企业都在通过专利许可方式获得某项专利的使用权，如图 5-2（e）所示，那么这种专利共引关系并没有使它们之间产生技术扩散关系。

通过以上企业—专利关系和企业—企业关系，我们基本上从网络拓扑结构的微观层面界定了技术扩散的主要途径。但是在建模分析过程中，因为数据完备性的原因，目前只能根据企业合作申请专利情况建立 IETTN 模型，分析合作申请企业之间的技术扩散强关联。在这个 IETTN 模型中，将作为创新主体的专利申请企业视为节点，在共同申请某项专利的企业之间用一条连边表示它们之间的强关联，而连边上的权重反映了关联的强弱，这些要素共同构成了由节点集$\overleftrightarrow{V}$和边集$\overleftrightarrow{E}$组成的加权无向图 $G=(V, E, W)$①。具体的构建原则如下：

（1）节点集 $V=\{\overleftrightarrow{v_i}\}$ 由特定园区或行业合作申请专利的企业组成，其中 $i\in\{1, 2, \cdots, n\}$，节点数记为$\overleftrightarrow{n}=|\overleftrightarrow{V}|$。

（2）边集$\overleftrightarrow{E}$中的e_{ij}代表了企业因为合作申请专利产生的技术扩散强关联关系，而且这种关系是双向的，所以e_{ij}和e_{ji}内涵相同。

（3）用邻接矩阵 $W=\{\overleftrightarrow{w_{ij}}\}$ 中w_{ij}的值来对e_{ij}进行表征。如果企业 i 与企业 j 没有专利合作申请，则$w_{ij}=0$；如果企业 i 与企业 j 存在 1 项专利合作申请，则$w_{ij}=1$；如果企业 i 与企业 j 存在 2 项专利合作申请，则$w_{ij}=2$；以此类推。

在构建 IETTN 模型之前，首选要界定邻接矩阵中专利和节点的名称，然后梳理合作创新过程中的“专利—企业”关系和“企业—企业”关系。

第一步：界定节点名称。2008 年至 2017 年的十年间，与中关村相关的专利合作申请共涉及 7880 家企业/个人，我们按照出现的先后顺序对其进行了编号（编号从 0 开始到 7879），形成一个名为“companyList”的文件。

第二步：建立“专利—企业”的双模式网络。根据中关村管委会提供的数据，建立一个名为“patentMatrix”的文件，保存 2008～2017 年度每个年度专利与合作申请企业/个人的对应关系。其中，行是专利，列是企业/个人，构成了“0-1”形态的布尔网络邻接矩阵结构。如果企业/个人有合作申请专利，那么它们在对应专利的行上数值为 1，否则为 0。

第三步：建立“企业—企业”的单模式网络，即 IETTN 模型。建立一个名为“company”的文件，保存的是“企业/个人—企业/个人”针对专利的合作频次关系。其中，为了便于数据存储，每个年份的行和列均是这 7880 家企业/个人，但是很多企业/个人在这个年度并没有专利申请行为，所以很多节点是孤立的。如果企业/个人之间在同一年度有 1 次专利合作申请，那么对应数值为 1，有 2 次则为 2，以此类推，因此 IETTN 模型是加权无向的网络结构。

5.1.3 MDS 分析

为了体现中关村高新技术企业之间在合作申请专利方面的强关联，也便于我们对 IETTN 模型的网络拓扑结构有一个清晰、直观的认识，本节绘制了一系列

---

① 因为节点之间都是双向强关联，所以整个网络可以简化为无向图。

MDS 图①，包括：中关村专利合作累计情况的 IETTN 模型；在 IETTN 模型基础上按照园区或技术领域合并了企业层面数据的简化网络（分别已后缀“YQ”和“JSLY”表示）；以及从 IETTN 模型中按照园区提取的子网络模型②。

IETTN 模型的 MDS 图中节点数量较多，且网络密度较密。从图 5-3 中可以看出，网络中大部分连边线条粗细度差异不明显，这说明大部分节点间合作权重差异不大。而图中可以看到 5 条较粗的连边，分别为奇智软件（北京）有限公司（5704）与北京奇虎科技有限公司（12971）、北京京东尚科信息技术有限公司（14514）与北京京东世纪贸易有限公司（13440）、京东方科技集团股份有限公司（18927）与北京京东方光电科技有限公司（8461）与北京京东方显示技术有限公司（11787）、北大方正集团有限公司（18547）与北京北大方正电子有限公司（13991），这五条较粗的连边均为集团内部专利合作。图中部分节点，如中国电力科学研究院（16634）与较多节点拥有连边，度值较大，但是连边都较细，

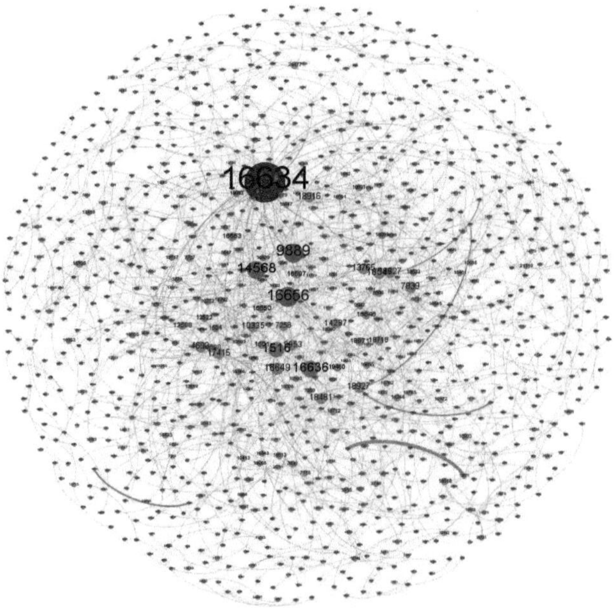

图 5-3　IETTN 模型

注：企业/个人节点均用蓝色圆形节点表示；节点大小正比于其度的数值（因为是无向网络，所以不用区分入度和出度），边的粗细正比于频次；节点名称为 1-7880，即在原编号基础上+1（原编号第一个为 0）。

① MDS 是 multidimensional scaling 的缩写，意为“多维排列”，指的是计算可用图形显示社会网络成员之间的交互模式。本书所有网络 MDS 图均使用 Gephi0. 9. 2 绘制。

② 如无特殊说明，下文中网络模型简化网络和子网络的命名方式相同。

这与科研院所的基础创新能力有关。科研院所通常为大量高新技术企业提供特定方面的技术支持，而较少与单一企业进行密切、专一的技术合作。而上面提到的连边权重较大的企业通常为集团内部企业，故仅与少量企业进行频繁的技术合作，如北京京东尚科信息技术有限公司（14514）与北京京东世纪贸易有限公司（13440）度值均为1，这体现了高新技术企业与科研院所在创新网络中的不同特点。核心技术关乎企业的竞争优势，所以大多数高新技术企业倾向于与集团内部特定企业展开技术合作。总体来看，中关村的新兴技术扩散具有很好的原始创新积累，但是科研院所与中小微企业的合作亟待加强。

由IETTN模型的最大连通分支图5-4可以看出中关村2008～2017年专利合作的核心部分。最大连通分支结构中节点与连边数量较多，但是呈现出无标度网络特性，节点之间的连接状况具有严重的不均匀分布性，部分Hub节点拥有较多的连接，而大多数节点具有少量的连接，这与企业间规模以及行业的异质性有关。

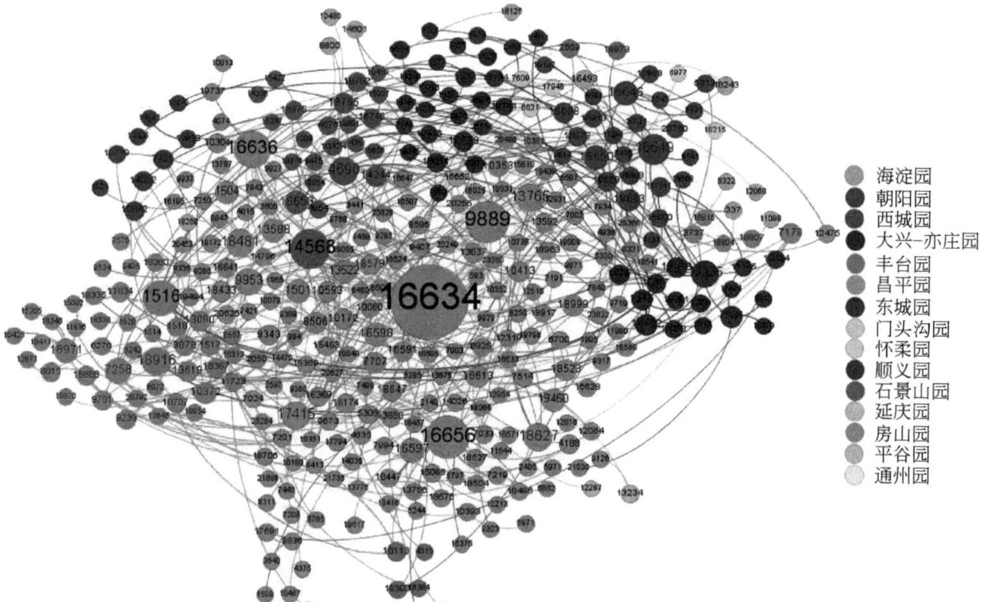

图5-4 IETTN模型（最大连通分支）

IETTN-YQ模型中（图5-5），中关村16个园区中海淀园的创新协同能力较其他园区来说更强，与其他园区之间合作较多，点权较大。海淀园因其悠久的创新发展历史及基础创新能力积累在合作模型中都发挥突出的作用，与大部分园区主体存在创新合作关系，但其自环作用（海淀园内部主体合作）仍然突出。朝阳园国际创新资源丰富，在跨园区创新合作中频率较高，尤其是与西城园、大兴—亦庄园建立密切的合作关系。大兴—亦庄园（生物医药产业）、西城园（金融科技产业）是中关村 16 个园区中具有特色产业的关键园区，2008 ~ 2017 年跨园区创新合作呈增加趋势，从企业角度看，是由于奇智软件（北京）有限公司（朝阳园）与北京奇虎科技有限公司（西城园）之间以及京东方科技集团股份有限公司及其子公司之间（朝阳园与大兴—亦庄园）高专利合作量。

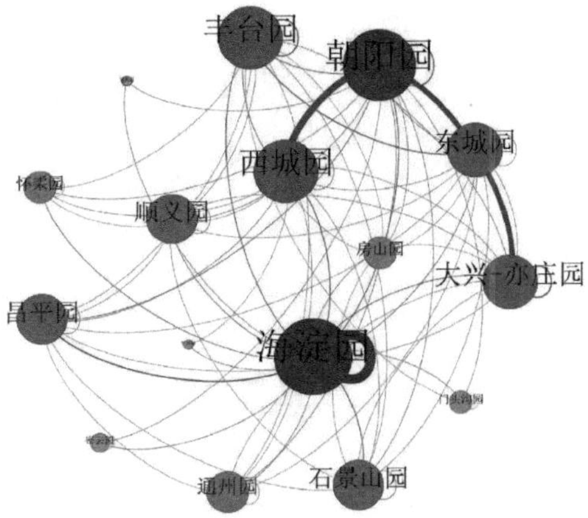

图 5-5　IETTN-YQ 模型

IETTN-JSLY 模型中（图 5-6），电子与信息领域的点权远超其他领域，这与“互联网+”、电子商务等概念的兴起有关，电子与信息领域的高新技术企业数量庞大且不断增加，易形成创新合作态势。而且电子与信息领域的专利合作门槛与其他领域相比较低，核应用技术与海洋工程技术等技术领域需要非常高的技术积累与设备资源，所以在这两个领域中，相关企业数量较少，企业通常难以进行创新合作。电子与信息技术应用性强，是其他技术领域研发的重要基础，故与电子与信息企业的专利合作是企业研发合作的热门方向。电子与信息企业更容易通过广泛的合作进行创新。但是这张图中的连边也反映了创新之间没有绝对的领域隔阂，归属于不同技术领域的企业也可以运用其领域的相关技术与其他领域进行合作创新。图中电子与信息领域与先进制造技术领域的边权较大，这迎合工业和信息化部、财政部联合印发的《智能制造发展规划（2016—2020 年）》，智能制造成为制造业的发展热点，这是制造业信息化的一个重要创新方向。而像航空航天等对技术要求较高的领域，通常是由一个或少量几个具有较强研发基础的企业或科研院所来统筹合作创新，如中国运载火箭技术研究院是中关村航空航天技术领域的重要主体；中国农业机械化科学研究院是联系现代农业技术与动植物新品种领域创新的重要节点。针对技术领域对于创新生态的影响，发挥电子与信息企业对于合作创新的基础性作用是十分有帮助的，通过引导信息技术与其他技术领域的结合来形成新的研究方向。同时在技术门槛较高的领域要更好的发挥科研院所对于创新合作的引领作用。

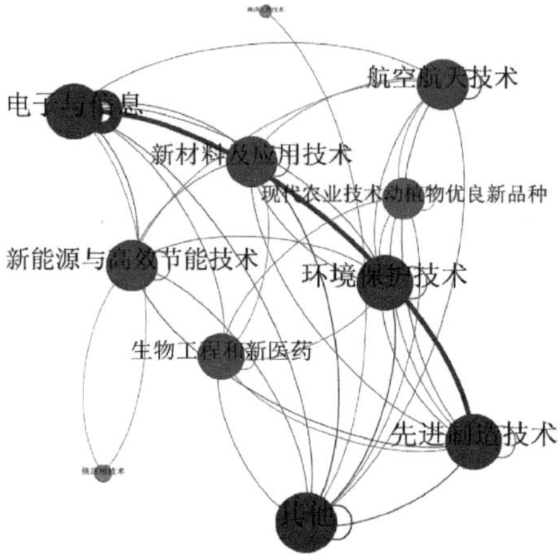

图 5-6　IETTN-JSLY 模型的 MDS 图

5.2　资本运作网络

创新本质上是具有极高风险性但又关乎企业生死的经营行为，单一企业承担过高的风险有可能损害创新生态系统整体的长远利益。创新生态系统的竞合共生机制能够产生风险规避效应，即要求风险资本与创新活动产生密切关联，增加这个经济系统的创新动力冗余进而提高鲁棒性。市场化机制如孵化器和创投机构以及政府的支持，可极大降低高新技术企业的初始创新风险。当然，一味地依赖资本推动而缺乏科学运营模式，再好的创新实践也只能走向失败，如同 ofo 那般。所以，创新主体与风险资本在创新生态系统内部构成了一类特殊且重要的利益共同体：风险资本实际上以共同合作的方式服务于创新实践；而高新技术企业作为创新主体，它们对于风险资本则存在竞争关系，毕竟所有创新要素都具有稀缺性。所以，本书建立投资融资双模式网络的目的就是要从风险资本和创新主体两个方面，分别分析它们之间存在的竞合共生机制，并从政府监管角度提出实现金融风险规避的建议措施。

5.2.1 双模式网络模型

1）二分图的基本概念

本书借鉴关峻等的双模式网络模型[155]。二分图（bipartite graph）又称偶图，其在复杂网络分析中可用于合作网络和竞争网络研究[156]。用二分图描述的网络可称之为双模式网络（two-mode network）（图 5-7）。Newman 在研究科学合作网络时，通过将权重定义为共现（co-occurrences）次数，对这一模型进行了扩展[157,158]。

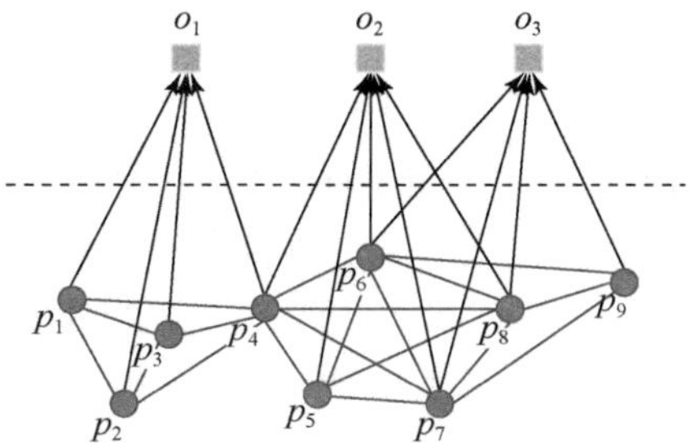

图 5-7 双模式网络及其投影

注：参与者节点之间的边（红色实线）由双模式网络中相应的两条边向下映射形成，构成一个完全项目子图。

2）平均资源分配法

本书采用 Zhou 等的平均资源分配法（resource allocation process，RAP）作为映射算法[6]。假设二分图 $G=(V_1, V_2, E)$ 中 V_1 为参与者节点集合，用 P 来代替，V_2 为项目节点集合，用 O 来代替，则二分图用 $G=(P, O, E)$ 来表示。其中，E 表示边集，集合 P 和 O 中的节点分别用 p_1，p_2，…，p_n 和 o_1，o_2，…，o_n 表示。分配给 i 的初始资源是 $f(p_i) \geqslant 0$。

P 中所有资源都流向集合 O，集合 O 中的第 l 个节点的资源分配公式为：

$$f(o_l) = \sum_{i=1}^{n} \frac{a_{il} f(p_i)}{k(p_i)} \tag{5-1}$$

其中，$k(p_i)$ 表示 p_i 的度，a_{il} 是一个 $n \times m$ 的邻接矩阵，公式为

$$a_{ij} = \begin{cases} 1, & p_i o_l \in E \\ 0, & \text{otherwise} \end{cases} \tag{5-2}$$

随着所有资源回归到 P，最终分配到节点 p_i 的为

$$f'(p_i) = \sum_{l=1}^{m} \frac{a_{il} f(o_l)}{k(o_l)} = \sum_{l=1}^{m} \frac{a_{il}}{k(o_l)} \sum_{j=1}^{n} \frac{a_{jl} f(p_j)}{k(p_j)} \tag{5-3}$$

显然，在 RAP 之后我们得到$f'(p_i) \neq f(p_j)$。这种差异源于资源本身的性质。也就是说，如果对象可以在没有衰减或丢失的情况下传输资源，则相关参与者之间将不会进行竞争，例如论文和读者。但是，如果他们做不到，资源的稀缺将会使参与者进入强烈的竞争，例如银行和放债人。因此，我们试图在方程（5-3）中找到参与者之间的这种竞争关系，这个公式可以被重写为

$$f'(p_i) = \sum_{j=1}^{n} w_{ij}^{P} f(p_j) \tag{5-4}$$

式中，w_{ij}^{P}为p_i和p_j之间两次资源平均分配过程产生的关系强度，并描述了其他参与者在资源上的职业如何影响p_i。

在公式（5-4）中，w_{ij}^{P}可以表示为

$$w_{ij}^{P} = \frac{1}{k(p_j)} \sum_{l=1}^{m} \frac{a_{il}\, a_{jl}}{k(o_l)} \tag{5-5}$$

则矩阵$W^P = \{w_{ij}^{P}\}_{n\times n}$即为通过 RAP 方法得到的完全项目子图的邻接矩阵。

综上所述，该方法本质在于：每个参与者和每个项目都分配有相应权重的资源，这与一般的二分图映射方法存在本质的区别。当资源不再平均分配时，也可以根据二分图中加权边的条件进一步扩展 RAP 方法，其中权重表示参与者节点对对象的隶属度。其公式是

$$w_{ij}^{P} = \frac{1}{s(p_j)} \sum_{l=1}^{m} \frac{w_{il}\, w_{jl}}{s(o_l)} \tag{5-6}$$

式中，$s(p_j)$ 是参与者节点p_j的权重，$s(p_j) = \sum_{l=1}^{m} w_{jl}$；$s(o_l)$ 是目标节点o_l的权重，$s(o_l) = \sum_{i=1}^{n} w_{il}$。$w_{il}$和$w_{jl}$是分别连接边缘上$p_i$和$p_j$的权重。

因此，RAP 方法反映了资源稀缺性和获取资源的排他性。同理，将两类节点的位置调换，也可以通过类似过程得到项目之间的合作关系。

5.2.2 投资融资双模式网络模型

与创新活动相关的金融资本不同于技术专利，前者属于稀缺性资源。所以，创新主体在资本维度下的竞合关系，不能简单通过引文网络建模思路来抽象和刻画，而是要在资源有限的前提下重新考虑投资方和融资方之间的博弈关系。

为了反映创新资本维度下投资企业与融资企业之间的价值流分配、转移和增值的规律，特别是如何通过政策引导实现金融风险规避，进而提高投资企业内部的合作关系，减低融资企业内部的竞争关系，本书构建了投资融资双模式网络（investment and financing two- mode network，IFTMN），基本拓扑结构如图 5-8

所示。

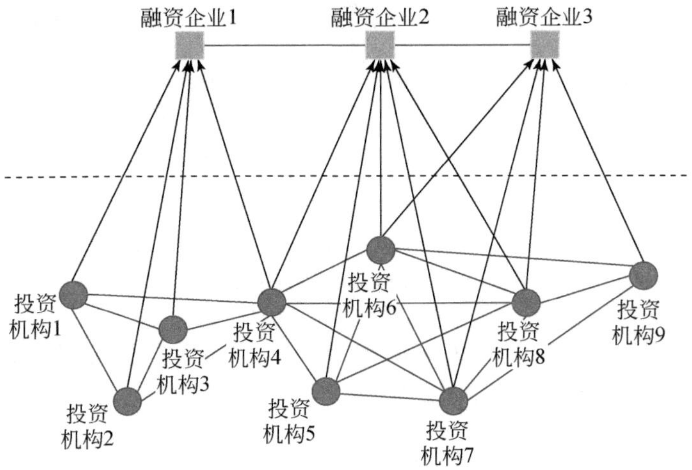

图 5-8 IFTMN 模型拓扑结构

从图 5-8 可以看到，IFTMN 模型中的两类节点分别为投资机构（下排圆形蓝色节点）和融资企业（上排方形黄色节点），前者与后者之间的投资关系用黑色实线表示。根据双模式网络理论，投资机构构成参与者节点集合 P，融资企业构成项目节点集合 O，它们之间的投资融资关系构成二分图边集 E，对应的投资金额构成权重集 W。所以，IFTMN 模型可以用二分图 $G=(O, P, E, W)$ 来表示。

通过向下和向上的映射，可以得到两个单模式网络，它们分别体现了投资机构之间的合作关系（红色实线）和融资企业之间的竞争关系（绿色实线）。考虑到创新资本的稀缺性，根据 RAP 算法进一步提取了同类企业之间的竞合关系，整个过程如图 5-9 和 5-10 所示。为了简便起见，先将权重集 W 设定为表示投资分散程度的分数集合，即投资机构将自己的资金平均分配给融资企业，每家机构的资金总量为 1 个单位。

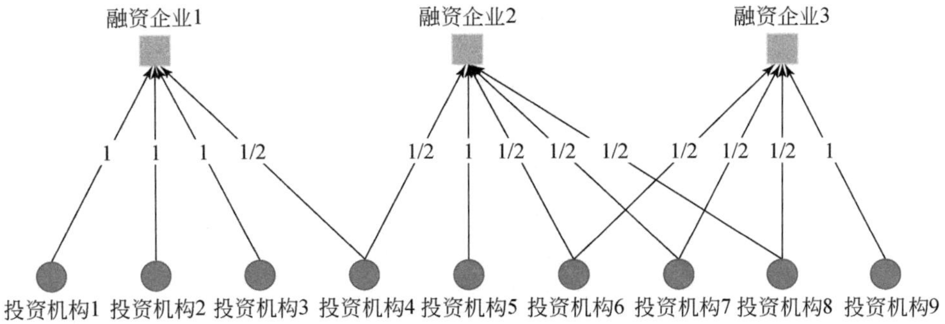

图 5-9 IFTMN 模型中的投资过程

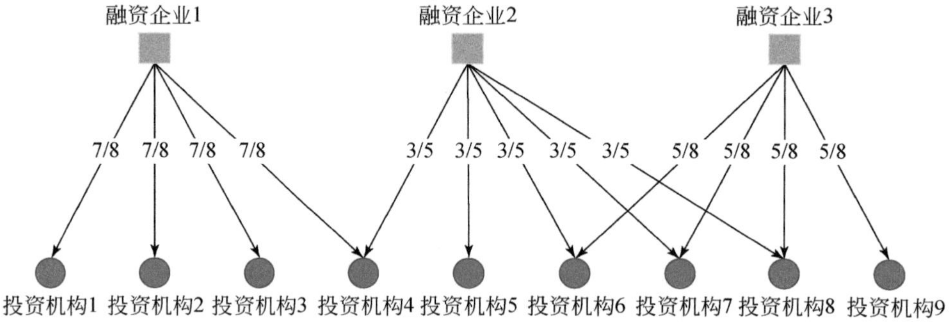

图 5-10　IFTMN 模型中的资金再分配过程

根据 RAP 算法，两次投资关系的映射反映了投资企业之间对具体投资项目的合作关系，得到图 5-11 中所示的 9×9 矩阵。

$$
\begin{bmatrix} p_1 \\ p_2 \\ p_3 \\ p_4 \\ p_5 \\ p_6 \\ p_7 \\ p_8 \\ p_9 \end{bmatrix}
\begin{bmatrix}
1/4 & 1/4 & 1/4 & 1/8 & 0 & 0 & 0 & 0 & 0 \\
1/4 & 1/4 & 1/4 & 1/8 & 0 & 0 & 0 & 0 & 0 \\
1/4 & 1/4 & 1/4 & 1/8 & 0 & 0 & 0 & 0 & 0 \\
1/4 & 1/4 & 1/4 & 9/40 & 1/5 & 1/10 & 1/10 & 1/10 & 0 \\
0 & 0 & 0 & 1/10 & 1/5 & 1/10 & 1/10 & 1/10 & 0 \\
0 & 0 & 0 & 1/10 & 1/5 & 9/40 & 9/40 & 9/40 & 1/4 \\
0 & 0 & 0 & 1/10 & 1/5 & 9/40 & 9/40 & 9/40 & 1/4 \\
0 & 0 & 0 & 1/10 & 1/5 & 9/40 & 9/40 & 9/40 & 1/4 \\
0 & 0 & 0 & 0 & 0 & 1/8 & 1/8 & 1/8 & 1/4
\end{bmatrix}
\begin{bmatrix} p_1 \\ p_2 \\ p_3 \\ p_4 \\ p_5 \\ p_6 \\ p_7 \\ p_8 \\ p_9 \end{bmatrix}
$$

(a) 矩阵形式的线性关系

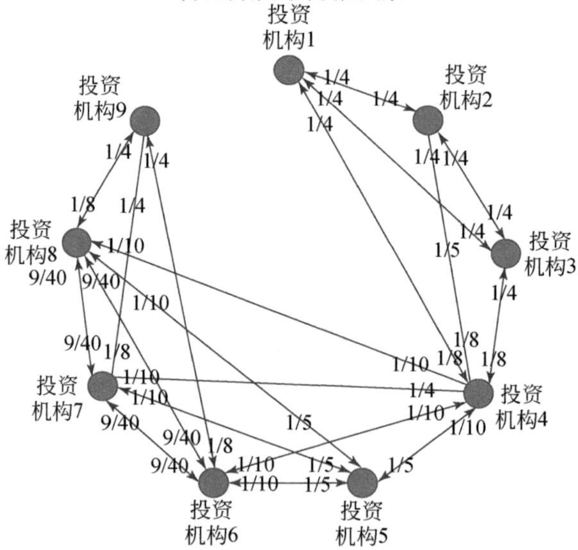

(b) 完全项目子图

图 5-11　参与者节点的资源与 RAP 完全项目子图之间的线性关系

同理，可以得到反映融资企业之间对于创新资金的竞争关系的3×3 矩阵，如图5-12 所示。

$$\begin{bmatrix} o_1 \\ o_2 \\ o_3 \end{bmatrix} = \begin{bmatrix} 7/8 & 1/10 & 0 \\ 1/8 & 3/5 & 3/8 \\ 0 & 3/10 & 5/8 \end{bmatrix} \begin{bmatrix} o_1 \\ o_2 \\ o_3 \end{bmatrix}$$

(a) 矩阵形式的线性关系

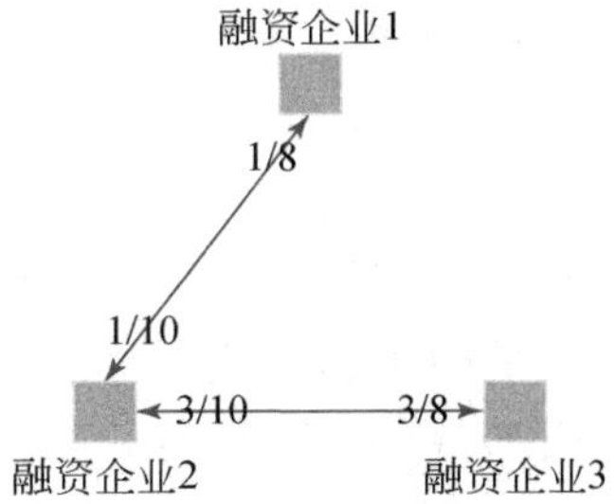

(b) 完全项目子图

图5-12　项目节点的资源与 RAP 完全项目子图之间的线性关系

总而言之，建立了两个单模式网络：投资企业合作网络（investment enterprises collaboration network，IECN）和融资企业竞争网络（financing enterprises competition network，FECN），分别对应了完全项目子图 $G'=(P, E', W')$ 和 $G''=(P, E'', W'')$，矩阵 W'反映了投资企业之间合作的强度，矩阵 W''反映了融资企业之间竞争的强度。

为了建立反映中关村高新技术企业投资融资关系的复杂网络，本书根据企业名录从天眼查上进行数据收集。

第一步：确定数据存储结构。企业投资行为数据涉及的企业名称为天眼查的标准工商注册名称。

在“hold_SUM. xlsx”文件的“Total”页中保留爬取的三类信息，即被投资企业名称（被投企业1、2、3、…）、投资金额（单位为万元人民币）和所属园区（是否为中关村“一区十六园”）——如果这个家企业是中关村下属的25564家企业，那么细化到具体到中关村“一区十六园”，如通州园、海淀园等；如果不是，则为“其他”。

第二步：建立一个名为“hold_Total. csv”的文件。行序号为“园区代码+Total页中企业序号（0–25563）”，园区代码为东城园（DC）、西城园（XC）、朝阳园（CY）、海淀园（HD）、丰台园（FT）、石景山园（SJ）、门头沟园（MT）、房山园（FS）、通州园（TZ）、顺义园（SY）、大兴—亦庄园（DY）、昌平园（CP）、平谷园（PG）、怀柔园（HR）、密云园（MY）、延庆园（YQ），所以序号为TZ1、CP2、SJ9等。如果企业没有投资行为，则不需输出，所以行序号总量小于25563。列序号为：①中关村企业的序号和行序号的命名方式相同，所以同一企业可能出现对外投资并接受外部投资的情况；②其他企业的序号为“QT+上表中出现顺序”，如QT1、QT2、QT100等，在中关村企业序号之后排列。该文件即为双模式的投融资双模式网络的邻接矩阵。

第三步：在“hold_SUM. csv”的文件的“Part”页上只保留中关村企业的投资融资关系，即列向量中删除了所属园区为“其他”的被投资企业信息，行向量中删除了没有投资行为的企业，但序号保留。

第四步：建立一个名为“hold_Part. csv”的文件。保存的是一个非对称的正方矩阵，行数和列数相同。这里需要注意的是，序号为“Part”页上中关村企业作为投资企业和被投资企业的综合，即出现一种身份就保留序号。矩阵中对应元素为投资金额。该文件体现的是中关村（跨园区）企业之间的投资融资关系，即为投融资双模式网络—ZZ模型（“ZZ”代表局限在中关村企业之间的投资事件）的邻接矩阵。

第五步：在投融资双模式网络—ZZ模型基础上，通过平衡资源分配算法提取投资融资企业两个方面的竞合状态，构建投资企业合作网络—ZZ模型和融资企业竞争网络—ZZ模型，并在可视化过程中对中关村企业的所属园区属性和所属技术领域属性加以区分。

这里需要特殊说明的是，天眼查上有的投资事件没有标注具体金额，此类归零处理；天眼查上已注销的企业也纳入数据爬取的范围，因为此处重点在于观察企业历年投资融资行为，而不是现有资本结构。

5.2.3 MDS分析

在投资融资双模式网络模型的MDS分析过程中，需要绘制三类拓扑结构图。

首先，绘制IFTMN-ZZ模型的拓扑结构图，如图5-13和5-14所示。前者保留了IFTMN-ZZ所有的投资融资关系，后者只保留了前者的最大连通分支，能够更加直观地体现中关村企业之间直接和间接的投资融资关系。其中，边的方向由投资企业（参与者节点）指向融资企业（项目节点），反映了资金流动方向。

从微观层面来看，文中IFTMN-ZZ模型共有4814个节点，说明中关村有4814家企业发生过投资融资行为。从图中可以看出，网络中大部分连边的粗细和结点大小差异不明显，主要有两条较粗的连边，分别为北京望京新兴产业区综合开发有限公司（20930）对中关村发展集团股份有限公司（24971）的投资和北京京东方投资发展有限公司（18929）对京东方科技集团股份有限公司（18927）的投资，一个较大节点为航天投资控股有限公司（4575）。北京望京新

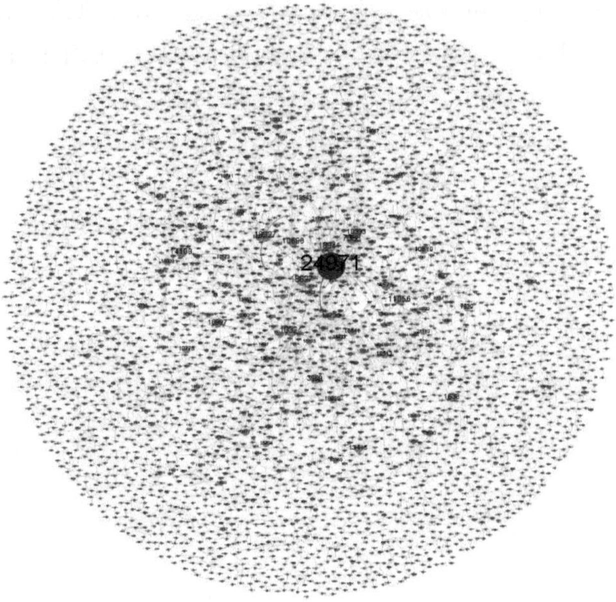

图 5-13　IFTMN-ZZ 模型（保留所有投资融资关系）

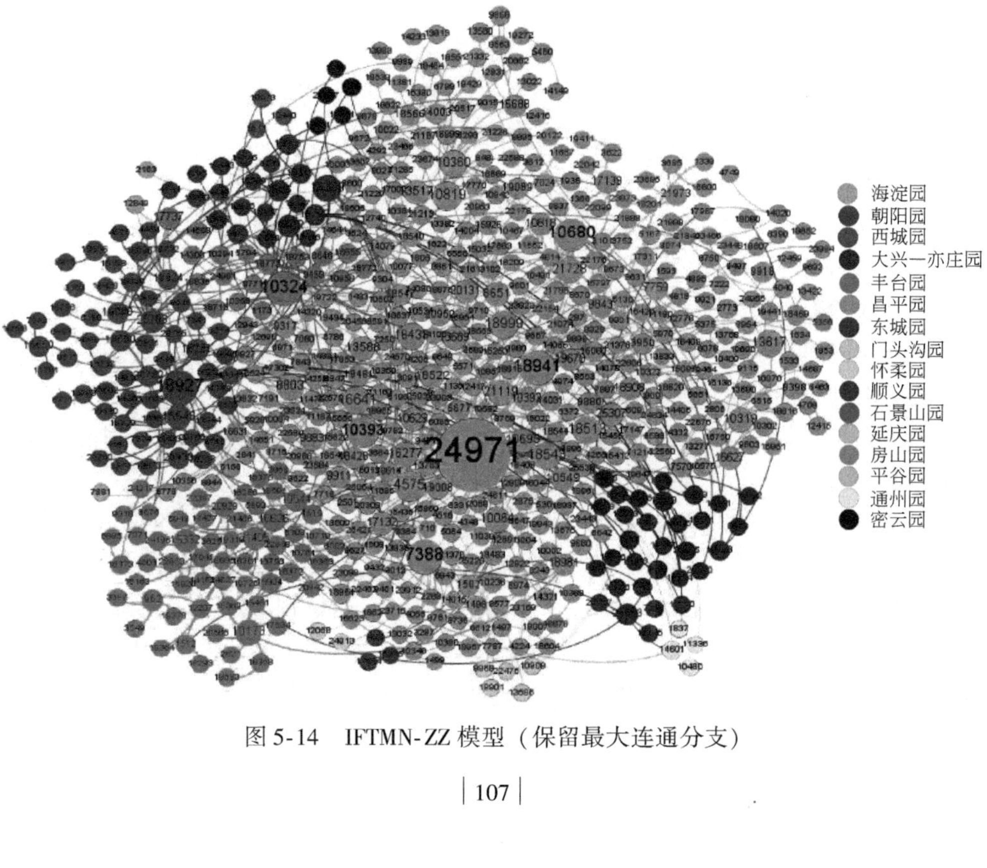

图 5-14　IFTMN-ZZ 模型（保留最大连通分支）

兴产业区综合开发有限公司注册资金 64 000 万元，由北京市朝阳区国有资本经营管理中心全资入股建立，属于国资控股企业，对中关村内企业进行跨区投资，如投资中关村发展集团、中关村电子城建设有限公司等。

从中观层面来看，IFTMN-ZZ 模型也包括了中关村 16 个园区和 11 个技术领域之间的资本流动情况。图 5-15 和 5-16 分别是将节点根据所属园区和所属技术领域合并后的网络拓扑结构，本书将这两个模型命名为 IFTMN- YQ 模型和 IFTMN-JSLY 模型。

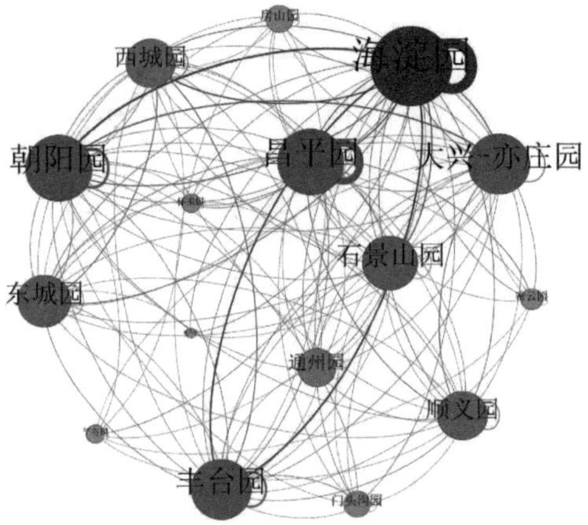

图 5-15　IFTMN-YQ 模型

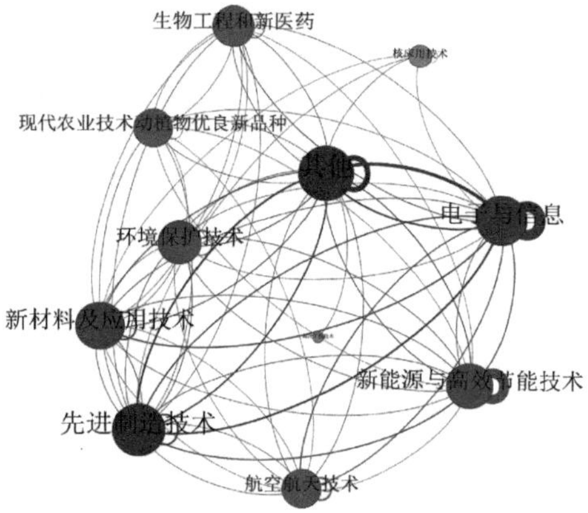

图 5-16　IFTMN-JSLY 模型

由 IFTMN-YQ 模型可以看出，海淀园区内部企业之间以及内部企业与其他园区企业投资融资活动的节点最大、数量最多，其次是昌平园、丰台园与朝阳园等。这主要是由于海淀园经历了 20 多年的发展，拥有高新技术企业近 2 万家，产业聚集优势和配套设施都要远远优于其他园区。

IFTMN-JSLY 模型显示出投资融资行为主要发生在电子与信息和新能源与高效节能技术这两个技术领域之中。电子信息、新能源与可再生能源的发展前景日益壮阔，对研究开发的资金需求也更大。

中关村所属高新技术企业在投资方面合作关系的 IECN-ZZ 模型拓扑结构如图 5-17所示。

由 IECN-ZZ 模型的 MDS 图中可以看出，中关村所属高新技术企业之间的合作密切，且投资密度大。在 IECN 模型中看到较为明显的投资合作集群，说明投资企业间形成合作投资集群，分担投资风险。IECN-YQ 模型中海淀园节点最大，与朝阳园、大兴园、丰台园、昌平园的连边较粗，园区内和园区之间的投资活动数量最多（图 5-18）。IECN-JSLY 模型体现出电子与信息领域的节点最大、连边最多，这主要与行业发展前景及产品性质有关（图 5-19）。

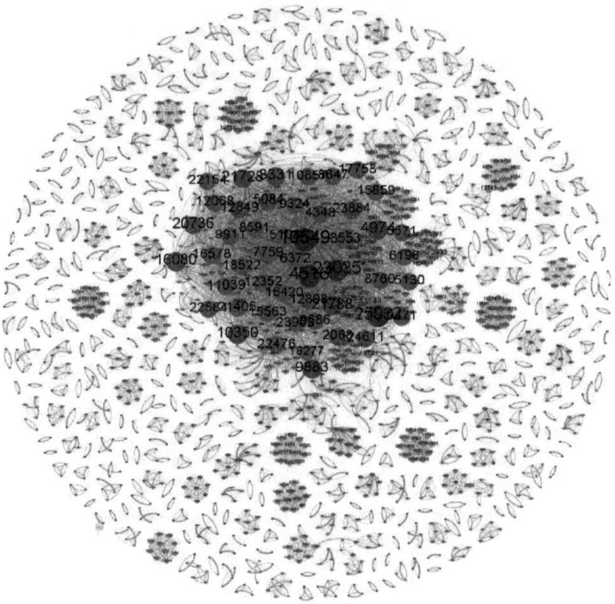

图 5-17　IECN-ZZ 模型

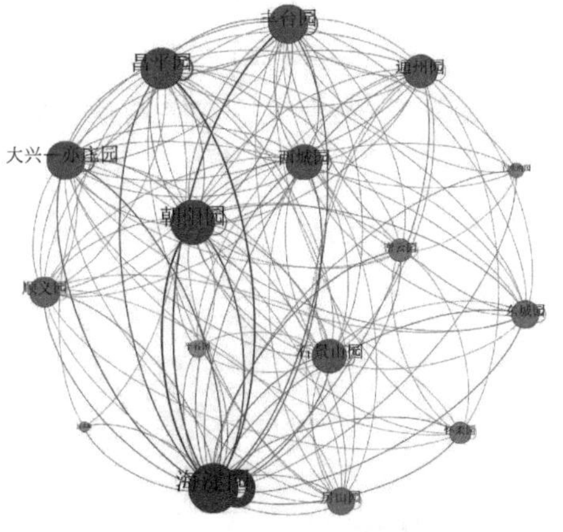

图 5-18　IECN-YQ 模型

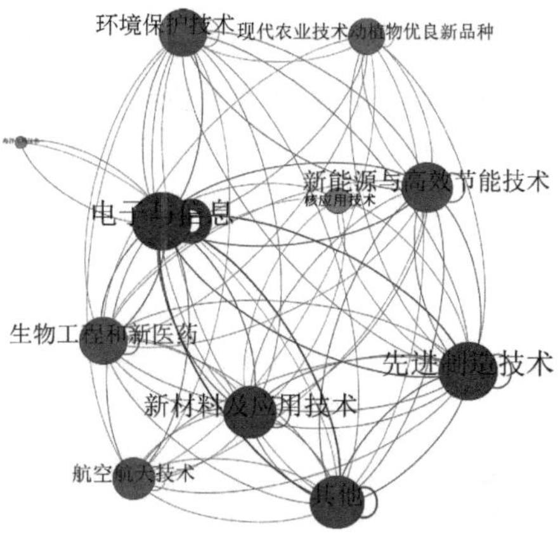

图 5-19　IECN-JSLY 模型

中关村所属高新技术企业在融资方面竞争关系的 FECN-ZZ 模型拓扑结构如图 5-20 所示。

由 FECN-ZZ 模型的 MDS 图中可以发现，大多数企业融资连边较少，只有少数企业形成轻微聚集趋势，其中中关村发展集团股份有限公司（24971）节点最大，连边较多，这主要源于它在中关村科技园内的地位。该公司自成立以来，运用园区、投资、金融、专业服务等手段，在全球范围内配置创新资源，与园区内

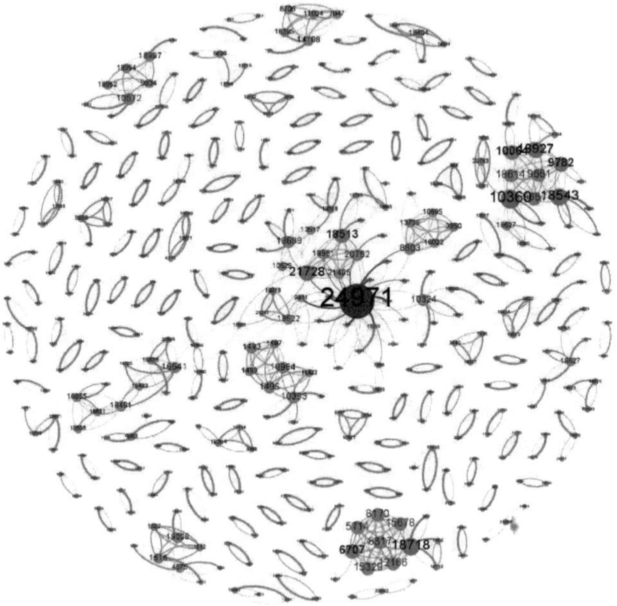

图 5-20　FECN-ZZ 模型

及园区外有多项融资项目，已经是中关村创新创业生态中不可或缺的一环。从中观层面来看，FECN-YQ 模型中海淀园区的节点最大，园区间连边数量最多，其他园区的连边数量则明显少于海淀区，门头沟和密云区则只有一条连边（图 5-21）。由 FECN-JSLY 模型看出电子与信息领域的融资活动要明显多于其他技术领域，竞争强度更大（图 5-22）。

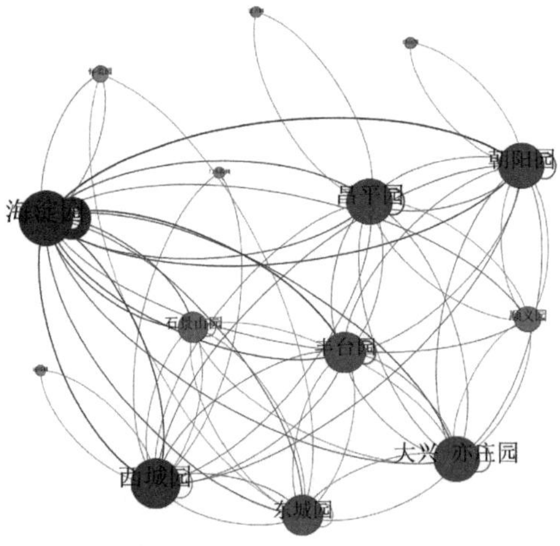

图 5-21　FECN-YQ 模型

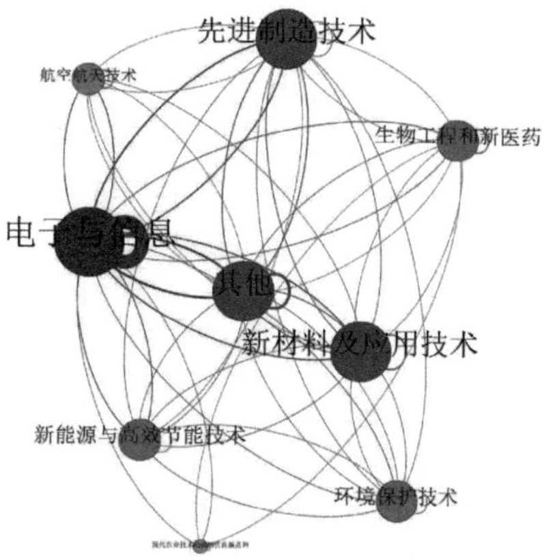

图 5-22　FECN-JSLY 模型

5.3 市场竞争网络

Grinnell 认为生态位（ecological niche）是指一个种群在生态系统中的时空位置[159]。生态位概念的一经出现，即得到了众多学者的认同和应用。许芳和李建华认为企业生态位是企业相互关系的本质[160]。葛振忠、梁嘉骅等认为企业在经营中所占据生态空间称为企业生态位，竞争是企业生态位重叠而引起的[161,162]。何继善和戴卫明认为企业应保持生态差异性，避免恶性竞争；互利关系的成员在某些方面应保持竞争，以此通过竞合实现均衡[163]。万伦来将企业生态位界定为企业生存、延续、争取优势的能力[164]。Lou 和 Yang 基于生态位视角研究了特定网络环境下的网络主体角色与功能[165]。

创新生态系统中各创新主体之间具有或竞争或共生并存或兼有之的种间关系。因此，从产品和服务流通的角度来看，创新主体在供应链上形成了企业生态位，当不同创新主体的生态位重叠时，则是竞争关系；当生态位分离且又具有一定的价值链上、下游关系时，它们之间则会出现合作关系（图 5-23）。也就是说，位于创新价值链上的众多主体，一方面因为利基市场重合而产生了竞争关系，另一方面也与其供应商和客户产生了合作关系。

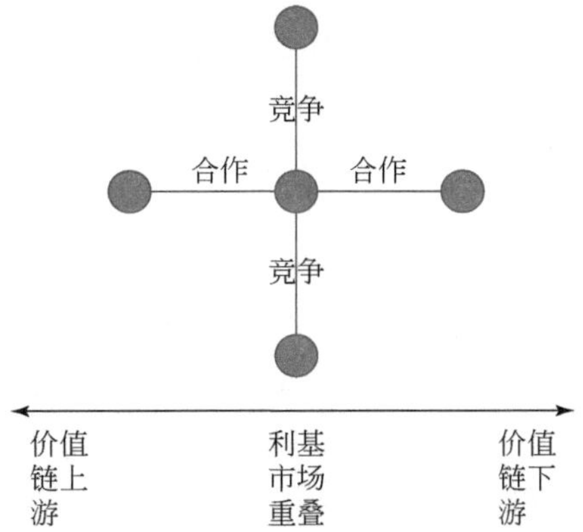

图 5-23　企业生态位与企业之间的竞合关系

遗憾的是，虽然我们在理论上可以构建众多企业为了满足市场需求而在价值链上、下游上形成的创新合作网络，但是数据获取过程非常复杂且涉及企业之间的商业机密而无法获取。因此，为了体现出创新主体通过自组织机制形成的企业生态位，本书根据创新主体产出的相似性（即利基市场重叠关系）描述它们之间的竞争关系，建立反映创新主体在创新价值链上博弈关系的复杂网络模型，从而揭示它们共同构成的企业生态位的经济外部性含义。

5.3.1 创新价值链竞争网络

多元化经营正成为许多高新技术企业的发展方向，大部分企业都会涉及多个行业，拥有多项主营业务。这些多元化企业的科技研发活动往往会涉及很多领域，研发成果也呈现复合型特点，适应面比较广，创新性比较强，经济效益也比较好。但是，这种发展模式的一个必然结果就是企业的竞品企业来自多个不同领域。另外，集群发展也会加剧区域内部提供相近产品或服务企业的竞争密度。所以，本书将根据创新主体的竞品企业信息，构建创新价值链竞争网络（innovation value chain competition network，IVCCN①）。

IVCCN 模型根据图论基本分析范式，将特定区域范围内的创新主体视为节点，它与竞品企业之间的生态位重叠关系（即产品或服务相同）为边，构成了由节点集$\overleftrightarrow{V}$和边集$\overleftrightarrow{E}$组成的无权无向图 $G=(V, E)$。具体的构建原则如下：

（1）节点集 $V=\{\overleftrightarrow{v_i}\}$ 由区域内的所有创新主体及其竞品企业组成，其中 $i\in\{1, 2, \cdots, n\}$，节点数记为$\overleftrightarrow{n}=|\overleftrightarrow{V}|$。

（2）边集$\overleftrightarrow{E}$中的e_{ij}代表区域内作为创新主体的企业与竞品企业发生的竞争关系，因为这种关系是相互的，所以e_{ij}和e_{ji}内涵相同。

（3）用邻接矩阵 $A=\{\overleftrightarrow{a_{ij}}\}$ 中a_{ij}的值来对e_{ij}进行表征。如果企业 i 对企业 j 存在竞争关系，则在v_i和v_j之间存在一条无向边e_{ij}，表示为$a_{ij}=1$，反之则$a_{ij}=0$。

IVCCN 模型的数据来源与 IFTMN 模型相同，都是根据企业名录从天眼查上进行数据收集。

第一步：确定数据存储结构。这里需要注意的是，企业竞品企业在天眼查中的名称并不规范，是简写，所以增加了一个补全名称的步骤。然后，整理在“project_SUM. xlsx”文件的“Total”页中，保留爬取的两类信息，即竞品企业名称（竞品企业 0、1、2、3、…25563）和所属园区（是否为中关村的 16 个园区），具体设置和投资数据处理方式相同。

第二步：建立一个名为“project_Total. csv”的文件。如果企业没有竞品企业信息，则不需输出，所以行序号总量小于 25563，具体设置和投资数据处理方式相同。

第三步：在“project_SUM. csv”的文件的“Part”页上只保留中关村企业的竞品关系，即列向量中删除了所属园区为“其他”的竞品企业信息，行向量中删除了没有竞品企业的企业，但序号保留，具体设置和投资数据处理方式相同。

---

① 注：创新价值链竞争网络与创新价值链合作网络的英文缩写相同，所以用罗马字母加以区分。

第四步：建立一个名为“project_Part. csv”的文件。保存的是一个对称的正方矩阵，行数和列数相同，具体设置和投资数据处理方式相同。该文件即为无权无向的IVCCN模型的邻接矩阵，体现的是中关村（跨园区）企业之间的企业生态位关系。

5.3.2 MDS 分析

IVCCN模型的MDS图中节点数量较多，且网络密度较密。从图5-24中可以看出，大多数节点的大小较为一致，证明大多数企业的网络连接度相差不大。但有8家企业的连接度明显大于其他企业，且与周围企业的连线也较为紧密，它们分别是二六三网络通信股份有限公司（10466）、北京中科汇联科技股份有限公司（10491）、北京东方通科技股份有限公司（13694）、工控网（北京）信息技术股份有限公司（13850）、北京东方国信科技股份有限公司（13734）、北京神州泰岳软件股份有限公司（3969）、北京智云奇点科技有限公司（23142）、北京立标新智科技股份有限公司（15798）。这主要与电子信息行业的特性有关，电子信息类产品的利基市场重合率较高，产品更新换代快，行业内不存在垄断经济，竞争强度比较大。再加上产品的需求弹性大，可替代性强，相较于国有企业，民营企业的客户流动性更大，这一点也加剧了企业间的竞争。因此，为了稳固企业的竞争优势、扩大客户群，企业必须加大研发投入，不断创新，以增加企业在行业内的竞争力。观察图5-25，IVCCN网络的最大连通分支图中保留大部分节点，且8个主要节点起到关键的连通作用。IVCCN网络表现出高度的连通性。

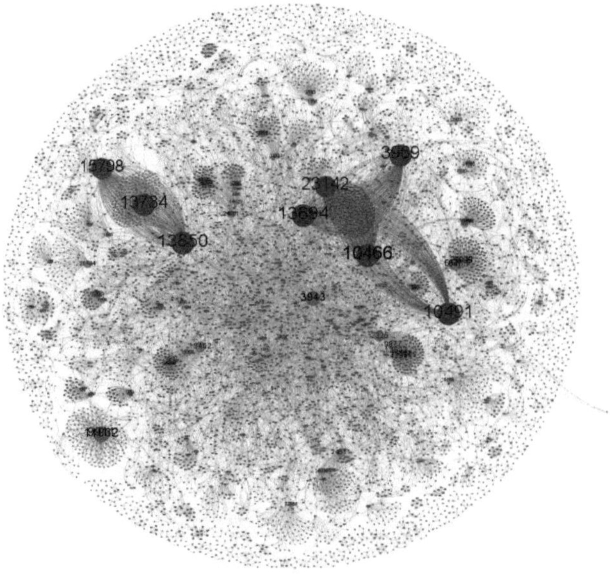

图5-24 IVCCN模型

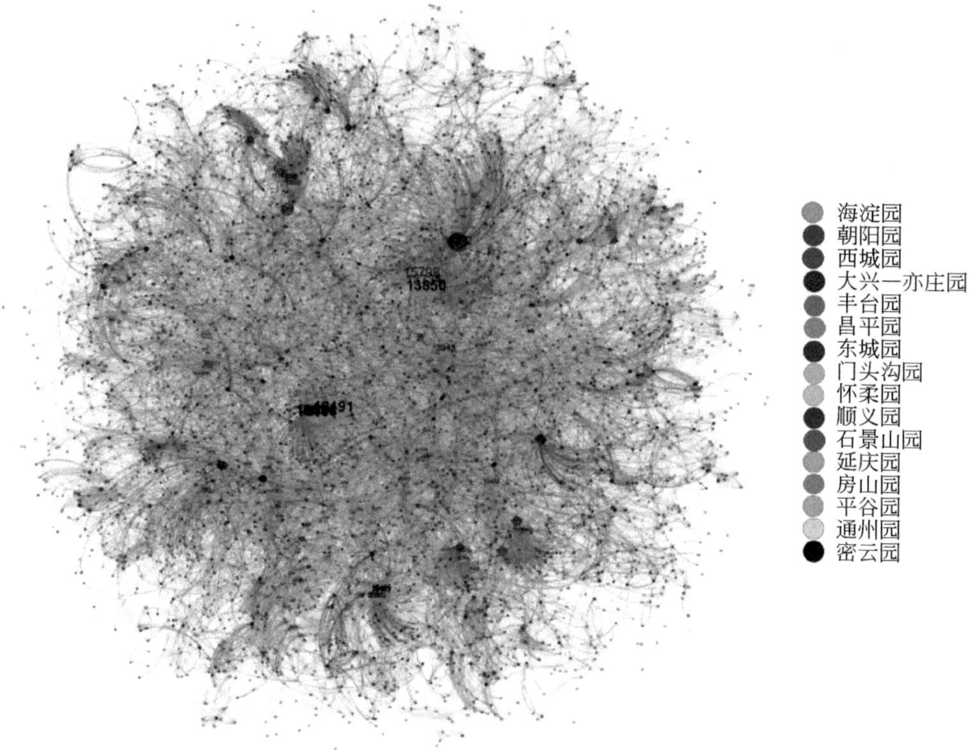

图 5-25　IVCCN 模型（保留最大连通分支）

IVCCN-YQ 模型的 MDS 图中明显可以看出，在中关村园区的 16 个子园区中，海淀园的节点最大，且海淀园与其他园区间的连线密度也更密集，这代表了海淀园与其他园区间的竞争最强（图 5-26）。由此可以看出，海淀园的园区总体创新

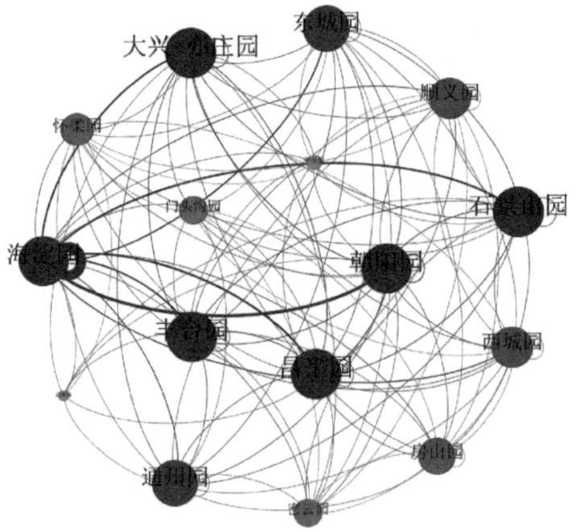

图 5-26　IVCCN-YQ 模型

能力高于其他园区。从企业的角度来看，北京中科汇联科技股份有限公司（10491）、工控网（北京）信息技术股份有限公司（13850）、北京智云奇点科技有限公司（23142）、北京百度网讯科技有限公司（3943）这 4 家互联网企业在很大程度上促进了海淀园区的创新能力。

IVCCN-JSLY 模型的 MDS 图中可看出，在十大高新技术产业中，电子与信息产业的节点大小明显大于其他产业，即电子与信息产业的连接度最大，这表示了在竞争网络中，电子与信息产业由于竞争而引发的创新能力最强（图 5-27）。而这正是由于新一代信息技术与制造业深度融合正在进行，受此影响，电子与信息产业与各高新技术产业间的关联度越来越强，各大技术领域的发展都需要电子与信息产业相关产品，在此基础上，除了各产业与电子信息产业间的合作之外，与电子信息产业间的竞争也逐步形成，这种产业间的竞争增强了电子与信息产业的创新能力。同时，电子与信息产业内的企业数量和规模也在不断壮大。结合 IVCCN 模型技术领域子网络的 MDS 图可以看出，电子与信息领域内的企业数量最大，竞争密度也最强，由此，电子与信息领域内各企业间的竞争推动了电子与信息产业创新能力的提升。但在十大领域中，航空航天技术和现代农业技术动植物优良新品种这两个领域内的竞争网络密度较小，反映出了在这两个领域中由竞争而引发的创新行为较弱。由此可见，推动电子与信息产业发展，不仅可以发挥其基础性作用，通过合作正向推动各高新技术领域发展，还可以通过竞争网络的作用倒逼其他领域进行科技创新。同时也不能放松其他领域内的政策引导，通过竞争机制刺激产业活力，从而提高创新能力。

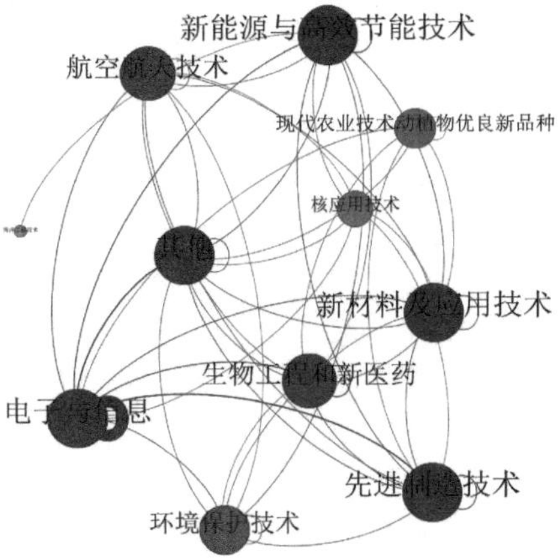

图 5-27　IVCCN-JSLY 模型

5.4 本章小结

事物运作的内在机理决定了其外在表现。本章通过构建创新网络的方式诠释了中关村科技园区创新生态系统的拓扑结构，并且在网络整体、所属区域和所属技术领域等层面进行了 MDS 分析，直观地体现了创新主体、区域和技术领域之间的竞合关系和集群现象。根据第 2 章对创新关联的分析，创新主体间的资源流动主要分为信息流、知识流、资金流、人才流等。首先，由于专利技术与学术文献在可复制性上的共同点，在引文网络模型的建模思路基础上，以企业—专利关系映射企业—企业间专利合作关系，构建了技术转移协作网络模型。将研究由共同申请专利的高新技术企业、高等院校与科研机构所构成的技术扩散结构，分析高新技术企业在新兴技术扩散过程中产生的协同合作关系，技术的充分扩散将会给区域经济发展带来巨大的网络外部性影响。为将资金流动情况纳入研究范围，我们收集了中关村内高新技术企业间投资融资关系数据，并建立了反映创新资本维度下投资企业与融资企业之间价值流分配、转移和增值规律的投资融资双模式网络模型。并在此基础上使用平均资源分配法映射投资者合作网络和融资者竞争网络这两个子网络来反映投资企业之间的合作强度与融资企业之间的竞争强度。同时还研究了中关村科技园区现有资金流动情况，以及如何引导实现金融风险规避，进而提高投资企业内部的合作关系。为了体现出创新主体通过自组织机制形成的企业生态位，建立反映创新主体在创新价值链上竞合关系的创新价值链竞争网络，揭示它们共同构成的企业生态位的经济外部性含义。最后通过以上三个网络的分析，刻画出中关村创新生态系统现有的资源流动情况与所处创新阶段，并验证上述动力机制。

6 高新区创新生态系统的多层网络结构测度

本章为实证分析部分。首先，针对中关村科技园区三个层面（专利合作、投融资关系、产品竞争关系）创新网络的不同特点设定针对性的网络指标体系；然后，结合不同的指标特点对三个网络进行指标分析，探究网络发展现状以及核心节点的地位及作用；最后，总结中关村科技园区创新网络现状和问题，研究创新生态系统的优化建议。

6.1 创新网络测度指标设定

在创新生态系统中，“态”属性反映的是创新主体构成的复杂结构反过来赋予它们的地位的功能，从局部与整体的辩证角度又可分为“广度的态”和“深度的态”；“势”的属性反映的则主要是创新主体对创新环境的主动适应性，由它们分别与供给侧和需求侧进行的资金流、信息流和物质流的交换所体现。在第4章中，我们已经从“势”的视角提出了资本的推动机制和市场的拉动机制。通过网络模型反映创新生态系统的复杂性之后，对于“态”的测度则可以通过统计物理学工具完成。

本节针对三个创新网络设计了一套基于复杂网络指标的分析框架，并结合社会网络分析（social network analysis，SNA）概念，将指标分为四大类：创新广度、创新强度、创新密度和创新深度。其中，创新广度和创新强度关注的是创新主体与其周边的关系；创新深度关注的是创新主体与整个系统之间的关系；创新密度则综合了两个方面的特点。模型与指标的对应关系见表6-1。

表6-1　创新网络模型与特征指标对应关系

模型名称	模型简称	基本设定	创新广度	创新强度			创新密度	创新深度	
			K	S	Z	Y	C	CB	CC
技术转移协作网络	IETTN	单模式加权无向	K	S	Z	Y	C^W	C_B^{RFWA}	C_C^{RFWA}

续表

模型名称	模型简称	基本设定	创新广度	创新强度			创新密度	创新深度	
			K	S	Z	Y	C	CB	CC
投资融资双模式网络	IFTMN	双模式加权有向	K^{IN} K^{OUT}	—	—	—	—	—	—
投资企业合作网络	IECN	单模式加权有向	—	S^{IN} S^{OUT}	Z^{IN} Z^{OUT}	Y^{IN} Y^{OUT}	C^{W}	—	—
融资企业竞争网络	IFCN	单模式加权有向	—	S^{IN} S^{OUT}	Z^{IN} Z^{OUT}	Y^{IN} Y^{OUT}	C^{W}	—	—
创新价值链竞争网络	IVCCN	单模式无权无向	K	—	—	—	C	CB	CC

事实上，创新生态系统本身的概念边界是模糊的，对于其进行科学的定性分析和定量分析也是十分困难的。所以，本书尽可能从更多的角度着手，在网络微观结构与宏观表现之间寻找合乎逻辑的相似性特征，梳理具有能动性的创新主体、具有流动性的创新要素和具有演化性的创新关联与区域创新绩效及经济可持续发展的因果关系。

6.1.1 创新广度（度）

在创新网络中，度可以用来表示企业对外影响程度。网络中度值较大的关键节点占据优势地位同时拥有更好的资源条件，在择优链接机制下更易吸引其他创新主体与其进行创新协同合作。其发生的颠覆式创新也会对整体网络产生更大的影响作用。对于无向的 IETTN 模型和 IVCCN 模型来说，节点 K 的大小反映了创新主体在创新网络中对其直接相关主体的影响范围，文中称之为创新广度（innovation span）。K 值越大，说明技术协作伙伴越多或竞争对手数量越大，对于网络所起到的合作扩散的作用也越大，更有助于网络中技术与信息的流动。此外，K 的分布也能够体现出创新生态系统的拓扑结构特征，便于进行系统之间的横向比较分析。在 IFTMN 模型中，融资企业的$K^{OUT}(i)$ 等于其投资企业的数量，而融资企业的$K^{IN}(i)$ 则等于投资其企业的数量。度值较大的投资企业与大量企业形成投资合作关系，其在资金投入中与合作企业分摊风险，不易受到某一项失败投资的巨大打击，而度值较大的融资企业虽然在融资上与较多企业存在竞争关系，但恰恰说明其处于投资的热门产业或者受到良好的市场期望，也能与网络中其他企业形成互利共生的关系。在 IECN 网络中度值较高的企业在投资上形成广泛的合作关系，增强了合作主体间的信息沟通与交流，对其投资活动的反馈渠道增加，增强整体网络的反馈机制，对网络资金的合理配置起到重要的作用。FECN 中度值较大的节点在资金上竞争较为激烈，这对于企业自身的创新活动带来资金上的危机，但是也会增强网络的反馈互动机制，在资金竞争中，创新发展薄弱或者衰退的企业的反馈就会减少投资企业对其的资金投入，从而使他在激烈的竞争中逐渐退出市场。IVCCN 网络的特征意味着度值较大的企业在产品上面临激烈的市场，优胜劣汰的市场机制对这类企业的发展提出更高的要求，其生态位的重叠使其在创新中需要更有力地来占领较大的生存空间，否则就会面临被市场淘汰的命运。而被淘汰企业在重组机制的作用下，重新加入创新网络竞争，并将其原有基础进行整合发展，同时企业面临的竞争较强的情况下，优势企业也会通过兼并的方式将产业链同一环节（位于同一生态位）企业进行横向兼并，以扩大自身在这一市场上的竞争优势。

6.1.2 创新强度（点权与边权）

加权网络相比无权网络，不仅能够反映创新网络结构的真实性，且更为直观地显示结构动力与网络结构间的非线性联系。而权重就是网络性质和功能的重要量化指标。我们将其概括为创新强度（innovation strength），并对应统计学中的基本概念——总和、均值和方差，将其分为三个方面进行测度。

6.1.2.1 创新强度程度（点权）

显然，点权 $S(i)$ 是一个节点边权的总和，称之为创新强度程度（the degree of innovation strength）。IETTN 模型的边权反映了创新主体同时与特定专利建立关联的频率，那么一个创新主体的 $S(i)$ 值将它与其他主体之间的技术合作强度进行了量化，体现了它在创新生态系统中的技术协同创新能力。高频率的技术合作增加了企业技术扩散的渠道，对于促进整个创新网络的技术流动有着较大的贡献，同时使得企业拥有渐进式创新的积累，为颠覆式创新打下基础。

对本书所构建的 IECN/FECN 模型来说，节点的 $S^{\mathrm{OUT}}(i)$ 表示某投资机构/融资企业在投资/融资过程中对其他投资机构/融资企业主动的累计合作/竞争强度，而 $S^{\mathrm{IN}}(i)$ 则是被动的累计合作/竞争强度，公式分别为：

$$S_P^{\mathrm{OUT}}(i) = \sum_{j=1}^{N} w_{ij} \tag{6-1}$$

$$S_O^{\mathrm{OUT}}(i) = \sum_{j=1}^{N} w''_{ij} \tag{6-2}$$

$$S_P^{\mathrm{IN}}(i) = \sum_{i=1}^{N} w'_{ij} \tag{6-3}$$

$$S_O^{\mathrm{IN}}(i) = \sum_{i=1}^{N} w''_{ij} \tag{6-4}$$

S_P^{OUT}和S_P^{IN}测度的是 IECN 模型中投资机构之间主动的和被动的累计合作强度。$S_P^{\mathrm{OUT}}(i)$ 越大，说明投资机构p_i在投资过程中有与很多其他投资机构产生了较强的间接合作关系；$S_P^{\mathrm{IN}}(i)$ 越大，说明其他投资机构与投资机构p_i产生较强的间接合作关系。两者之和，即 $S(i) = S_P^{\mathrm{OUT}}(i) + S_P^{\mathrm{IN}}(i)$，量化了投资机构$p_i$在整个投资过程中与其他投资机构的综合合作强度，体现了它抵抗金融风险的稳健性。如果相关融资企业在创新过程中需要大量资金攻克难关，共同投资机构的资金注入会降低该机构的风险共担程度。

S_O^{OUT}和S_O^{IN}测度的是 FECN 模型中融资企业之间主动的和被动的累计竞争强度。$S_O^{\mathrm{OUT}}(i)$ 越大，说明融资企业o_i在融资过程中与很多其他同类需求企业产生了较强的间接竞争关系；$S_O^{\mathrm{IN}}(i)$ 越大，说明很多企业与企业o_i产生了较强的间接竞争关系。两者之和，即$S_O(i) = S_O^{\mathrm{OUT}}(i) + S_O^{\mathrm{IN}}(i)$，量化了融资企业$o_i$在整个融资过程中与其他融资企业的综合竞争强度，体现了它遭受金融风险的脆弱性。如果相关投资机构将资金分配给具有更好市场前景的竞争对手，那么该企业就会失去创新的资金来源。

6.1.2.2 创新强度质量（单位权）

Granovetter 指出，强关联和弱关联之间存在着明显的区别[166]。在创新网络中，强关联是指和你有正式合作的人；而弱关联是指共同合作的第三方，即潜在合作方。对于社会支持，强关联很重要，但是个人所接受到的很多新信息都来自弱关联。强关联基于共同的兴趣，因此，流通中的大部分信息都加强了已有的观点；弱关联信息量不大但极有价值。弱关联比强关联的影响范围更大，但影响作用较小。强关联和弱关联、桥梁或结构洞能否为创新带来更大的机遇？专家们对此众说纷纭。很明显，网络结构的不同与网络关系的内容不同有关系。两个团体之间的强关联可能会限制信息收集的搜索宽度，但是交换的信息是“厚”的，或者说是详细而丰富的；弱关联则更稀薄且更不持久，但是能提供获得非冗余信息的更好渠道。基于这种考虑，我们提出了创新强度质量（the quality of innovation strength）来标准化关联程度的差异性。

单位权（unit weight），记为 Z，是对节点权重平均程度的描述[167]。计算公式为

$$Z(i) = \frac{S(i)}{K(i)} \tag{6-5}$$

单位权 $Z(i)$ 是一个节点边权的数学平均值，在 IETTN 模型中用来度量创新主体的技术协同创新能力，反映了企业开展协同创新的质量。高单位权的创新主体在技术合作中倾向与少数合作者建立密切的关系，这在一定程度上会使其难以打破路径依赖，限制涌现突变的可能性。同时，也在 IECN 模型/IFCN 模型中用来度量创新主体合作/竞争的质量。高单位权的投资企业与少数企业形成固定的合作投资关系，几个企业之间形成稳健的风险分担机制，而单位权较低的企业根据市场变动选择其投资目标，不局限于固定的合作关系。

6.1.2.3 创新强度波动（边权差异性）

Ruef认为，基于异质性网络建立联系的创新主体，具有更强的创新性[168]。所以，引入创新强度波动（the fluctuation of innovation strength）的概念来尝试度量并解释这种现象。

在 IETTN 模型中，创新主体之间的协同创新强度是不同的，最直接的体现便是与它们同时相关的专利的数量。所以，有必要对创新主体众多的专利共引关系进行差异性测度，从而反映它在创新系统中发挥技术扩散作用的稳定性。本章采用边权差异性（disparity in the weight），即边权方差来衡量单一创新主体相关的所有协同创新活动的不均衡性，记为 $Y(i)$，公式如下

$$Y(i) = \sum_{j=1}^{N} \left[\frac{w_{ij}}{S(i)}\right]^2 \tag{6-6}$$

在 IETTN 模型中，假设某个创新主体与其他高新技术企业或科研院所的协同创新活动离散程度更大，那么它表明其创新领域较为狭窄。而创新领域的交叉更易使企业获得足够的创新灵感，打破原领域创新范式的限制，实现颠覆式创新。Y 值较大的企业创新活动同质性强，领域内创新技术坚实，但难以进行突破。

同理，在 IECN 模型/IFCN 模型中，创新强度波动可以用来描述创新主体开展合作/竞争过程呈现出的差异性——Y 值不仅量化了网络的异质性，也提供了一种用来从微观层面分析创新战略选择的工具。Y 值较高的投资企业在投资时集中于自身所处行业与领域内，在投资合作网络中与集团内部企业或行业内企业合作较多，这有利于在本行业形成风险分摊机制，增强行业内资金的流动性。但是，当行业整体发展减缓，面临全面资金紧张问题时，跨行业合作投资的减少会使投资风险增加。

6.1.3 创新密度（集聚系数）

在 Uzzi 关于“臂长”关联（“成本就是一切的交易”）和嵌入式关联（“你

成为这些人的朋友——商业上的朋友。你信任他们和他们的工作，他们是家庭的一部分”）之间不同点的分析中，信任的重要性也赫然显现[169]。Uzzi 对纽约服装业中的 23 家女性高级服装公司进行访问和人种学观察研究。他的研究很值得注意，不仅是因为他的数据质量，而且是因为他关注不同种类交易关系的业绩成果。

Uzzi 发现，组织的绩效随着使用与网络伙伴的嵌入式关联而提高，因为这些关联在传达复杂、有一定背景的知识方面有其优越性[169]。也就是说，在一个稠密的创新网络中，拓扑结构的同质化使得创新主体在区域范围内紧密地融合在一起，各种创新要素只需要通过较少的中转次数就可以到达目标，降低了创新活动的交易成本，为各种新技术、新产品、新业态的涌现创造了良好的创新环境。所以，用集聚系数（clustering coefficient）来研究创新主体之间进行协同创新的紧密程度，即创新密度（innovation density）。在小世界网络结构下，节点之间集聚程度与信息扩散速度均较高。节点密度的提高意味着高新技术企业间技术和知识的复制和传播速度会越来越快，对技术发展方向的预测和把握也会越来越准确。

集聚系数，记为 C，衡量的是企业创新的聚集程度。在投资融资关系中，投资企业合作中建立稠密的合作网络，有助于形成风险分担机制，增强整体投资网络的抗风险能力，同时集聚系数较高的企业形成合作投资小集团，对于技术投资方面易形成风险平衡的投资体系。在布尔网络（1，0）中，集聚系数数值直接等于节点连边与可能存在边数比值，其表达式为

$$C(i)=\frac{A(i)}{\frac{1}{2}K(i)(K(i)-1)}=\frac{2A(i)}{K(i)(K(i)-1)} \tag{6-7}$$

式中，$A(i)$ 为边数。如果节点v_i只有一个邻节点或没有邻节点，定义 $C(i)=0$。

在 IVCCN 模型中，集聚系数表示企业之间展开竞争的密集程度，我们将其定义为竞争密度。C 值高的企业通常能反映现有技术领域中市场较为活跃的产业，这类企业通常创新产品较为丰富，企业的产品同质化较为突出，故形成密集的市场竞争关系，面临着优胜劣汰规律的筛选，使行业整体保持稳定。竞争的密集也带来大量合作的机会，在 IVCCN 网络中创新密度较高的企业也面临着潜在的合作机会，企业在产品竞争同样吸收着竞争企业的优势理念与想法，在协同演化中实现共同发展。但是要想在其他加权的创新网络中获取竞争密度或合作密度的信息，就需要对算法进行一定的适应性修正。

在将集聚系数算法扩展到加权网络（如 IETTN 模型、IECN 模型/IFCN 模型）时，还需要充分考虑到边权矩阵 $W=\{w_{ij}\}$ 带来的影响，同时还需要明确加权集聚系数（weighted clustering coefficient）$C^W(i)$ 的限制条件。这里借鉴关峻的计算

方法[170]。

对于一个给定加权网络 $G=(V, E, W)$ 及其邻接矩阵 $A=\{a_{ij}\}$ 和权重矩阵 $W=\{w_{ij}\}$，它的集聚系数$C^W(i)$ 可以表示为

$$C^W(i)=\frac{\sum_{j,\ k\in G} w_{ijk}\ a_{ij}\ a_{jk}\ a_{ki}}{K(i)(K(i)-1)} \tag{6-8}$$

其中，w_{ijk}代表以节点 i 为核心的三角形的权重影响因素。当加权网络退化为无权网络时，节点 i、j 和 k 构成的三角形当中$w_{ijk}=1$，所以界定$w_{ijk}\in[0, 1]$，进而可以得到$C^W(i)\leqslant C(i)$ 的结论，说明加权网络边权的非均匀化会导致集聚系数变小。将w_{ijk}取为节点 i 与两个邻节点 j 和 k 组成的三角形的三条边权的几何平均值，即

$$w_{ijk}=(\widetilde{w}_{ij}\widetilde{w}_{jk}\widetilde{w}_{ki}) \tag{6-9}$$

将公式（6-9）代入公式（6-8）中，考虑到两个节点之间没有边等价于边权为0，得到如下公式：

$$C^W(i)=\frac{\sum_{j,\ k\in G}(\widetilde{w}_{ij}\ \widetilde{w}_{jk}\ \widetilde{w}_{ki})^{\frac{1}{3}}\ a_{ij}\ a_{jk}\ a_{ki}}{K(i)(K(i)-1)} \tag{6-10}$$

我们采用加权网络的$C^W(i)$ 算法，对于投资融资网络中，密集网络的结构意味着高新区高新技术企业间形成广泛的投资融资关系，资金作为创新发展的必需品与催化剂，其在网络中的流动对高新区创新活动起到重要的催化作用，加权集聚系数高的高新技术企业在投资合作中形成自己的小集团，协调小集团内的投资活动，合理规划资金，在网络中起到节约成本、增加收益、扩展网络规模的作用。

6.1.4 创新深度（介数中心性）

创新过程是一个链式反应过程，创新要素在每一个创新环节，通过创新主体增加了其科技含量和经济价值。在这个过程中，创新网络的某些节点发挥了桥梁甚至是结构洞（structural holes）的作用。Granovetter 认为桥梁是使弱关联成为可能的连接，Burt 深化了这一论点，他将问题从“哪一位”（即网络的哪一个位置是最佳的）转移到“一定的结构安排怎样产生利益和机遇”[171]。这个问题将关于创新主体的各种分析推广到了网络全局层面，需要从创新路径上界定和量化它们的作用——称之为创新深度（innovation depth），并提出了两种测度方法。

6.1.4.1 创新要素传导效率（介数）

借用 Burt 的结构洞理论（structural hole theory），通过该理论测度创新主体

在创新生态系统中对创新要素的传导效率（transmission efficiency of innovation factor）。介数高的节点具有网络优势，可通过控制其连接的其他个体并获得网络控制优势。Freeman 提出了结构洞的测度方法——介数中心性（betweenness centrality），简称介数，一般记为C_B，它衡量的是节点在网络中的传导作用[37]。公式如下

$$C_B(i)=\sum_{i,\ j,\ k\in\{1,\ 2,\ \cdots,\ N\}}\frac{d_{jk}(i)}{d_{jk}}(i\neq j,\ i\neq k,\ j\neq k) \tag{6-11}$$

介数中心性科学地衡量了一个节点或一条连边对其他节点之间信息流动产生的中转作用，特别是信息传播的最优路径即为最短路径之时。因此，在实证研究中通常采用该指标量化分析 Hub 节点/连边对信息流的潜在控制能力。介数较大的节点如果被移除或者限制作用，则会对网络拓扑结构功能产生较大影响，对于 IVCCN 模型来说，介数中心性可以有效地识别创新价值链构成的创新网络中哪些创新主体至关重要。介数中心性较高的企业在创新网络中与不同产品市场多有交叉，产品种类丰富，其在创新价值链中生态位较广，在竞争中容易取得成功。介数中心性较高的企业同样受兼并重组机制的影响，其通常容易在价值链的交点处对上下游企业进行兼并或实现跨行业的兼并，整合不同行业、不同产业链的产品内容，助力其全面发展。

然而，在相似权网络中信息传播的特点不同于布尔网络，所以引入 Xing 等人基于 RFWA 算法设计点介数（weighted betweenness centrality of node based on RFWA，记为C_B^{RFWA}）[85]，其公式如下：

$$C_B^{\mathrm{RFWA}}(i)=\sum_{i,\ j,\ k\in\{1,\ 2,\ \cdots,\ N\}}\mathrm{SRPL}_{jk}^{(N)}(i) \tag{6-12}$$

式中，$\mathrm{SRPL}_{jk}^{(N)}(i)$是网络全局范围内连接任意一对节点且通过特定的节点$i$的 SRPL 路径数量。

公式（6-12）与过去关于介数中心性定义的最显著不同在于：不再将其整体归一化，因为指标的目的是测度创新要素在价值链上的扩散能力，而比率则削弱了这个复杂系统内部的异质性。更重要的是，这类部门的中转功能如果出现问题，很可能迫使其他部门选择效果和效率较弱的传播路径来建立起与经济环境之间的联系，那么这就给它们带来了一些独特的权力，即结构洞理论中中介人所具有的信息优势和控制优势[171]。我们将这个指标用于测度 IETTN 模型中创新主体对区域技术扩散所发挥的作用。在技术扩散机制中联系和合作深度的深入使各实体之间的信息交流和知识转移的频率逐渐加快，而位于中介地位的创新主体因其对整体网络的信息优势与控制优势，其创新水平与创新能力对整体网络的技术扩散起到至关重要的作用。

在创新网络中，拓扑结构的异质化导致了少量创新主体和创新关联发挥了关

键的创新要素传导作用。因此，可以通过这两类网络特征指标识别出网络中的 Hub 节点/连边并加以测度，一是有助于更加精准地设计创新相关的保障措施，降低创新过程中的系统性风险；二是要围绕着重点创新主体和创新关联对创新生态系统实施功能性补充，即所谓的“生态补链”。

6.1.4.2 创新主体中心优势（中心性）

Powell 等人强调，从各种不同的关联中获取的合作经验以及在网络中取得的中心位置，是创新主体获得商业成功的重要决定因素[38]。他们的分析指出，企业所获取的中心位置和经验能产生出更多的独占性知识。所以用紧密中心性（closeness centrality）来度量创新主体的中心优势（center advantage of innovation subject）。

在非加权且无向的网络中，紧密中心性（记为C_C）等于特定节点到其他所有节点平均路径长度的倒数，反映了其在网络拓扑结构的中心程度。节点的紧密中心性越高，它到其他所有节点的平均路径长度越短，那么它凭借着这种位置优势就能更好地传播信息。中心性较大的企业通常位于网络的中心地位，作为网络中的“优”，更易吸引高新技术企业的合作，从而获得信息优势。这些创新先行者在创新网络中一旦具有了相对信息优势，那么它们便获得了支配信息资源并以此控制其他开拓者的能力。因此，该指标可以有效地衡量节点在传播信息过程中所具有的位置优势，公式如下：

$$C_C(i) = \frac{N-1}{\sum_{j=1}^{N} d_{ij}} \tag{6-13}$$

在 IVCCN 模型中，该指标综合反映了创新主体与网络中所有其他主体的紧密程度。或者说，从创新深度意义上量化了创新主体与创新网络的从属程度。

我们注意到公式（6-13）并不适用于加权或者有向的网络，也就是说，关注所有节点对之间的最短路径问题是不够的，还要充分考虑到这类网络中信息传播过程的复杂性。所以，对于 IETTN 模型来说，要替换为 SRPL 路径再进行该指标的统计。公式设定如下：

$$C_C^{\mathrm{RFWA}}(i) = \frac{\sum_{j=1}^{N} \mathrm{SRPL}_{ij}^{(N)}}{N} \tag{6-14}$$

总之，通过创新生态集聚效应，我们可以从相对位置的角度界定个体与整体在创新过程中的关系。

6.2 技术转移协作网络指标分析

6.2.1 创新广度：科研院所和国有企业拥有广泛创新影响力

1）基础创新主体多为研究院所和国有企业

从图6-1来看，IETTN网络节点度值排名前20的企业中有7家研究院及其下属子公司，涉及电力、铁路、钢铁、建筑和运载火箭等重工业领域，这类领域研发周期长，资金与设备需求高，需要大量先进的技术作为支撑，且关系到国家经济命脉，对于单一企业来说高难度的技术以及高强度的资源投入是难以负担的。科研院所作为创新生态系统中基础创新主体，在创新活动中与其他主体联系紧密，与高新技术企业合作广泛，为高新技术企业输送先进研发技术。其丰富的创新资源与高超的创新能力使其成为创新生态中最高合作广度的主体之一。科研院所的技术积累与其在网络中所处的地位，使其承担了网络中技术扩散的重要作用，通过与企业间广泛的技术合作关系，促进创新网络中技术与信息流动。

图6-1 IETTN网络节点度值前20企业树状图

2）国有企业合作创新活力高

在排名前20的企业中，大多数企业是国有企业，如国网子公司、中冶京诚、北京市燃气、京东方等，其中中冶京诚由北京钢铁设计研究总院改制设立。国有企业资金实力雄厚，且旗下子公司数量较多，与其他同集团子公司和高新技术企业技术交流频繁，合作申请专利量大。但是创新广度中国有企业占据众多席位，侧面也反映了在创新生态系统中，活跃度较高的还是国有企业，民营企业在合作创新活力方面还有待进步。

3）科学家创业企业具有独特优势

由王选院士创办的北大方正集团和杨奇逊教授创办的北京四方继保自动化股份有限公司等，基于创始人的独特背景，与科研院所通常保持了紧密的联系，合作广度较高，这与斯坦福高等院校鼓励在校师生创办技术企业的观念不谋而合。

6.2.2 创新强度：互联网和技术中介企业显著促进技术合作

1）互联网企业是创新生态系统中最具创新强度的主体类型之一

从图 6-2 来看，占据点权前列企业中有多家互联网企业。互联网企业技术研发强度大、流动性强，需要强大的技术依托，因此与科研院所、其他高新技术企业合作广泛。同时，互联网企业创新协同能力强，能够吸引其他高新技术企业与其进行创新合作，是产业技术联盟中的生力军。如知识产权龙头企业奇虎和京东就是互联网技术合作的突出代表。以互联网企业为代表的电子与信息企业与其他技术领域的产业融合是现阶段我国创新发展的主要方向之一，如"中国制造 2025"、智能电网等。此外，点权排序中大部分还是被国有企业与科研院所占据，关乎重工业的科研院所与国有企业在中关村创新生态系统中占据着重要的地位。

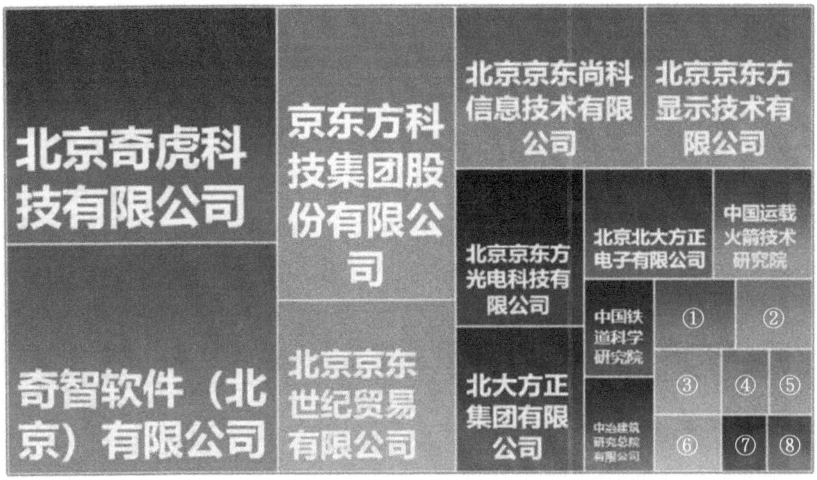

图 6-2　IETTN 网络点权前 20 企业树状图

注：①中国京冶工程技术有限公司；②中冶京诚工程技术有限公司；③北京强度环境研究所；④航天材料及工艺研究所；⑤中国电力科学研究院；⑥中国印钞造币总公司；⑦北京市华铁信息技术开发总公司；⑧北京锐驰国铁智能运输系统工程技术有限公司。

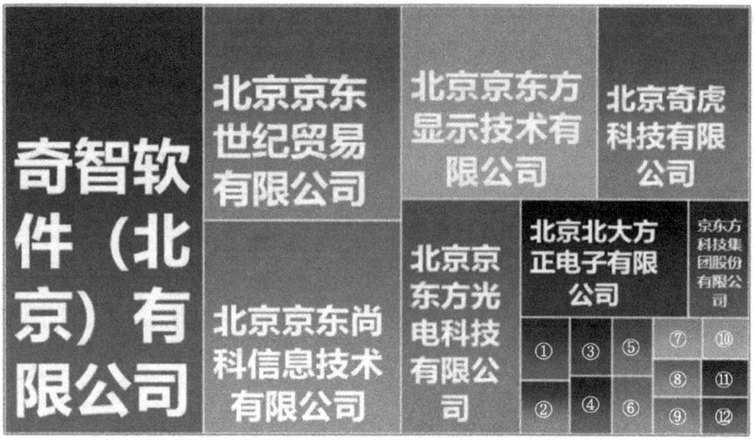

图 6-3 IETTN 网络单位权前 20 企业树状图

注：①北京京东方多媒体科技有限公司；②中国京冶工程技术有限公司；③北京神州绿盟科技有限公司；④北京神州绿盟信息安全科技股份有限公司；⑤北京京东方茶谷电子有限公司；⑥北大方正集团有限公司；⑦中电普瑞科技有限公司；⑧中国华能集团清洁能源技术研究院有限公司；⑨北京市华铁信息技术开发总公司；⑩中铁六局集团北京铁路建设有限公司；⑪北京锐驰国铁智能运输系统工程技术有限公司；⑫航天材料及工艺研究所。

2）技术中介企业对强化技术合作网络具有突出作用

观察 IETTN 网络单位权排名情况（图 6-3）可以发现排名前列的企业多为大型企业及其子公司，这与资本结构下的深入合作关系密不可分。但排名前二十的企业中，还可以看到一类主体——技术中介型主体。北京神州绿盟科技有限公司（排名 10）主要从事技术开发、咨询与技术服务，这类企业也是创新生态系统中的重要主体，虽然合作广度不高，但倾向于与企业建立深入的长期的合作关系，是创新网络中建立强联结的重要一环。此外，研究院所组建高新技术企业是创新生态中促进创新合作的一种重要模式（如“中电普瑞”（排名 15）是中国电力科学研究院的全资企业）。研究院所掌握着重要的核心技术，并拥有广泛的创新资源与强大的创新能力，但是如何将核心技术转化为创新产品并进行产业化需要借助企业的生产力量。一类方式是科研院所直接与企业合作开发专利，并将专利授予企业使用，在创新广度指标中有不少科研院所通过这类合作建立了广泛的创新交流；而另一类方式就是通过科研院所自身组建企业促进科研成果转化，加快产业化步伐。这类企业通常合作对象较少，但与少数创新合作伙伴建立较为密切的联系，保持在专利方面的深度合作研发。

3）行业内技术合作是主流方式

由 IETTN 模型的边权差异性可以发现，在有专利合作的创新主体中，68.26% 的创新主体边权差异性为 1；而 91.19% 创新主体的边权差异性在 0.5 及以上，这说明在创新生态中有大部分高新技术企业的创新合作行为行业性较强，集中在特定的本领域企业中，企业的渐进性创新在行业内创新中可以实现充分发展，但颠覆式创新受到一定的限制。这也与企业更愿意与集团内部企业进行大量专利合作，而与集团外部企业合作较少有关。这一点在前文已详细说明。

6.2.3 创新密度：企业间基于共同利益出现技术创新集聚

图6-4显示的是IETTN网络中加权集聚系数的排序。在创新密度的前20家企业中，前一二名企业同属于中国铁道科学研究院。“可牛网络”与“贝壳网”在加权集聚系数排名中分列第四、五位，从两家公司的投资历史可以看出，都由傅盛作为股东，且与“金山云”“金山云网络”“金迅瑞博”拥有共同股东。企业间的投资融资关系是形成企业间专利合作集团化的主要原因之一，被共同控股的企业之间易形成较强的信任关系。专利合作是涉及企业核心技术的重要环节，同一控股下的企业基于共同利益驱动会加强创新协同，传递技术信息，共享创新成果，形成大创新生态下的小创新集团，在这类创新集团中技术得到了充分的扩散。而中冶节能环保、纽维逊建筑、中国京冶工程技术、京诚之星、京诚凤凰工业炉工程技术等公司同属于中冶京诚工程技术有限公司，在专利合作中形成了强烈的集团化趋势。可以看到在创新广度这一维度中这几家公司均未排名前列，但在创新强度与创新密度维度中，中冶集团下属子公司呈现出不错的创新趋势，这一现象反映了企业投资关系的集团化也造成专利合作网络的集团化程度上升。

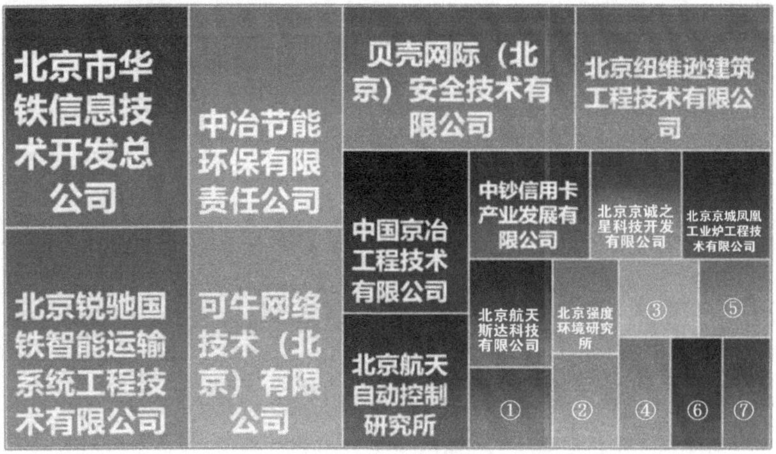

图6-4　IETTN网络加权集聚系数前20企业树状图

注：①北京航天希尔测试技术有限公司；②北京方正阿帕比技术有限公司；③方正移动传媒技术（北京）有限公司；④北京金山云科技有限公司；⑤北京金山云网络技术有限公司；⑥北京金迅瑞博网络技术有限公司；⑦北京汇通金财信息科技有限公司。

在创新密度与创新广度的前列企业对比中不难看出，在中关村这一创新生态系统中，科研院所与国有大型企业有着较高的创新广度和广泛的创新合作关系。这与这两类企业拥有较多的创新合作资源，且与外部企业维持着较为密切的联系有关。而大型集团公司及其下属子公司、特定高投入行业（如航空、铁路）创新强度较高。集团内部建立的信任与合作机制是外部企业所不能比拟的，企业间建立的投资关系在加强企业间资本合作的同时，也无形中加强了企业信任。而企业集团内的信任关系强化了企业间的技术交流与合作。

6.2.4 创新深度：创新主体信息控制能力促进网络效应发挥

由图 6-5 可知，在创新网络中起中介作用的主要是科研院所及由国家控制的重点行业。科研院所主要从事基础创新工作，对于高新技术企业的研发活动起着重要的基础性作用，科研院所的基础创新实力是其联结高新技术企业的重要优势。而电力、建筑等行业涉及的技术范围广，不局限于单一领域，且国有企业所具有的信息与控制优势使得此类企业常常在其创新网络中扮演着重要的作用。由以上分析可以发现，为推动创新生态系统的发展，一些大型重点行业企业以及基础创新的科研机构还是要发挥主要的推动作用，充分利用自身的信息优势和控制优势，吸引网络中其他主体与其进行创新合作，降低其他主体的创新难度，促进整体网络中创新活动的发展（图 6-6）。

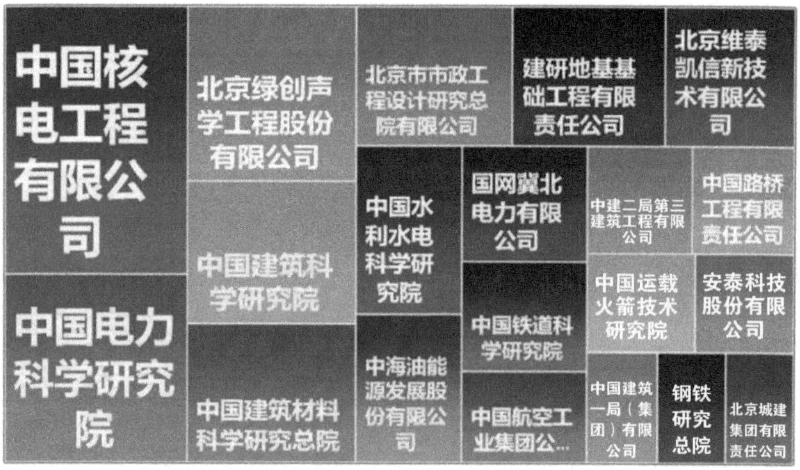

图 6-5　IETTN 网络基于 RFWA 算法的点介数前 20 企业树状图

综合以上分析，基本证实了我们的研究假设。在创新生态系统中，企业间的合作中发挥作用最大的还是通过基础创新吸引大量研发合作的科研院所及其所支

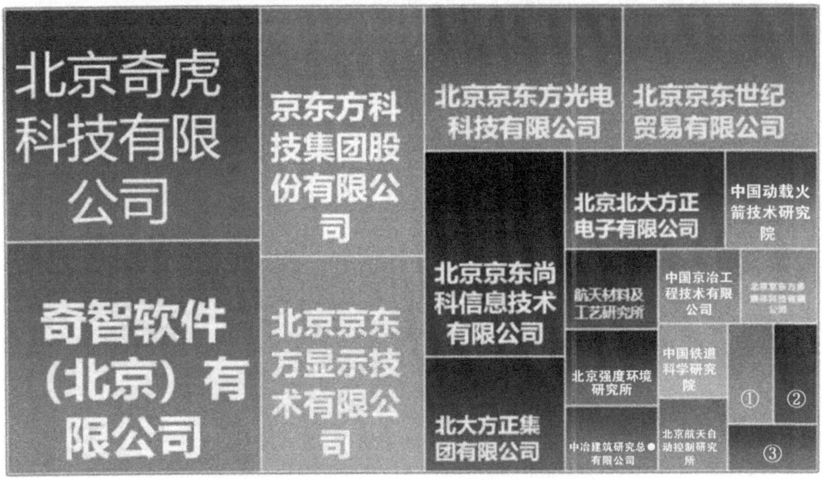

图 6-6　IETTN 网络基于 RFWA 算法的紧密中心性前 20 企业树状图

注：①北京京东方茶谷电子有限公司；②北京市华铁信息技术开发总公司；③北京锐驰国铁智能运输系统工程技术有限公司。

持创建的高新技术企业，以及有充足资金与规模支持的大型国有企业及其下属子公司，而对于其他小微型高新技术企业，它们的创新合作还处于萌芽阶段，未形成具有影响力的趋势。目前企业间创新合作大多投资导向，通常在同一控股下的集团内部进行合作研发，大型国有企业集团的创新合作也局限于集团内部的合作专利申请，没有发挥对于园区整体的合作申请带动作用。

6.3　投融资双模式网络指标分析

6.3.1　创新广度：企业融资渠道不畅增强系统初始投资风险

1）科技企业融资多具有初始风险投资属性

与商业银行、资本市场等传统融资渠道不同，科技企业融资模式更为多元且具有初始风险投资属性。IECN 模型中节点出度排名前 20 的企业中主要涉及科技推广和应用服务业、土木建筑类、商业服务业、以及通信产品服务业（图 6-7）。这些企业大多是由国有企业出资建成，如中科虹霸、中关村医疗器械园、中寰卫星等，为产业园区提供了资金、技术、平台、市场导向的大量投资，培育了大批高成长性的企业，促进了园区的快速发展。国有企业资金实力较为雄厚，在投资中形成紧密的合作关系，对创新企业融资有极大的帮助，且他们形成密切的投资合作，可以分担资金风险，增强其投资稳健性。

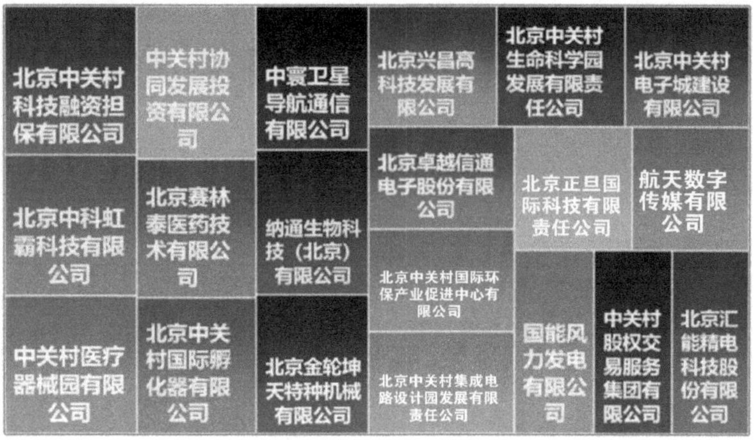

图 6-7　IECN 网络出度前 20 企业树状图

从园区内企业被投资企业来看，FECN 模型中节点入度排名前 20 的高新技术企业绝大多数仍为电子信息企业且数量高达 17 家，此外还有 7 家企业属于国有企业（图 6-8）。其中中关村发展集团是北京市落实国家关于“建设中关村科学城”的批复精神，开展园区建设、投融资活动的重要载体。北京兴昌高科技发展总公司是昌平区园区开发公司，功能与中关村发展集团类似。

图 6-8　FECN 网络入度前 20 企业树状图

2）通过资本市场获得创新资金渠道不通畅

根据调查显示，利用企业自有资金作为创新资金的来源仍是主要趋势，其次是银行贷款、政府专项资金，而通过股市投资、国内外风险投资、发行债券等渠道进行创新的比例仍较少。通过资本市场获得创新资金、推动高新技术企业创新发展的渠道仍然很不通畅。而金融机构正是拓宽这一渠道的重要中介组织。中关村虽然在金融机构数量上具有明显优势，但现有金融机构在企业创新资金需要与投资人的资金储备之间还未建立良好的信息渠道，难以发挥资本市场对于创新的强大推动作用。

6.3.2　创新强度：国有企业融资垄断对民营企业造成挤出效应

从图6-9与图6-10中可以看出，中关村园区内投资机构在投资过程中占主动地位较多，累计合作关系更强，在金融活动中也更为稳定。

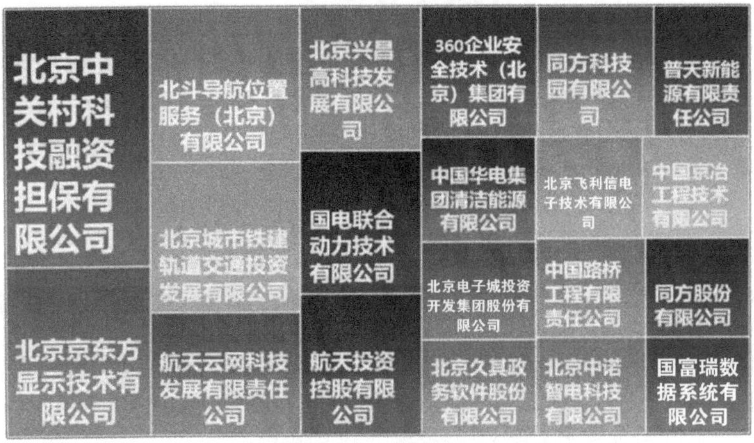

图6-9　IECN网络点权（出）前20企业树状图

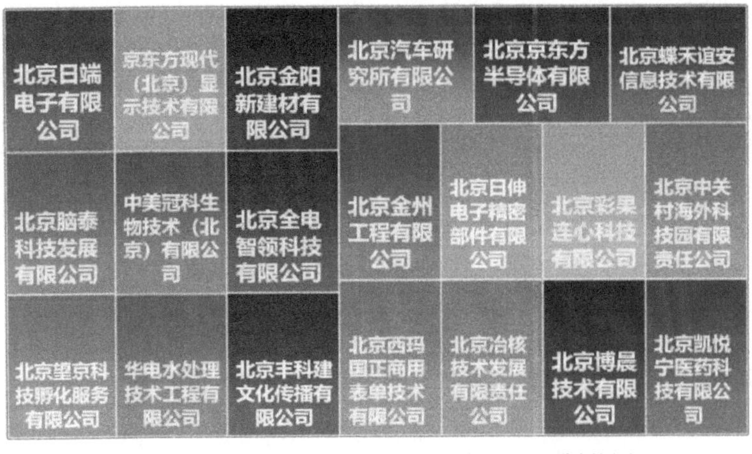

图6-10　IECN网络点权（入）前20企业树状图

排名前二十的投资融资创新主体单位权合作都大于0.95，合作质量极高（图6-11，图6-12）。这说明在创新科技园区内的企业合作关系密切，合作意向较强，信息流动丰富有效，为园区内企业创新提更多机遇。

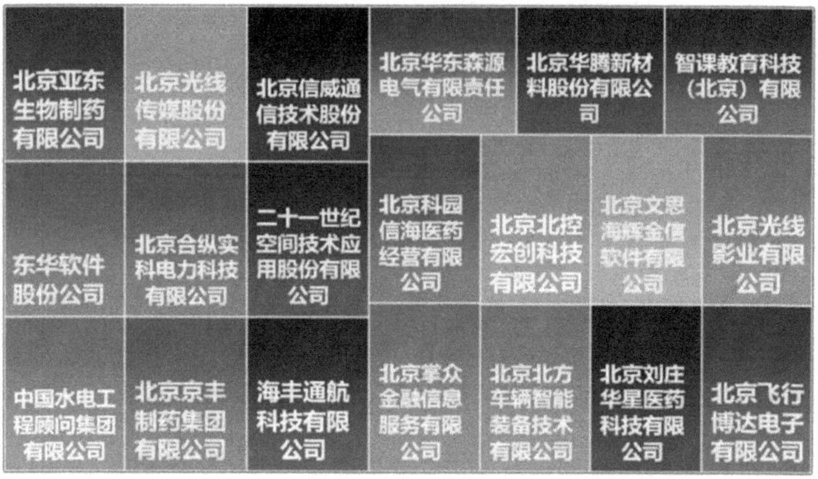

图6-11　IECN网络单位权（出）前20企业树状图

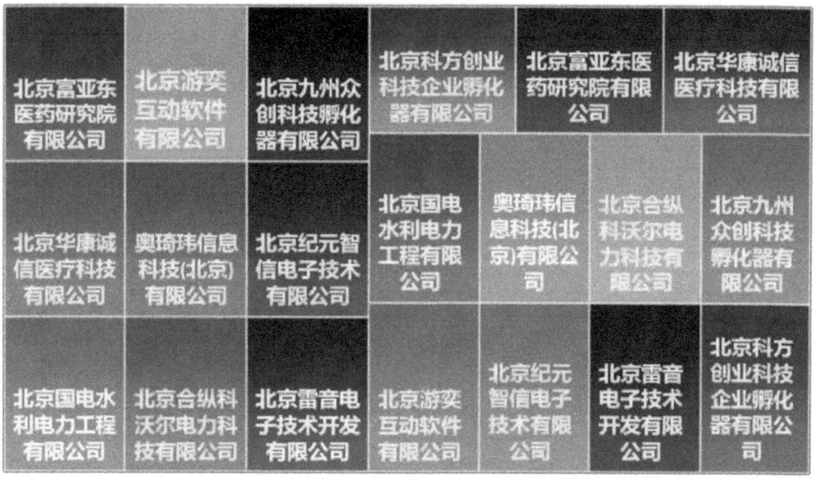

图6-12　IECN网络单位权（入）前20企业树状图

FECN模型中节点出权排名前20的企业大多数为实力丰厚的国资企业，而入权排名前20的企业主要为电子信息类的高新中小型企业（图6-13，图6-14）。

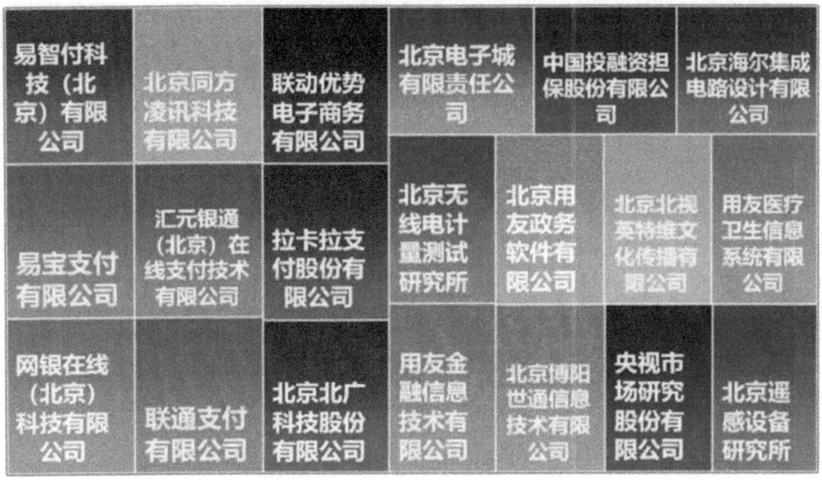

图 6-13　FECN 网络点权（入）前 20 企业树状图

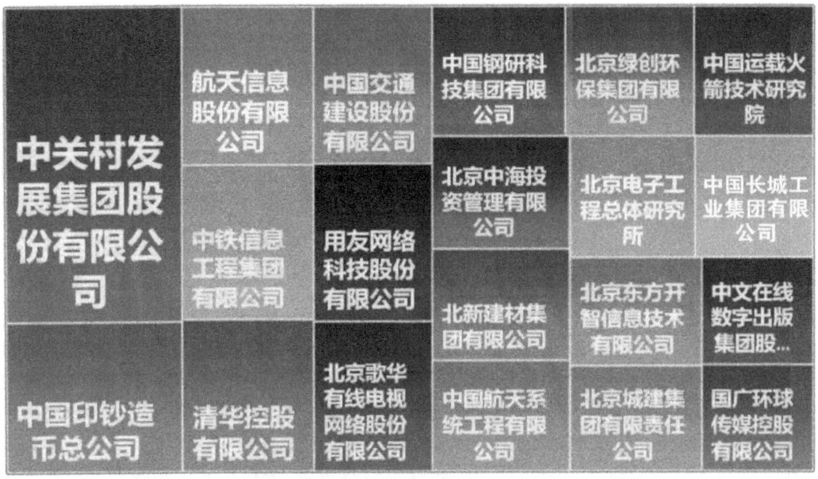

图 6-14　FECN 网络点权（出）前 20 企业树状图

1）国有企业在融资方面的垄断优势可能会产生挤出效应

在我国现行经济体制下，国有企业必然是政府实现经济战略的关键，像中国印钞造币总公司、中铁信息工程集团等国有集团公司。因为产权性质以及经济地位和作用的特殊性，使得国有企业在资源获取上具有显著的优势。从另一方面讲，民营或私有的中小企业则更容易在同类企业的融资过程中产生间接竞争关系。国有企业强大的融资能力，可能会产生挤出效应，提高了民营科技企业的融资难度，有限的资金更多地流向大型国有企业。大型国有企业较民营企业拥有更多获得政府资金扶持的渠道且竞争压力较小，投资机构在投资时更倾向于信任有较多资金储备与较长发展历史的大型国有企业，而民营企业，尤其是创业初期，有较高创新技术但还未取得一定经营成果的企业则较难获得投资机构信任。因此应出台针对性政策，鼓励和支持民营企业，引导两类企业有序竞争与融合，避免国有企业“与民争利”，促进园区内融资环境的健康发展。

2）政策性金融能有效弥补企业间信息不对称

拥有国有背景的投资机构在投资融资关系中发挥着调节的作用，这类企业的度值也在高新技术企业中处于领先地位。在功能催化的机制中，政策性金融可以有效弥补投资融资企业间信息的不对称问题。此外，政策类公司，如园区融资担保公司①、孵化器②、园区运营管理公司③作为高新区创新主体的重要组成部分，通过投资融资机制建立了与企业之间的资本纽带，对强化企业服务、提供非财税类的政策支持具有重要作用，起到了稳定器和加速器的作用。

6.3.3 创新密度：资本合作依赖于网络中部分重要枢纽企业

图6-15显示了IECN模型中集聚系数排名前20的高新技术企业，图6-16展示了FECN模型中焦聚系数排名前20的高新技术企业。除信息技术公司之外，还主要包括了房屋建筑类及环境保护技术公司，例如中交工程、建工环境修复、中持水务等。这些企业的存在为园区内各种新技术、新产品、新业态的涌现创造了良好的创新环境。

---

① 北京中关村科技融资担保有限公司成立于1999年，是北京市政府批准设立的国有政策性专业担保机构，中关村国家自主创新示范区科技金融政策的重要实施渠道。作为中关村发展集团的控股子公司，北京中关村科技融资担保有限公司一直以来坚持服务科技及现代服务业中小微企业。目前公司注册资本17.03亿元，净资产24.5亿元，总资产48亿元，具备年320亿以上的担保能力，资本市场主体信用评级AA+，已经累计为28 600余家科技型中小微企业担保项目提供近1800亿元的担保服务，服务客户中550余家企业在国内外资本市场成功上市（含新三板）。

② 北京中关村国际孵化器有限公司创立于2000年12月，是科学技术部认定的“国家级高新技术创业服务中心”及创新基金服务机构。按照“政府引导，市场运作”的模式，国际孵化园利用政府及社会资源优势，为留学人员归国创业提供“孵化+创投”的全方位服务，并评选为“北京市优秀科技中介机构”。中关村国际孵化园积极引入工商注册、法律、会计、知识产权、人才服务、信用评估、媒体策划等中介机构，搭建产学研和技术共享服务平台，举办产品推介会和企业家沙龙，争取政府资助，设立贷款担保保证金和投资基金，带动风险投资，为企业走向成功铺路搭桥。

③ 北京中关村电子城建设有限公司成立于2002年，是为保证电子城西区建设能够高质高效地完成，根据北京市政府和中关村管委会的要求，专门成立的承担中关村电子城西区、北区的开发建设和招商引资职能的专业开发公司。公司注册资本12.1亿元，总资产约48亿元，2010年底并入北京市新成立的中关村发展集团，成为其控股子公司。

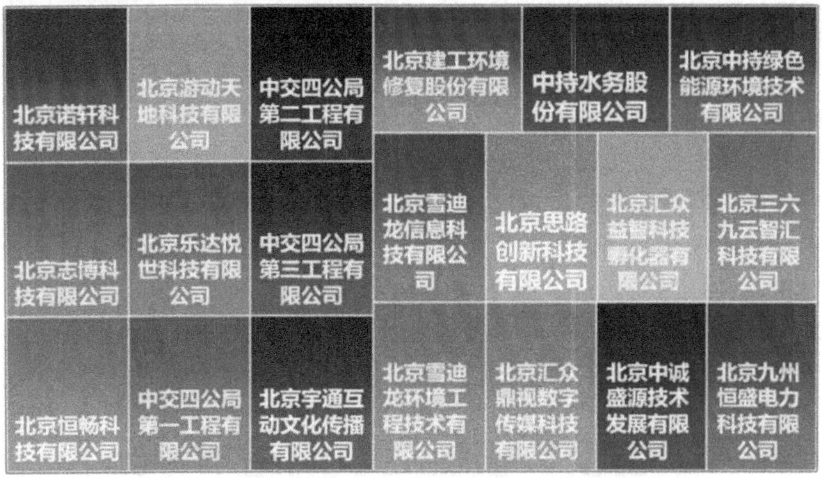

图 6-15　IECN 网络加权集聚系数前 20 企业树状图

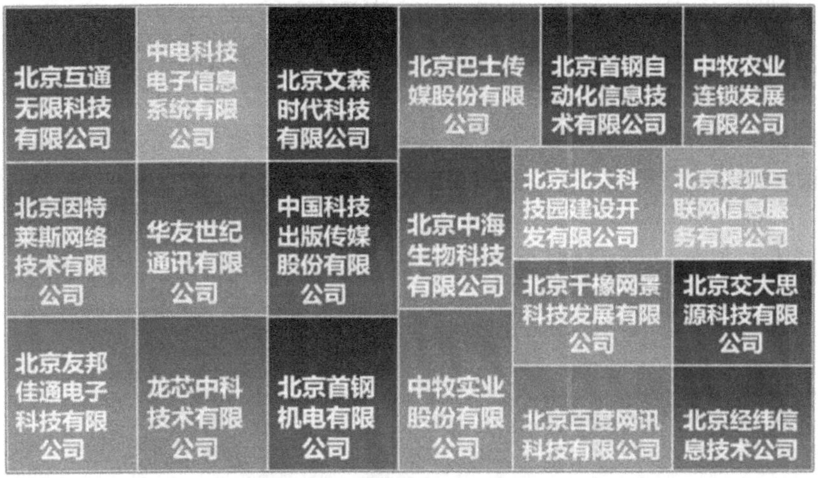

图 6-16　FECN 网络加权集聚系数前 20 企业树状图

1）创新密度高企业是投融资网络的重要枢纽

创新密度较高的企业在合作中可以通过交换融资企业的信息，并对融资企业情况进行反馈，增加了网络中资源的合理利用。如中交四局有限公司，是中交通股份的全资子公司。

2）缺乏系统的资本市场服务平台

系统的资本市场服务平台对于拓宽企业融资渠道，为处于资金需要的企业提供各项专业化服务发挥着重要的作用。调研中发现，目前中关村已经聚集了较多的金融机构，但还未形成系统的资本市场服务平台，投资机构在投资网络模型中还未发挥全面的作用。

从以上分析可以得出，国有企业和商业服务类企业的聚集为科技企业发展和投资融资提供了重要的平台支撑，具有全国影响力的高新技术企业和建设类企业的存在为中关村创新生态内部投融资活动的形成与发展奠定了基础。中关村的创新生态中投资融资活动较多，也已经形成了一定产业集群，但大多数投资融资活动都是围绕着较成熟的科技创新企业和国有企业展开的。中小型高新企业之间的投资行为和融资强度都较弱，这主要是由于中小型企业的影响力较小，实力较弱，因此没有足够的资金去投资其他企业或足够的竞争力来获得融资，存在不同的投资融资失衡现象。

6.4 创新价值链竞争网络指标分析

6.4.1 创新广度：电子信息行业和民营企业市场竞争较为激烈

1）电子信息行业竞争范围较大

从图 6-17 来看，IVCCN 模型节点度排名前 20 的企业全部为电子信息类领域企业。相较于其他高新技术产业，电子信息类产品的应用范围广泛、种类繁多、可替代性较强；产品升级换代迅速、生命周期短、变更频繁、版本控制复杂也是行业重要特点。基于电子信息类产品较高的需求弹性和时效性，电子信息行业很

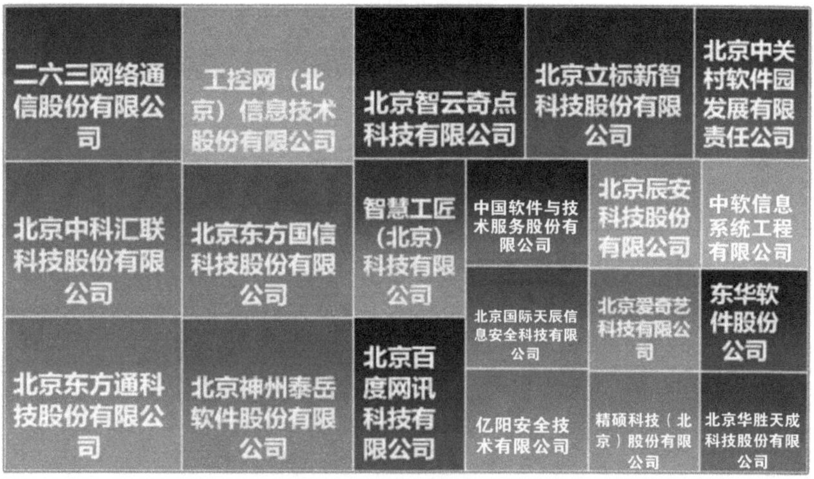

图 6-17　IVCCN 网络节点度值前 20 企业树状图

难形成垄断经济，行业竞争随着技术研发越来越激烈。电子信息行业具有其特殊的竞争特点，传统的经济是由规模经济驱动的，但是电子信息的驱动力量主要是网络经济。这个行业中的企业，对一名用户的价值取决于该企业产品的其余用户数量，因此这种网络“择优连接”的特征使其形成了一种“强越强，弱越弱”的正反馈，在优胜劣汰的竞争机制下，创新广度较强的企业在市场上有众多的竞争者，从而使其面临增强自身创新能力的需要，不然就会面临市场的淘汰，这是市场在资源配置中发挥作用的主要表现。而竞争也是合作的催化剂，电子与信息领域的竞争态势也促进了企业间合作的机会，从而可以推测电子信息领域企业合作网络的连接度也强于其他类型企业。

2）民营企业的竞争活力较强

在排名前20的企业中，只有中国软件与技术服务股份有限公司（18465）、北京国信天辰信息安全科技有限公司（5085）、中软信息系统工程有限公司（21925）3家企业具有国有资本背景，且分别排在第12、第13、第16位。由此可见，在创新生态系统中，民营企业在竞争方面的创新活力高于国有企业，如排名第1的二六三网络通信股份有限公司（10466）。以二六三网络通信股份有限公司为代表的通信企业，和以北京中科汇联科技股份有限公司为代表的互联网企业，对于企业资源和技术能力都有较高的要求，且产品重合程度较高。企业在经营过程中，注重其技术研发能力和专利的获得情况，提升业务技术能力的主要途径为自主研发和收购兼并。企业的自主研发会面临企业自身创新能力与资源的限制，收购兼并在电子信息行业颇为普遍，这是增强企业创新能力的重要渠道，在产品上的重叠使得企业在兼并时更易整合协调，协同发展。

6.4.2 创新密度：高竞争强度促进区域进入良性创新发展阶段

由IVCCN模型的集聚系数可以发现，在有竞争关系的5927个创新主体中，47.65%的创新主体集聚系数为1；而78.17%创新主体的集聚系数在0.5及以上，这说明在创新生态中高新技术企业间竞争密度较高，这与中关村带来的高新技术企业集聚有关。中关村的高新技术企业中电子与信息技术领域占据大多数，而在该领域内随着近年“互联网+”的兴起，形成了大批互联网企业的同时也带来了高度的竞争态势。互联网企业提供的服务与产品差别化程度较低，极易形成竞争。高竞争密度激励了高新技术企业的发展，在高新技术园区内形成了良好的追赶风尚，这种竞争态势使得优势企业在竞争中获取更多资源而处于劣势地位的企业会在竞争中逐渐失去市场，市场竞争通过这一机制优化市场资源配置，将企业数量控制在合理区间从而避免了企业多而不强的情况。竞争企业间如何化竞争为发展动力与合作基础是高新技术园区发展的重要方向，企业在竞争中自主研发、兼并重组或者通过合作协同发展，将竞争转化为发展的动力，同时高度的竞争态势也强调了政府对于企业间竞争管理的重要性以防止恶性竞争。

6.4.3 创新深度：互联网企业成为促进科技文化融合核心力量

图6-18 汇总了 IVCCN 模型中节点介数中心性排名前20 的高新技术企业，介数中心性反映了创新主体在创新生态系统中的关键作用。由图6-18 可知，在排名前20 的企业中，互联网企业占据很大比例，这表明在竞争网络中起中介作用的主要为互联网企业。

图6-18　IVCCN 网络点介数前20 企业树状图

互联网企业的数量众多，而介数中心性较大的企业在网络中起到的平台与中介作用使其在竞争中可以发挥多方面的优势，从而在激烈的竞争中获得生存空间。例如，北京百度网讯科技有限公司（3943）的介数中心性数值远高于其他企业，在网络中起最主要的中介作用。百度网讯是百度旗下公司，作为全球最大中文搜索引擎，该公司涉及的领域非常广泛，在企业间的竞争中承担了平台性作用。同时，以百度网讯（3943）、奇虎科技（12971）为代表的具有云计算业务领域的企业，及以中科汇联（10491）为代表的具有大数据业务领域的企业，以其广泛的信息优势为创新网络起到中介性作用。

综合图6-17 和图6-18 来看，既排在网络节点度前20 名又排在介数中心性前20 名的企业共有6 家，分别是中科汇联（10491）、工控网（13850）、东方国信（13734）、智云奇点（23142）、百度网讯（3943）和爱奇艺（13402），这些公司无一例外都是互联网企业。近年来，互联网企业呈现研发投入持续增高并支撑实体产业发展的趋势。综合以上分析可以发现，互联网企业在创新网络中具有至关重要的作用，为推动创新生态系统发展，应不断推动互联网企业创新研发能力的提升，充分发挥互联网企业的平台和中介作用。

综合以上分析，可以得出企业间的竞争对企业创新具有良性作用。首先，在十大技术领域中，电子与信息产业起到基础性作用，通过与其他领域竞争的方式推动各大技术领域创新能力的提升。其次，在电子与信息产业内，鉴于其特殊的行业特征，该行业的竞争强度较大，创新能力在十大领域中排行前列。而其独特的竞争特点也带来了“强越强，弱越弱”的合作特点。在竞争网络中，民营企业不同于国有企业，由于其没有相对稳定的客户群，民营企业的竞争强度要大于国有企业，从而导致了在产品竞争方面，民营企业的创新广度高于国有企业。竞争网络的形成与互联网企业的贡献密不可分，从创新要素传导效率来看，在整个竞争网络中，互联网企业起到了极其重要的传导作用。

6.5 本章小结

本章为实证分析部分，通过统计物理学工具分析创新主体对外界环境所具有的现实影响力与支配力，反映创新主体对商业环境的主动适应性。针对三个创新网络，本章设计了基于复杂网络指标的分析框架，并结合社会网络分析概念，将指标分为四大类：创新广度（度）、创新强度（点权与边权）、创新密度（集聚系数）和创新深度（介数中心性）。在技术转移协作网络中，大型国有企业与跨国企业在创新网络中占据核心地位，但网络中大部分节点仍是本土的中小企业，自主知识产权技术和产品的研发投入相对偏低，没有充分利用好高新区创新网络丰富的科技资源优势，对网络的整体作用较弱，并且高新技术企业的技术合作多集中于产业内部，跨产业的技术合作较少。这一现象在投资融资双模式网络模型中也有体现。在投资融资关系中，大型成熟的高新技术企业与大型国有企业无论是在投资行为还是融资能力中都处于领先地位，而亟需支持的小型企业在融资上面临极大的困境。同时投资融资关系也没有脱离地域的限制。在创新价值链竞争网络模型中，园区与技术领域发展的不均衡尤为突出。海淀园在中关村十六园中处于领先地位，创新节点数量与关联都领先于其他园区，而电子与信息领域是中关村十大技术领域中关键领域，且不同技术领域创新实力相差较大。根据前章分析，中关村创新生态系统正处于成长期，创新网络成长迅速且技术扩散效应明显，产业集聚现象普遍；但也存在着园区与技术领域发展不平衡、核心节点未发挥关键作用及中小企业创新发展的支撑力量不足等问题。

7 高新区创新生态系统的创新影响要素分析

本章运用计量经济学工具分析中关村创新生态系统的发展趋势与规律，挖掘影响高新技术企业交互式创新活动的内在和外在影响机理，探索技术、资本、市场和政策环境等关键因素对创新发展的影响程度。

7.1 数据来源与研究方法

7.1.1 研究指标的选取

基于传统的评价指标体系，根据指标构建的科学性、系统性和可操作性原则，本书主要从网络指标、企业要素投入指标、环境要素指标三个维度来构建针对企业自身及创新生态系统构成要素的创新绩效评价指标体系。

7.1.1.1 网络结构性指标

企业的创新绩效受到其创新生态网络结构的重要影响。企业的技术协作、资本运作和市场竞争反映了系统内企业与企业以及企业与整个创新园区的相互关联，对企业的创新产出均具有显著影响。企业的网络结构测度指标是表征创新生态环境的重要度量，因此，本书将三个网络模型中企业的网络结构测度指标作为影响企业创新产出的结构性指标。

1）技术转移协作网络（IETTN）

使用企业在该网络中的节点度、点权、单位权、边权差异性、加权集聚系数和介数中心性来度量企业在技术协助中的重要性及其协同关系。

（1）度（K_1）：表示与该企业存在技术创新协作关系的企业数量。节点度的大小反映了创新主体在创新网络中对其直接相关主体的影响范围。度值越大，其在网络中的重要性越高，说明技术协作伙伴越多。

（2）点权（S_1）：是一个企业边权的总和，点权值将一个创新主体与其他主体之间的技术合作强度进行了量化，体现了它在创新生态系统中的技术协同创新能力。

（3）单位权（Z_1）：定义为企业的平均点权强度，描述了企业权重的平均程度，反映了企业开展协同创新的质量。

（4）边权差异性（Y_1）：描述了与创新主体相关的技术协同关系强度的离散程度，能够反映企业在创新系统中发挥技术扩散作用的稳定性。当某个创新主体与其他创新主体的协同创新活动差异程度很大时，它的行业特征会更为显著，其创新领域也更加集中。

（5）加权集聚系数（C^W）：创新主体的加权集聚系数表现了企业创新协作的集聚特性。当该指标相对较大时，企业的协作主体间的关联强度更高，创新系统的社团化更明显。

（6）介数中心性（C_B^{RFWA}）：衡量创新企业在创新网络中的中介传导作用。该指标越大，说明其在创新网络中的中介作用越高，其在创新网络中越重要，地位也越高。

2）投资融资双模式网络（IFTMN）

使用企业在该网络中的节点度、点权、单位权和边权差异性度量企业在企业投资融资关系中的重要作用。

（1）度（K_2）：选取出度和入度两个指标。其中，创新企业的出度K^{OUT}表示其投资企业的数量，入度K^{IN}表示其融资企业的数量。一个企业的出度较高说明该企业投资活动较活跃，对外投资企业数量多；其入度较高说明该企业获得较多外部企业投资，在融资上占据较大优势。

（2）点权（S_2）：对于有向加权网络，点权分为出权和入权。出权表示某企业在投资过程中对其所有投资企业的累计投资强度，而入权则是被投资企业获得所有外部融资的累计融资强度。

（3）单位权（Z_2）：单位权用来度量创新主体合作/竞争的质量。出向单位权较高说明企业在对外投资时倾向于将大量资金投资于少数企业，与特定企业形成密切的资金投入。入向单位权较高说明企业在接受融资时，通常受到固定少数企业的大量资金投入。

（4）边权差异性（Y_2）：衡量创新主体的合作/竞争企业的差异程度。当出向边权差异性较高时，企业在投资活动中体现出明显的倾向性，其投资的企业局限于同一资本控制下的企业。入向单位差异性较高说明企业在融资活动中融资来源较为单一，实际融资中可能多为集团内部资金，对外部资金的吸引力较低。

3）企业产品竞争网络（IVCCN）

使用企业在该网络中的节点度、点权、单位权、边权差异性、加权集聚系数、介数中心性和紧密中心性来度量企业在市场竞争中的重要地位及其竞争关系。

(1) 度 (K_3)：表示与该企业存在竞争关系的企业数量，创新企业的度越大，说明企业竞争对手数量越多。

(2) 集聚系数 (C)：衡量的是网络的集团化程度，即网络中节点主体之间的熟悉程度，定量数值等于这些相邻节点间实际存在的边数与最大可能存在的边数的比例。企业的集聚系数越高说明在产业集群状态下，该企业与产业集群企业之间展开竞争的密集程度较高。

(3) 介数中心性 (C_B)：衡量了一个节点对其他节点之间信息流动产生的中转作用，介数较大的节点对创新价值链起到至关重要的作用，如果被移除或者被限制，则会对网络拓扑结构功能产生较大影响。

(4) 紧密中心性 (C_C)：等于该企业到其他所有企业的平均路径长度的倒数，反映了其在网络拓扑结构的紧密性和中心程度。紧密中心性越高，它到其他所有节点的平均路径长度越短，越具有位置优势。

7.1.1.2 资本要素投入指标

根据传统经济学理论，企业的创新产出受到其资本投入和劳动力投入的重要影响。其中，资本要素投入主要包括：①企业内部用于科技活动经费支出合计；②委托外单位开展科技活动的经费支出合计；③当年形成用于科技活动的固定资产。劳动力投入则主要包括：①企业的科技活动人员数；②从业期末人数。一般情况下，企业对于创新领域的资本投入和人力投入越高，其创新产出就越高，反之，当企业缺乏资本投入和劳动力投入时，其创新产出则会相对较少。

7.1.1.3 环境要素指标

环境要素主要指的是企业所属高新区的经济、社会发展状况以及政府对企业的政策性支持力度，主要包括：

(1) 区域 GDP：体现了该区域的综合经济发展水平，是区域发展阶段的集中体现。

(2) 固定资产投资额：体现了该区域用于基本设施建设、更新改造、扩建修理及其他固定资产投资等。反映区域对于科技创新的固定资产投资强度。

(3) 实际利用外资额：体现了该区域的对外开放程度，反映区域利用外资开展创新的水平。

(4) 孵化器数量：企业孵化器能够为创业者提供创业支持服务，反映区域创新创业活动的繁荣程度。

(5) 创新文化投入：指财政支出中用于发展文化艺术、传播科学知识的经费支出，反映区域创新文化的投入程度。

（6）政府科技投入：指财政用于支持科学研究的经费支出，反映区域科技投入程度。

（7）新增企业数量：指当年新注册企业数量，反映该区域的市场活力。

综上所述，我们一共选取了 33 个影响因素指标，其中网络结构测度指标 21 个，资本投入和劳动力投入指标 5 个，环境指标 7 个，具体如表 7-1 所示。接下来，我们将分析这些影响因素指标对企业创新产出（包括企业专利申请数量、企业创新技术收入）的作用机理。

表 7-1　影响因素指标及回归方程自变量解释

变量分类	变量	指标	变量分类	变量	指标
x_1 IETTN 指标	v1	K	x_1 IVCCN 指标	v17	Z
	v2	S		v18	Y
	v3	Z		v19	C
	v4	Y		v20	C_C
	v5	C^W		v21	C_B
	v6	C_B	x_2 企业要素投入指标	v22	企业内部科技活动经费
x_1 IFTMN 指标	v7	K^{IN}		v23	委托外单位科技活动经费
	v8	K^{OUT}		v24	用于科技活动的固定资产
	v9	S^{IN}		v25	科技活动人员
	v10	S^{OUT}		v26	从业人员人数
	v11	Z^{IN}	x_3 环境指标	v27	区域 GDP
	v12	Z^{OUT}		v28	固定资产投资额
	v13	Y^{IN}		v29	实际利用外资源
	v14	Y^{OUT}		v30	孵化器数量
x_1 IVCCN 指标	v15	K		v31	创新文化投入
	v16	S		v32	政府科技投入
				v33	当年新增企业数量

7.1.2　创新绩效测算模型

构造企业创新产出能力与各指标之间的函数关系，如方程（7-1）所示：

$$y_{ij}=\alpha+\beta_1 x_{1,i}+\beta_2 x_{2,i}+\beta_3 x_{3,i}+\varepsilon_i \tag{7-1}$$

式中，$i=1$，2，…，n，表示每个企业；$j=1$，2，分别表示企业的专利申请数量与创新技术收入；标量 α 为截距项；$\beta_1 x_{1,i}+\beta_2 x_{2,i}+\beta_3 x_{3,i}$表示回归成分，指各影响因素对企业创新或产出的作用，如表 7-1 所示，$x_{1,i}$表示企业的网络结构测度指标，$x_{2,i}$表示企业的投入要素指标，$x_{3,i}$表示企业的环境因素；ε_t表示误差项，包括了随机误差以及未包含的影响因素对因变量的影响。

7.1.3 创新绩效测算模型的求解

由于方程（7-1）中自变量较多，变量间存在多重共线性，普通的 OLS 无法精确估计各自变量对因变量的影响系数。同时，我们希望在模型中尽可能将所有影响因素保留，除非该变量对因变量不产生影响。这里采用逐步回归模型确定影响结果。具体参考董现垒的方法[172]，求解步骤如下：

（1）基于 Spike-slab 稀疏函数对自变量 X 进行随机抽样，获得 X 的一个样本，记为X_γ。

（2）构建逐步回归模型，利用X_γ对因变量 y 进行回归。获得在指定显著性水平下的回归结果（本书中的显著性水平取 0.05）。

（3）重复步骤 1 和步骤 2 足够多次，对所有通过检验的回归结果求均值，获得方程（7-1）中所有参数的估计值。

下面是具体的步骤。首先，记自变量 X 的系数为列向量$\beta=(\beta_j)$。根据 β 构造 $\gamma=(\gamma_j)$，其中，当$\beta_j=0$ 时，令$\gamma_j=0$；反之当$\beta_j\neq 0$ 时，令$\gamma_j=1$。通常可以基于 Bernoulli 分布构造 γ，如方程（7-2）所示

$$\gamma \sim p_j^{\gamma_j}(1-p_j)^{1-\gamma_j},\ j=1,\ 2,\ \cdots,\ 122 \tag{7-2}$$

式中，p_j表示一个先验概率。比如，对于每个逐步回归模型，当希望其中自变量的期望个数为 m 时，可以令$p_j=\dfrac{m}{n}$，其中 n 表示所自变量的总个数。然后根据方程（7-2），抽样获得一个先验的 γ，然后根据$\gamma_j=1$ 选取相应的$\beta_j\neq 0$ 的变量x_j，记为集合X_γ，即为当前逐步回归的自变量样本。在求解过程中，由于用于求解的数据仅包含两个行政区的企业相关数据，所以在求解时，每次获取自变量的子集时环境指标至多包含 1 个。

其次，构建逐步回归模型，估计模型 $y=f(X_\gamma)$ 中各参数的值，获得当前X_γ对应的回归系数 β 及 α 的拟合值。逐步回归法可保证保留在模型中的变量均是对因变量有显著影响的自变量，且消除了多重共线性。

最后，重复抽样足够多次（本书抽取了 10 000 次）以保证模型收敛。记第 i 次逐步回归的回归参数为$\varphi^{(i)}=(\alpha,\ \beta)^{(i)}$，于是可以得到一系列的拟合结果$(\varphi^{(i)})$。统计所有回归系数的均值，将其作为自变量的最终估计系数，即令 $\bar{\varphi}=$

$\sum_{i=1}^{N} \varphi^{(i)}/N$。于是，各影响要素与企业创新及产出之间的拟合关系如方程（7-3）所示

$$\widehat{y_i} = \bar{\alpha} + \bar{\beta}_1 v_{i,1} + \bar{\beta}_2 v_{i,2} + \cdots + \bar{\beta}_{26} v_{i,26} \tag{7-3}$$

7.2 创新绩效的影响因素分析

选取 2015 ~ 2016 年中关村朝阳园、丰台园共 571 个企业作为数据对象，其技术领域涉及电子与信息技术、航空航天技术、核应用技术、环境保护技术、生物工程和新医药技术、先进制造技术、现代农业技术动植物优良新品种、新材料及应用技术、新能源与高效节能技术以及与上述十大领域配套的相关技术产品和适合首都经济发展特点的其他高新技术及其产品相关领域。企业涵盖股份有限公司、国有独资企业、国有企业、私营股份有限公司等多种企业经营管理模式。

本书重点研究创新绩效的影响因素及其影响机理。具体地，将企业的创新绩效量化为两个方面：专利申请数和创新技术收入。并研究要素投入、企业在创新生态网络中的结构以及所属高新区的创新环境（或支持度）三方面对企业创新绩效的影响作用。

7.2.1 企业专利申请数量影响因素分析

为了能够展示企业专利申请的数量和估计值的趋势，图 7-1 中删除了 14 个数值过大的企业，回归结果图所示。回归的拟合优度相对较大，拟合值基本能够在趋势上吻合企业实际专利申请数量，说明回归结果相对较好。

表 7-2 列出了各变量的回归系数。研究发现，在网络指标中，IETTN 网络和 IFTMN 网络整体上体现出不同程度的正向影响，而 IVCCN 网络则体现出高度的负向影响。

（1）IFTMN 网络中的入权 SIN 正影响最显著，位列三大维度指标中的第一位，同时此网络中的入向边权差异性 YIN 在所有指标中负向影响最显著。资金与技术合作对于企业专利研发都起到正向的促进作用，而获得充足的资金支持更是企业进行专利研发的重要基础。企业的入权是企业在投资融资关系中获得融资的强度。专利的研发面临着极大的不确定性，资金的短缺会使企业研发的积极性下降，同时也降低了专利研发的成功率。风险分担机制下，企业获得大量的融资分担了企业运营资金不足的危机，增强了企业研发的动力并提高了效率；而通过资本纽带建立的投资融资关系对促进企业间的合作创新同时也具有重要的功能催化

作用，从节约企业研发成本、增加企业投入的边际收益、促进合作网络扩展三个角度实现创新的放大效应。而企业的入向边权差异性高说明企业在融资时获取资金的渠道较为单一，对大量外部资金的吸引程度较弱，其所获资金可能多来源于企业集团内部。融资来源企业的单一增加了投资融资网络的异质性使企业技术研发面临较大的风险，从而降低企业研发的积极性，同时企业集团内部的资金的投入，多包含股权结构调整等目的，并非完全是对企业研发活动的风险分担或者合作创新等，对于企业研发资金的补充效果以及对企业研发活动产生的刺激作用都较弱，没有企业获得多渠道外部融资带来的研发促进作用强。

（2）IVCCN 网络中，各指标影响较小，且多为负向影响。过高的竞争强度对企业的研发活动会带来反向的抑制作用。优胜劣汰机制使高竞争强度下企业面临较小的生存空间，反而压缩企业的研发活动。企业要素投入指标整体上体现出一定程度的正向影响，其中相较而言，企业内部科技活动经费对专利申请数量具有较高的正向影响。在环境要素指标中，除当年新增企业数量体现出负向影响外，其余指标均体现微弱的正向影响。

表 7-2　回归方程自变量及其变量解释（企业专利申请数量，变量显著性水平取 0.05）

变量分类	变量	估计值	弹性系数	变量分类	变量	估计值	弹性系数
x_1 IETTN 指标	K	12.6776	0.3010	x_1 IVCCN 指标	Z	−27.4578	−0.3232
	S	1.1558	0.0723		Y	−0.3511	−0.0009
	Z	11.4161	0.3994		C	−1.1587	−0.0081
	Y	−46.5254	−0.4456		C_C	−13.6969	−0.0269
	C^W	−4.6468	−0.0557		C_B	0.0000	−0.0422
	C_B	0.0215	0.3148	x_2 企业要素投入指标	A	0.0020	0.3071
x_1 IFTMN 指标	K^{IN}	−1.6666	−0.6824		B	−0.0034	−0.0396
	K^{OUT}	7.1136	0.4588		D	0.0241	0.0530
	S^{IN}	0.0002	1.0999		E	−0.0205	−0.1099
	S^{OUT}	0.0000	0.0088		E	0.0000	−0.0001
	Z^{IN}	0.0001	0.5960	x_3 环境要素指标	GDP	0.0000	0.0131
	Z^{OUT}	0.0000	−0.0006		H	0.0002	0.0530
	Y^{IN}	−2.3650	−0.9593		I	0.0000	0.0044
	Y^{OUT}	−2.5373	−0.0902		J	0.0259	0.1394
x_1 IVCCN 指标	K	0.0183	0.0128		L	0.0095	0.0118
	S	0.0263	0.0186		M	0.0149	0.0175
					N	−0.0001	−0.1258

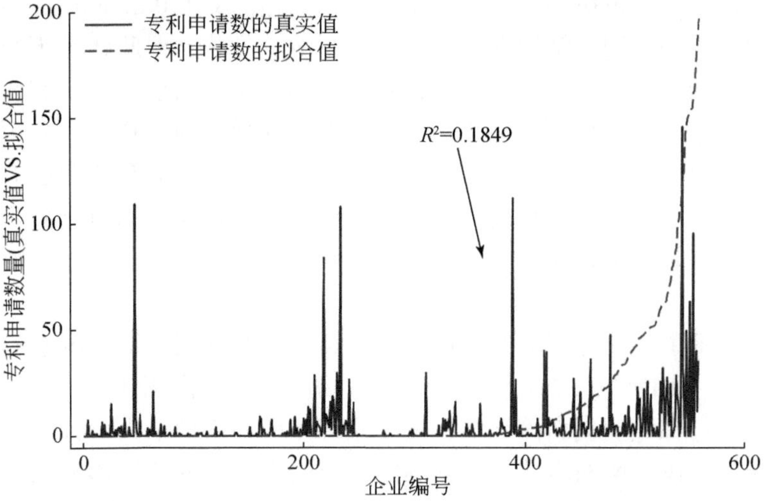

图 7-1　企业专利申请数量实际值与回归方程拟合值的对比

图 7-2 显示了企业网络结构、企业要素投入以及环境要素三个维度的指标对部分专利申请数量相对较高的企业的专利申请数量的具体影响。由图 7-2 可知，企业网络结构测度指标和要素投入指标对企业专利申请数量有显著影响。我们针对编号处于 400～571 的企业，各顺次选取专利申请数最高的 20 个企业和专利申请数最低的 20 个企业，计算平均影响力。其中，专利申请数较高的企业中网络

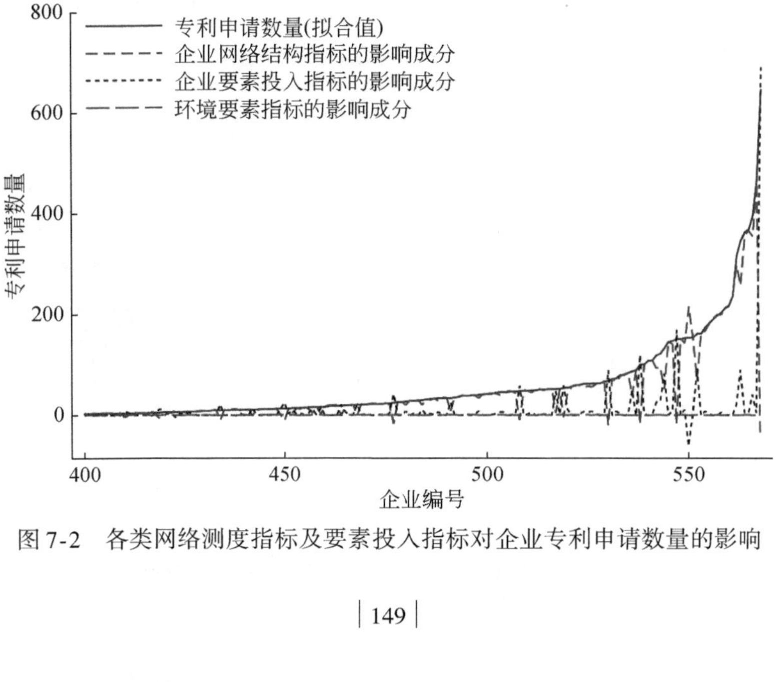

图 7-2　各类网络测度指标及要素投入指标对企业专利申请数量的影响

结构测度指标的平均影响力最显著，大概是要素投入指标的 9.8 倍，而环境要素指标影响力最小，所占份额不足网络结构测度指标的 1/1500。同时，专利申请数较低的企业中，仍是网络结构测度指标平均影响最显著，但此状态下影响力只有要素投入指标的 1.5 倍。直观地说，针对自身创新能力比较强（已有较高专利申请数量）的企业，其在创新网络中的位置和结构比要素投入更重要。因此，企业需要在加大企业要素投入和优化环境要素的同时，不断强化和优化已有的企业创新网络结构以达到专利申请数量的持久增长化；对于目前专利申请数量较少的企业，如何通过调整企业内部的机制结构来达到网络结构的最优化是极其关键的问题。

图 7-3 显示了部分专利申请数量相对较高的企业其网络结构的总影响成分是如何受 IETTN、IFTMN、IVCCN 三大网络结构的影响。由图 7-3 可知，IETTN 网络结构测度指标在企业创新网络结构测度指标中所占份额最大。针对专利申请数量较高的企业，IETTN 网络结构的影响曲线与网络结构的整体影响曲线吻合度极高，对其体现出高度的解释力。我们顺次选取专利申请数量最高和最低的 20 个企业，分析三大网络指标的影响力。结果显示，在专利申请数量较高的企业中，IETTN 网络结构的平均影响力远超过其他两种指标，呈现高度的正相关性；而 IVCCN 网络结构则体现出一定的负向影响，但影响力不足 IETTN 网络结构的 1/50。在专利申请数量较低的企业中，IETTN、IFTMN 网络结构体现出较显著的正向影响，其中 IFTMN 网络结构的平均影响力约是 IETTN 的 1.3 倍，相反，IVCCN 网络结构此时体现出较显著的负向影响，平均影响力大小与 IFTMN 相近。据此，对图 7-3 所示结果进一步阐述，针对专利申请数量较低的企业，就网络结

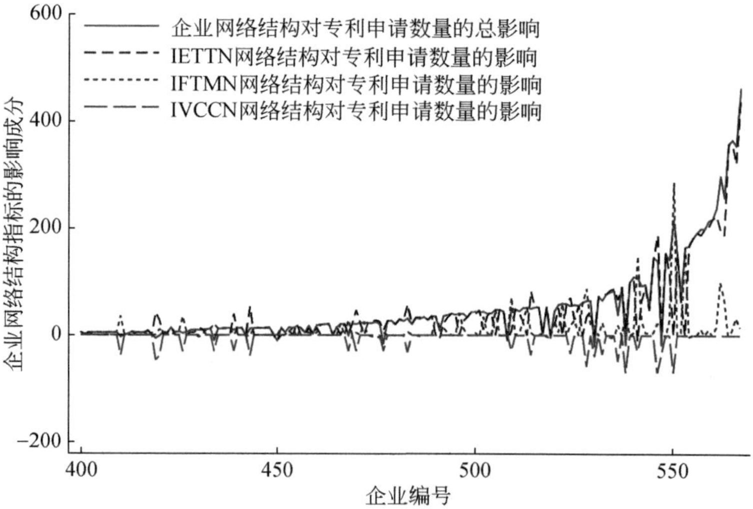

图 7-3　网络结构测度指标对企业专利申请数量的影响

构测度指标这一维度而言，首先需要优化 IETTN 网络结构；而针对专利申请数量较高的企业，需要优化 IFTMN 网络结构和 IVCCN 网络结构，并在此基础上进一步改善并优化已有的 IETTN 网络结构。

图 7-4 显示了部分专利申请数量相对较高的企业其企业要素投入的总影响成分是如何受资本投入（含企业内部科技活动经费、委托外单位科技活动经费、用于科技活动的固定资产）和劳动力投入（含科技活动人员、从业人员人数）两类指标的影响。由图 7-4 可知，资本投入在企业要素投入中所占份额最大，其影响曲线与要素投入总影响曲线整体上具有很高的吻合度。以企业编号为 500 的企业为分段点，编号 400 ~ 500 的企业专利申请数量较低；编号 500 ~ 571 的企业专利申请数量较高。计算可得，前者资本投入的平均影响力大概是劳动力投入的 3 倍多，后者资本投入的平均影响力高达劳动力投入的 8 倍多。据此，对图 7-4 所示结果进一步阐述，针对专利申请数量较低的企业，就企业要素投入指标这一维度而言，首要任务是加大企业的资本投入。同样，针对专利申请数量较高的企业，需要在已有基础上保证足够的资本投入，同时加大劳动力投入以获取专利申请数的最大化。

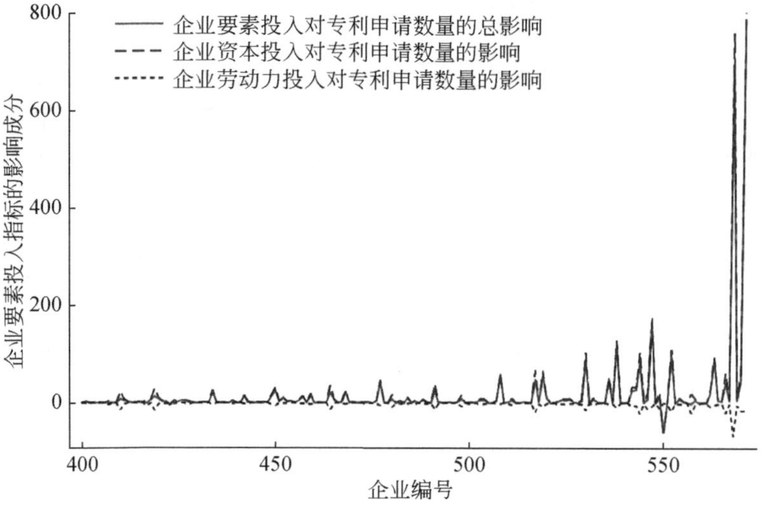

图 7-4　要素投入指标对企业专利申请数量的影响

图 7-5 显示了部分专利申请数量相对较高的企业，其专利申请数量是如何受到环境要素中的 7 个要素指标的影响。由图 7-5 可知，孵化器数量和固定资产投资对专利申请数量具有相对较大的正影响，其他指标对专利申请数量的影响则相对较小。

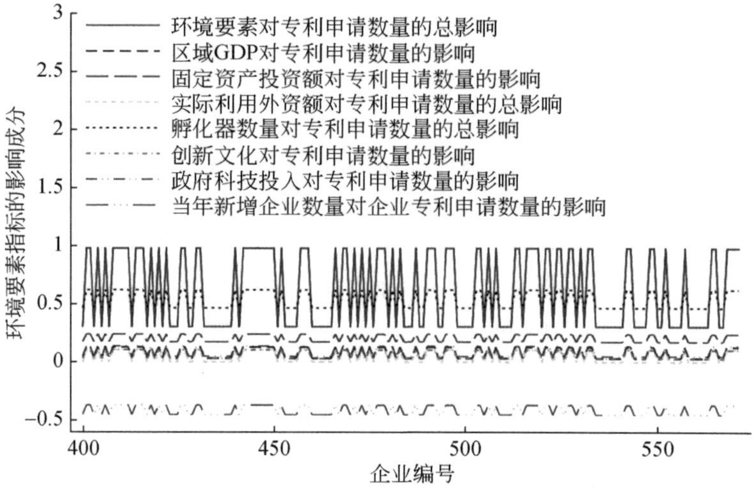

图 7-5 环境要素指标对专利申请数量的影响

7.2.2 企业创新技术收入的影响因素分析

为了能够展示企业创新技术收入的数量和估计值的趋势，图 7-6 中删除了 6 个数值过大的企业，回归结果图所示。回归的拟合优度为 0.1439，相对较大，拟合值基本能够在趋势上吻合企业实际专利申请数量，说明回归结果相对较好。

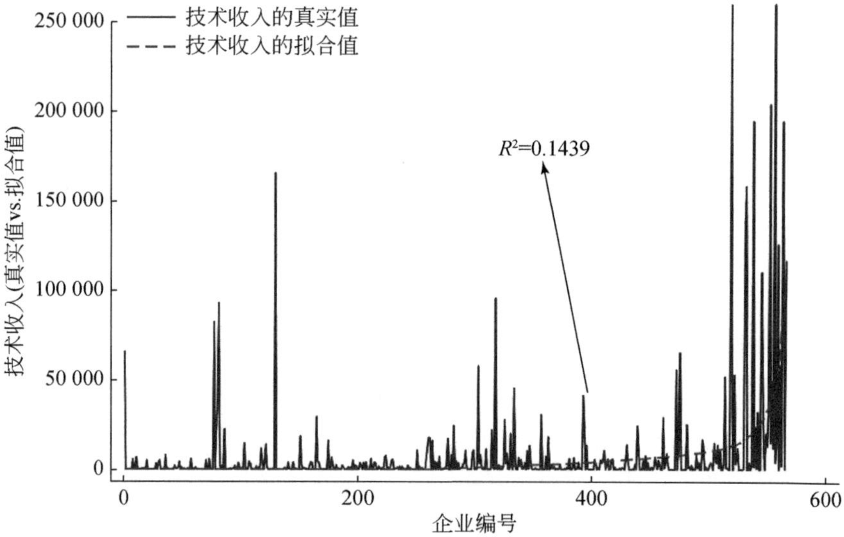

图 7-6 企业创新技术收入实际值与回归方程拟合值的对比

表 7-3 列出了各变量的回归系数。研究发现，网络结构测度指标和企业要素投入指标整体上均对企业创新技术收入有着不同程度的正向影响，而环境要素指标则影响不显著。

表 7-3　回归方程自变量及其变量解释（企业创新技术收入，变量显著性水平取 0.05）

变量分类	变量	估计值	弹性系数	变量分类	变量	估计值	弹性系数
x_1 IETTN 指标	K	5632.7030	0.7815	x_1 IVCCN 指标	Z	2371.7068	2.7606
	S	−7.7652	−0.0039		Y	−7.7554	−0.0026
	Z	−223.5938	−0.0602		C	0.0000	0.0000
	Y	−3131.8464	−0.2920		C_C	58.1596	0.0098
	C^W	0.0000	0.0000		C_B	0.0000	0.0000
	C_B	−0.07830	−0.0121	x_2 企业要素投入指标	A	0.2951	0.3008
x_1 IFTMN 指标	K^{IN}	224.5892	0.3342		B	0.0000	0.0000
	K^{OUT}	−2.5368	−0.0010		D	−0.3931	−0.0104
	S^{IN}	−0.0176	−0.0743		E	32.3476	1.2799
	S^{OUT}	0.0000	0.0001		F	0.2634	0.0450
	Z^{IN}	0.0154	0.0639	x_3 环境要素指标	GDP	0.0000	0.0000
	Z^{OUT}	0.0000	0.0000		H	0.0000	0.0000
	Y^{IN}	3015.7190	4.4349		I	0.0000	0.0000
	Y^{OUT}	6737.6626	0.8285		J	0.0000	0.0000
x_1 IVCCN 指标	K	−240.8044	−2.7186		L	0.0000	0.0000
	S	238.9988	3.0307		M	0.0000	0.0000
					N	0.0000	0.0000

（1）在网络结构测度指标中，IFTMN 网络对企业创新技术收入的正影响最显著，其中的入向边权差异性（Y^{IN}）位于所有指标影响力的第一位。同时，IVCCN 网络指标中的度（K）对企业创新技术收入的负影响最显著。企业较高的外部投资为企业的专利研发获得更多资金渠道，有利于企业的研发活动发展，同时资金的投入为企业提供了生产、销售方面的资金支持，有利于企业提高创新技术收入。企业的高入向边权差异性增加了网络的异质性，虽然这一现象增加了融资企业的资金风险，但是随着网络规模扩大和异质性增强，反馈机制能够更好地服务于网络结构的稳定性。创新主体在投资融资网络演化过程中会产生创新行为以及声誉效应，而与之链接的节点可以捕捉到这些信息，并进行信息传递。通过正负反馈机制共同作用促进整体网络创新水平的逐渐提升，其与少数投资企业在

资本纽带下形成的密切的合作关系或者是企业集团内部的股权结构关联有助于企业为投资公司提供稳定的技术服务，并进行技术创新成果转让、技术承包以及获得接受委托科研收入。资本的密切联系为企业创新技术转让提供了稳定的渠道，提高了企业创新技术收入。在高度竞争的产业市场中，其市场份额易被其他竞争产品瓜分，影响其产品的销售，从而影响创新技术产业化收入。

（2）在企业要素投入指标中，劳动力投入相较而言正影响更显著，其中科技活动人员对企业创新技术收入体现出极高的正向影响。科研活动根据所从事的技术领域和企业规模不同，对科研资金和投入的固定资产的要求不同，但是企业中从事科技活动的人员在研发活动中的智力成果是企业创新发展重要的无形资产。企业的劳动力投入是将企业的技术储备转化为创新产品的重要环节，而高层次的科研人才更是企业开展研发并将专利技术产业化必不可少的智力资源和发展动力。

（3）环境要素指标中的各项指标均对企业创新技术收入的影响不显著。

图 7-7 显示了企业网络结构、企业要素投入以及环境要素（基本无影响）三个维度的指标对部分专利申请数量相对较高的企业的专利申请数量的具体影响。由图 7-7 可知，企业网络结构测度指标和要素投入指标均对其有显著影响，且网络结构测度指标所占份额更大。我们针对编号处于 400 ~ 571 的企业进行分析，分别计算网络结构测度指标和企业要素投入指标的平均影响力（因环境要素指标影响不显著，故不做分析），结果显示，前者的平均影响力大概是后者的 1.4 倍。若记企业编号 501 ~ 571 的企业为创新技术收入较大的企业，可以发现，处于这

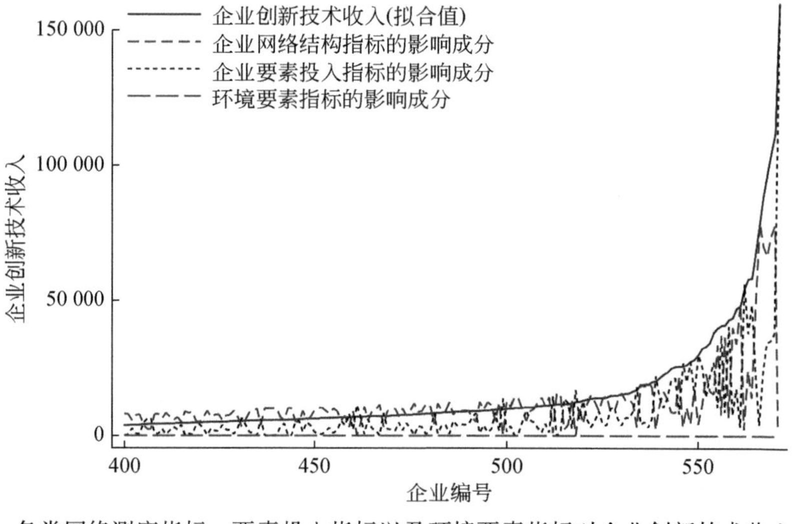

图 7-7　各类网络测度指标、要素投入指标以及环境要素指标对企业创新技术收入的影响

种状态的企业，其网络结构测度指标的平均影响力大概是要素投入指标的 1.1 倍，对企业创新收入解释力更强，这说明网络结构测度指标对创新产出的作用仍然强于要素投入。因此，企业想增加创新产出，首先要优化创新网络结构，同时增加企业要素投入，这样才能实现企业创新产出的持续增长。

图 7-8 显示了部分创新技术收入相对较高的企业其网络结构的总影响成分是如何受 IETTN、IFTMN、IVCCN 三大网络结构的影响。由图 7-8 可知，IETTN 网络结构对企业创新技术收入影响最显著，在企业创新网络结构测度指标中所占份额最大。以企业编号为 500 的企业为分段点，编号 400 ~ 500 的企业创新技术收入较低，计算可得，其 IFTMN 网络结构平均影响力最大，大概是影响份额占第二位的 IVCCN 网络的 2.8 倍；编号 501 ~ 571 的企业创新技术收入较高，计算可得，其 IETTN 网络结构所占份额最大，大概是份额居第二位的 IFTMN 网络结构的 2.5 倍多，此种状态下的 IVCCN 网络所占份额较低。据此，对图 7-8 所示结果进一步阐述，针对专利申请数量较低的企业，就网络结构测度指标这一维度而言，在保持已有的 IFTMN 网络结构和 IVCCN 网络结构的基础上，首要的任务是优化 IETTN 网络结构，进一步增大技术收入；针对专利申请数量较高的企业，需进一步优化 IVCCN 网络结构，同时可以强化 IETTN 网络结构和 IFTMN 网络结构，以达到创新技术收入的连续增长化。

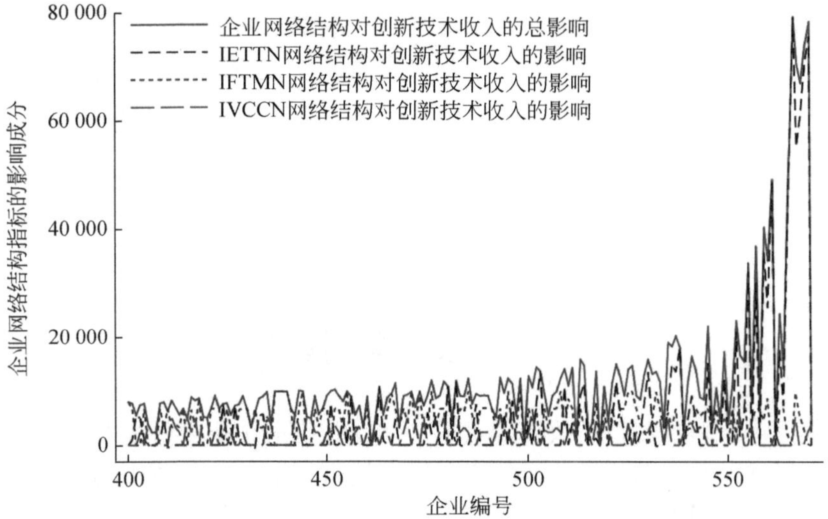

图 7-8　企业网络结构测度指标对创新技术收入的影响

图 7-9 显示了部分创新技术收入相对较高的企业其企业要素投入的总影响成分是如何受资本投入（含企业内部科技活动经费、委托外单位科技活动经费、用

于科技活动的固定资产）和劳动力投入（含科技活动人员、从业人员人数）的影响。由图 7-9 可知，资本投入和劳动力投入均对企业创新技术收入有显著影响。我们针对所选样本企业进行分析，计算两类指标的平均影响力，结果显示，劳动力投入的平均影响力大概是资本投入的 4 倍多。把企业编号 501 ~ 571 的企业记为创新技术收入较高的企业，分析可得，此种状态下，劳动力投入大概是资本投入的 4 倍；同时，在企业编号 400 ~ 500 的企业中（记为创新技术收入较低的企业），劳动力投入所占份额更多，大概是资本投入的 5.4 倍。这说明对于企业的创新技术收入，劳动力投入（人才投入）要比资本投入更重要。因此，企业需要在保证劳动力（人才）投入的前提下不断提高资本投入，才能获得创新技术收入的最大化。

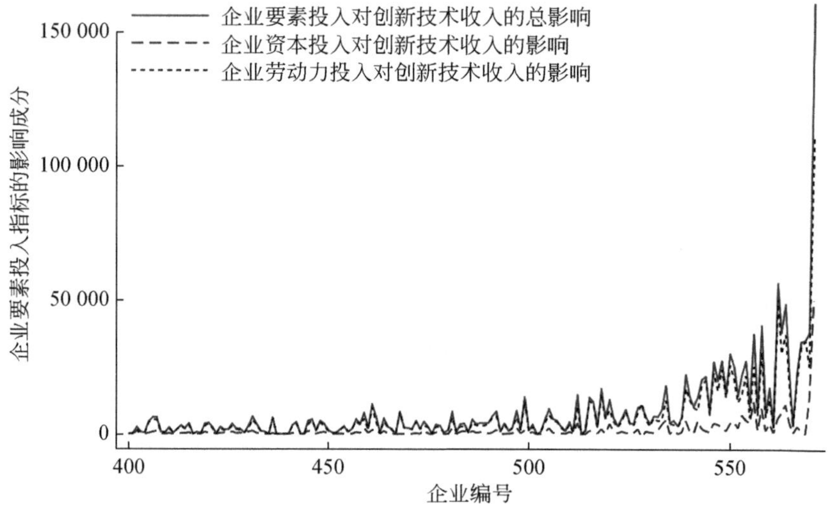

图 7-9　要素投入指标对企业创新技术收入的影响

7.3 本章小结

本章构建了影响创新绩效的因素指标体系，构造企业创新绩效与三类指标因素间的回归方程并利用随机抽样的逐步回归进行求解，估计各影响因素的影响强度，进而分析各因素指标的影响程度与作用机制。结论如下：

（1）在网络结构测度指标方面，IETTN、IFTMN、IVCCN 网络指标整体上均对企业创新绩效体现较显著的影响。综合两个量化指标可得，若想提高创新绩效，首先需要优化 IETTN 网络结构，同时注重优化 IVCCN 网络和 IFTMN 网络的结构。具体来说，可以提高企业被动的累计合作以及竞争强度来提高专利申请数量或者增大创新主体与竞争企业的差异程度来提高创新技术收入。

（2）在企业要素投入指标方面，资本投入和劳动力投入指标均对企业创新绩效有较显著影响。如果企业期望增加专利申请数量，则需要首先加大资本投入（即加大企业内部科技活动经费投入等），并在其基础上适当增加劳动力（人才）投入；如果企业期望增加创新技术产出，则企业需要首先保证足够的劳动力（人才）投入，然后才是保障资本要素投入，以促进创新技术产出。

（3）在环境要素指标方面，各要素指标对企业创新绩效影响相对较小。这说明目前来看，政府提供的外部环境较少能对企业创新绩效的提升起作用（专利申请数量和企业创新技术产出两个方面）。因此，一方面，政府应该积极探索可能会对企业创新绩效产生影响的环境要素并给予支持，进而促使企业提高其创新绩效；另一方面，更重要的是政府应该从保障和激励出发，探索促使企业间形成良好创新网络结构，同时有效保障市场功能实现的一系列法规政策，减少对企业的直接管控，通过优化网络环境和要素投入环境来增强企业活力，促使企业创新绩效提升。

8 完善中关村创新生态系统的总体思路和政策建议

8.1 中关村创新生态系统的发展阶段和存在问题

8.1.1 中关村创新生态系统的发展阶段

高新技术园区所处的创新阶段通常不具有绝对性，其可能结合了不同创新阶段的部分特点，但是结合前文中关村创新技术、资金与产品竞争的网络构建与模型分析可以看出，中关村创新生态系统发展正处于创新范式 2.0 向 3.0 发展的过渡阶段。在其长时间的发展历程中，经过市场的自发调节作用与政府的有效调控，已经经过了充分孕育与发展，处于高速成长阶段，并逐渐向成熟状态发展。

在创新发展所必需的技术、资金与产品方面，中关村内创新主体都形成了良性的互动，三类创新网络的网络稠密，企业不再处于封闭的、专注于自身的闭门造车阶段，而是通过向外界寻求合作互动并形成良性竞争来激励与推动企业自身创新能力的提高。中关村科技园的创新主体已经形成了较为密切的创新往来。无论是由技术合作形成的技术扩散效应，企业间通过投资与融资完成资金的合理调用与分配，对企业的创新发展形成风险分担的保护机制；还是在创新产品市场上经过竞争形成的优胜劣汰格局都充分显示了中关村的创新主体在发展中已经形成了充分的发展，并建立了各方面较为完善自我协调与保障机制。整体网络中知识共享与资源分享现象越来越普遍，并且在园区内形成了较为明显的分工，如投资融资方面出现了如北京中关村科技融资担保有限公司这类支撑型的中介机构，而在技术合作方面也有各类高等院校与科研机构承担着原始创新的重要角色，园区内的分工的出现提高了创新网络整体的创新效率并扩展了整体网络的创新资源总量。网络集聚增强了相互信任和协作，实现了资源共享和风险分担，提高网络创新绩效。产业上的集聚效应促进了高新区内创新群落的生成与发展，群落之间的合作与交流使中关村园区内实现了知识共享与优势互补，群落间通过风险分担机制形成了密切的互利关系，增强了整个系统的稳定性。

但是在中关村园区的创新成长期向成熟期发展过程中，虽然创新主体间非正式交流加强，正逐渐形成创新氛围良好的创新演化模式，但是内部园区与技术领域发展不均衡，且不同园区与技术领域由于地理位置与技术壁垒未形成蓬勃的合作态势，目前的创新合作仍有局限性。根据前文分析，海淀园在十六园中遥遥领先，而类似平谷、密云等园区原有创新基础薄弱加之政府对其创新扶持力度不足，在各方面都远不如海淀、朝阳等优势园区。大部分园区间虽然都有合作情况，但是较园区内部的合作情况来说还较少，且多是由于同一资本结构下的不同园区企业集团内部合作，还没有充分发挥创新能力雄厚的园区对于落后园区的带动作用。在技术领域方面来说，跨领域合作对于创新发挥着至关重要的作用，中关村现有创新网络中，电子与信息领域企业技术强大且创新发展快，但是诸如生物医药、航空航天、核应用等高技术含量的创新领域发展极为不足，缺乏必要的合作支持。在向成熟的 3.0 阶段发展中还需要中关村管委会发挥重要的产业引导与协调作用，打破园区与技术领域之间的壁垒，引导创新主体更大的突破资本结构的限制，真正找到合适的合作对象，最大化地发挥现有创新资源的作用。在单一园区与技术领域内创新主体的高度集聚会带来信息的冗余与同质现象造成整体网络结构僵化，难以打破原有边界，不利于新技术与信息的产生与传播。所以中关村科技园正在由创新范式 2.0 的成长期向创新范式 3.0 的成熟期过渡，这一阶段需要管委会加大宏观调控力度，平衡不同园区与技术领域的发展，提高不同创新群落的开放程度，打破结构僵化，实现整体协同发展。

8.1.2 中关村创新生态系统存在的问题

从园区创新网络发展现状来看，虽然中关村已经形成了以企业为创新主体的创新网络，但从目前的分析来看主要还存在以下几点问题。

1）核心节点仍未发挥关键作用

中关村科技园主要的核心节点为大型国有企业与跨国公司，而大部分节点是以本土的中小企业为代表，众多中小企业的主要业务模式仍以模仿创新和系统集成为主，自主知识产权技术和产品的研发投入相对偏低，没有充分利用好高新区创新网络丰富的科技资源，对网络的整体作用较弱。大型国有企业虽然在网络中占据着优势地位，对网络整体的创新水平提高起着重要的拉动作用，但是其在技术合作中，仍受资本结构与固有合作伙伴的影响，主要合作对象为其旗下子公司，对其他中小企业的带动作用较小，未能充分使用其拥有的创新资源与优势网络位置，对网络发挥的效应还不足。而网络中另一类核心节点为高等院校与科研院所，这类节点基础创新能力强，拥有丰富的技术、人员与信息，但是从 IETTN

网络中可以看出，高等院校与科研院所在技术合作中倾向于与大型企业合作，与中小企业的创新联系较少。“强强联合”的现象虽然产生强大的作用，使优势主体拥有更多的资源和创新能力，产生强者更强的局面；但是这种情况不利于整体网络的协同发展，创新资源都流向大型企业，造成网络中资源分配不均衡，初创型企业虽然拥有创新潜力与创新想法，却只能因为缺少必要的创新资源而在萌芽期就面临困境，这对于整体网络来说是非常不利的。

2）园区与技术领域发展的不均衡

从MDS图与指标分析中都不难看出，创新网络中不同园区与技术领域无论是在节点数量还是网络稠密度方面都存在较大的差别。海淀园、朝阳园、昌平园等在创新发展中都有明确的定位与丰富的发展历史与资源，但是还有不少园区创新主体少且与其他园区联系少，这类园区由于创新发展的限制，没有充分利用园区内外的创新资源，造成资源的浪费，是中关村科技园需要重点发展的园区。从技术领域角度来看，这类现象更为普遍且对整体创新水平造成更大的影响。电子与信息、新能源、新材料领域无论是在技术合作，投资融资，还是产品竞争等方面都获得了充分的发展，是中关村内创新主体多，创新合作广泛的产业。但是，中关村在科技方面对于需要大量投入、对国民经济起到重要作用的高精尖产业发展仍非常薄弱，这类产业创新主体少，且与其他企业技术合作少，主要由政府支持其发展，未能充分利用市场在创新发展中的作用，在创新主体中还未形成自发的广泛的合作和发展。由IVCCN网络分析可以看出电子与信息领域创新主体众多，企业对于资源与市场的竞争较为激烈。竞争对激励企业创新具有一定的积极影响，但是过高的竞争密度会使企业生存空间狭窄，难以获得充足的发展，原本可以发展成为创新中坚力量的企业过早地被扼杀，这对于产业的发展乃至整个园区的发展都是极为不力的。所以无论是园区还是技术领域都需要充分地融合与协同，扩展企业的可生存空间，充分利用现有园区闲置的土地、信息与资金，促进产业间融合，开拓新的产品市场，为企业的发展争取必要的生存机会。

3）中小型民营企业创新发展的支撑力量不足

虽然在中关村内有数量较多的中介服务机构与金融机构，在资金流动与技术服务方面为中关村的创新发展提供了重要的支撑作用，但是在IFTMN网络中可以看出即使是承担支撑作用的服务性机构在创新支持中也倾向于与已经有一定发展基础，或发展积累较为雄厚的高新技术企业合作。因为创新是一个回报极为不确定的活动，投资高新技术企业充满了风险，所以在市场择优链接的机制下，大型企业获得了更多的资金、技术与信息，而亟需支持的中小型企业在融资上面临了极大的困境。中关村科技园内大部分高新技术企业都是处于萌芽期或者初期发展阶段的小型科技企业，获得科技服务和资金支持对他们的发展至关重要，所以还需要政府部门的宏观调控。

总体来看，目前中关村创新生态系统中是“大企业不强、小企业不专”。大企业网络的扩散作用没能很好发挥，众多小企业难以摆脱以项目为核心的经营模式，在创新网络中的地位明显偏低，难以有效利用网络资源进行创新发展。园区和产业差异化发展政策不够；各园区缺乏核心产业支撑，同质化发展的结果就是资源要素被优势园区的黑洞效应所吸收；劣势园区成为优势园区的培养基地。国有大企业对小企业挤出作用明显。从技术合作、资本运作两个角度都证明，国有企业凭借既有的技术、资产和体制优势对小企业的发展产生挤出效应，令中小企业在技术创新、融资等方面都处于劣势低位。在激烈的竞争中，中小企业的主要精力只能是生存，创新的动力和支撑不足。网络虽然已经初具雏形，但是既有核心节点的控制作用强大且持续，而信息、资本等要素配置机制的不健全增大了企业创新的难度，亟须强化网络链接范围和密度，以支持中小企业的创新。此外，由于创新网络中的社会文化氛围不利于外来企业发展，致使外来企业根植性较差，进而导致企业的外迁、倒闭，造成创新资源的流失。

8.2 完善中关村创新生态系统的总体思路和政策建议

8.2.1 完善中关村创新生态系统的总体思路

为充分发挥高新区创新生态系统的支撑功能，必须有效营造一个适合创新合作发展的政策环境，利用相关科技政策，通过行政指导创新合作活动的长期进行，在创新投入上加大政策支持力度。通过对法国和英国的创新合作模式的研究发现，法国创新合作模式以国家主导为主，而英国更多是以市场机制为主，英国创新效率更高的原因是以市场机制为主导的合作模式具有更高的自组织性[80]。由此可见，政府需要做的是完善相关产业政策、法律法规环境，规范市场竞争秩序和深化制度支撑，更多的是为企业服务，要以市场为主要手段去引导创新合作的有效进行。

首先，政府应充分发挥其对于创新资源的宏观调控作用。中关村科技园中有大量的中小企业需要资金与服务支持，上述分析显示这类企业在充分市场的情况下对于资金和服务的吸引力还不足。政府应通过鼓励、补贴等手段，对为中小企业提供支撑的科技服务业企业提供帮助，并引导其为中小型高新技术企业提供资金支持，通过出台国家层面的财税、金融政策等鼓励中关村企业合作的政策环境。

此外，通过建立高效的信息交流平台，加强信息沟通，降低交易成本，鼓励不同区域、不同行业的企业或科研组织进行合作，降低信息不对称程度。中关村管委会在统筹协调不同园区之间的交流活动，分享园区发展经验，共享园区优质创新资源，促进中关村内其他园区的发展。为了在整体网络层面打破结构僵化，促进产业融合，定期举办不同产业管理人员与科研人员的技术交流活动，引入成功的产业融合案例，聚集不同领域的专家为企业发展中遇到的问题提供技术建议，都是加强产业协作的重要方式。

同时，加强核心节点的带动作用，政府可通过技术合作项目引入高等院校与科研机构和中小型企业，促进科研机构的基础创新能力与企业的创新产品产业化能力，为科研机构和中小型企业之间建立沟通的桥梁。大型国有企业占据市场中较大的创新资源，应在政府的调控下加强与中小企业的合作，在项目的合作中为中小企业的创新发展提供帮助，政府可组织大型国有企业内部技术人员与管理人员为园区内其他企业的发展提供帮助，通过技术合作增强其技术扩散的效应。

但是在政府加强宏观调控的基础上也要明确创新网络中最主要的创新主体仍是高新技术企业，所以要加强网络节点的自主性，减少行政上过多的干预，保证中关村创新合作无标度网络的自组织性。创新合作无标度网络在市场机制下运行，各个创新主体的行为会受到利益机制的调节，从而使网络整体表现出自组织、自适应的特点。针对网络主体未来发展方向而言：①不断提升本土企业在网络中的核心地位，即重点培育、保护以本土企业为代表的核心节点，为创新网络的稳定运行提供保障，提升网络的鲁棒性。②以企业为主的创新主体必须保持不断的创新，努力挖掘自身的潜力，有效利用自身及所在网络组织中的技术、知识、人才等资源，不断提高自身的技术创新能力，即企业的核心竞争力，只有这样才能保持并提高在合作竞争中的地位优势。③园区内企业应该加强与其他企业进行技术交流与合作，充分利用正式或非正式的合作关系，即建立并有效利用企业人员间构成的社会网络关系，更快地获取更多的新知识和新技术。④园区有条件的企业（网络中的那些核心企业）应进一步加强与国外拥有先进技术和知识的企业进行创新合作，并帮助那些普通企业能够借助创新网络获得国外先进的技术、知识等信息，从而使园区内企业或产业的整体技术水平保持与世界同步甚至超前于世界水平。⑤作为政府主体，为了增强区域自主创新能力，应该加大扶持力度，培育壮大一批有实力的科技型企业，使他们成为创新网络里的中枢节点，鼓励并支持更多的企业与这些核心企业展开创新合作，从而提高高新区内所有企业的创新能力和效率，进而提高整个区域的技术水平。

综上所述，针对中关村国家自主创新示范区发展策略而言，未来应该借助已经形成的创新网络，重点引导企业协同合作，推动产业高端发展，实现更多的创新，全面提升园区的国际竞争力；充分发挥产业联盟等行业组织的辐射作用，推动上下游企业合作，完善创新网络体系，强化创新生态系统功能。

8.2.2 完善中关村创新生态系统的政策建议

8.2.2.1 立足产业生态理论，补充创新发展链条

1）培育基础创新载体，促进创新种群聚集

在针对中关村园区的分析中可以看出，海淀园在基础创新方面较其他园区有较大优势，主要是高等院校与科研院所已形成基础创新的支撑力量，应鼓励它们在利用自身资源实现原始创新的基础上，发挥其创新外部性作用，聚合创新主体，实现创新优势集聚。在产业生态理论中强调产业生态链条的完整性，产业生态正如生态系统，高等院校、科研院所、国有大型企业等基础创新机构就像生态系统中的生产者对产业循环起到了基础作用。所以在其他园区未来的创新发展中应该加强高等院校与科研院所的积极作用，积极引进高等院校、研发机构及大型企业的技术研发中心等。政府可充分发挥科技发展规划的作用，支持重大科技专项，建设重点实验室、工程研发技术中心、企业级研究院，并通过与合作伙伴组建技术联盟，促进技术、知识向生态系统溢出。完善校企合作机制，加强与周边高等院校的研发项目合作，推动产学研合作网络的形成。

2）培育龙头创新企业，提升创新网络能级

对于中关村创新生态系统而言，核心企业不仅是创新成功的主要贡献者，更是创新网络的枢纽和创新生态系统的龙头。应围绕龙头企业建设创新生态系统。在创新生态系统的发展和持续演进过程中，不同的核心企业起到动力源的作用；并与创新企业、高等院校和科研机构、配套服务机构以及竞争者们等逐渐产生复杂创新网络。以龙头企业为核心，各创新种群有机聚集，提升网络关系复杂度，使创新生态系统逐渐成熟。因此，支持枢纽型企业壮大，给予相应政策支持，鼓励其开展技术创新，才能把企业周边的中小型创新主体吸附到产业链上，通过枢纽节点链接网络的聚集，推进创新生态系统实力的持续增强。

3）强化创业孵化服务，提升分解重组能力

在专利网络中不难发现，小微企业由于规模限制虽然对于创新生态建设没有起到重大作用，投资融资网络模型中也反映出大部分投资行为都是围绕成熟的科技创新企业。但是此类企业是高新技术园区内占比较大的创新主体且对于活跃园区创新氛围有着不可替代的积极影响。而创业孵化服务作为中介服务之一，像生

态系统中的分解者吸收创新想法并加以分解，产生新的创新主体，实现生态系统的循环。这就需要提升创业孵化服务，进一步健全科技成果转化的激励机制，充分发挥企业在成果转化中的主体作用，促进科技成果加快转化为现实生产力。研发成果的转化是园区打响知名度和持续创新的重要环节，园区在研发成果转化中可以参考以下思路：创新推进平台搭建，成立负责园区技术商业应用推进的专门机构或平台，针对不同产业的商业化路径，制定不同的技术转化服务阶段和体系；三方资源合作对接，天使投资机构的资源对接，搭建园区天使投资网络，为技术的商业应用积累潜在的投资者，外部咨询机构和行业协会对接合作，为市场进入和推广策略出谋划策；扩大商业应用推广渠道，积极响应园区新转化技术项目的商用试验和推广。

4）完善科技中介系统，强化创新链接效应

从三个网络中可以看出，目前中关村创新生态系统中创新网络已具备一定规模，但是相较于成熟生态网络，还需持续强化网络的密度和深度。作为提升网络链接能力的重要力量，发展科技中介服务机构作用显著。在提升信息共享程度角度，可通过建立科技资源信息库，强化科技信息情报收集、加工、分析、应用的信息情报服务平台。在投资融资和提升竞争力角度，全面推进企业管理和战略咨询服务质量提升，重点服务科技型中小企业。在价值链网络角度，加快共建创新创意设计联盟。政府应引导创新主体组建产业技术创新联盟，构建由从事产品与服务的制造者、使用者、研究者、社会中介组织和政府协调机构参加组成的创新合作组织。在人才网络角度，整合专业机构科技资源，发挥学会、协会、联盟等的作用，积极鼓励企业加入并强化产业功能；建立优秀工程师俱乐部，积极吸纳科技专家、科技工作者等创新人才，强化创新链接效应。

8.2.2.2 拓宽产业融资渠道，提升金融链接功能

1）设立多级科创基金，增强风险投资持续性

针对中小企业拥有科技实力，但缺乏企业发展所必须的持续性资金而难以维系发展的情况，北京市政府、中关村管委会可以设立多层级创新发展基金。通过建立母基金，并引入有实力的基金管理公司，改变财政资金无偿支持企业方式。在母基金下，设立科技型企业信贷风险补偿基金，对科技型企业的贷款贴息、对科技型企业的贷款担保补贴、对金融机构向科技型企业贷款出现的风险进行部分补偿，以此降低融资成本，加大金融机构对科技型企业的扶持力度。吸引金融资本和社会资本共同参与设立产业发展子基金，与国内有实力的金融机构合作对区内众创空间、产业园、科技型中小企业进行筛选和辅导，实践投贷联动，为创业者提供投、贷、孵一体化服务。通过对母基金和子基金层面的放大，实现基金总

规模不断扩大，专注于科技创新领域投资。引进基金管理机构，以信贷风险补偿基金、风险投资基金、种子基金等多种形式支持企业创新。出台有关科技创新基金的管理办法、实施细则和评定标准，推动有关组织部门形成联动工作的实体，积极推进有关工作有效落实。

2）创新资金运用方式，提高资金支持效能

持续创新资金运用方式，支持风险投资回归市场属性，强化财政性资金的金融链接功能。鼓励根据财力设立相应配套专项资金用于支持以企业为主体的科技创新、科技成果转化应用和人才引进培养。在现有利用财政资金奖励、资助等方式基础上，增加通过创新券、政府购买服务引导园区内外检测认证、咨询培训等科技服务资源服务园区内企业，支持招商引资、支持企业加强研发；要通过“投贷奖”联动方式，发展科技金融、财政资金的放大效应。重点围绕大科学装置建设支持企业、高等院校及科研院所开展原创性基础研究。鼓励科技金融机构来园区注册；鼓励投资机构通过投资手段引进高新技术企业或企业的研发机构及总部在园区注册成立子公司；鼓励投资机构和各种资本参与园区的科技和创新发展，并出台有关管理办法、实施细则和奖励标准。逐步将政府对企业技术创新的投入方式转变为以市场化机制和平台性政策为主，支持模式由前补助向后补助或间接投入转变。

3）关注科技金融需求，分散科技创新风险

创新与生俱来就与风险相伴。企业在技术创新过程中必然具有高风险的特点，一方面，为了支持其在研发、成果转化和市场销售等各个环节实现风险分散，需要与不同类型的金融机构合作；另一方面，科技金融机构为了降低自身在企业创新过程中的风险，也需要通过金融产品的交叉组合实现风险分散和分担。这就需要高新园区通过多种方式构建起有效的风险共担和分散机制。此外，科技产品并不一定都能实现上市销售，而大量的科技公司实现技术创新已经耗费了其绝大部分精力，知识产权作用其创新的阶段性成果，也需要体现市场价值。因此，需要建立完善知识产权质押融资、信用担保和价值评估办法。支持企业将创新成果转化为创新资本，通过如中关村融资担保公司的政策性金融模式，分散技术创新风险。

4）完善金融信息平台，强化资本反馈功能

目前各级政府、园区管委会都非常注重技术平台及创新孵化体系的建设，却忽略了投资融资信息平台的重要性。从投资融资网络对创新的风险分担、功能催化和反馈互动三大动力机制可以看出，投资融资对创新的作用十分巨大。首先，投资融资信息平台通过对科技投资资金供求信息的对接处理，体现技术与资本的深度融合。投资融资信息平台能够快速地帮助科技型企业拓宽融资渠道，帮助科技金融机构降低搜寻成本和规避创新风险。其次，通过强化科技金融信息平台建设，银行、证券、风险投资等各类金融机构可以为不同需求的科技企业提供相适应的融资选择，提高投资的针对性，并为其提供全面的、综合的服务。最后，通过信息平台的中介作用，在经验交流与共享的同时，可以强化信息的反馈机制，提升资本投资的有效性。同时，园区投资融资信息平台有益于促进科技创新网络中众多科技型企业和科技项目的集中合作，提升园区整体的创新绩效和信用水平，增强抗风险能力。

8.2.2.3 加快政府职能转变，营造创新发展环境

1）着重基础设施建设，促进价值网络形成

产业生态系统可能是自发的，也可能是在政府引导下实现的。但是创新生态系统的永续发展，政府的支持是决定性的。特别是在创新生态系统的孕育期，政府作用的发挥决定了创新生态系统能否实现螺旋式上升。在培育初期，基础设施和公共服务体系的支撑力对创新企业结网聚集的作用是决定性的。因此，要通过制定土地、产业、管理、服务政策等支撑创新体系建设，搭建创新生态系统的政策骨架。要加强公共研发中心、开放性实验室、中试基地等创新支持平台建设，还要加强基础设施等服务体系建设。在生态系统的成长期，创新引导政策的作用效能逐渐提升，政府要引导枢纽型企业开展核心技术创新，而将一般性基础工作外包出去，促进形成价值链协作创新网络。

2）加大人才政策力度，搭建人才交流网络

建立人才引进专项计划和人才培养计划，及时优化、升级、加强现有人才政策。加大对高成长企业关键人才的引进和培养力度，对特殊创新人才采取差异化单独政策。在加强高层次人才引入的基础上，完善对紧缺型人才和普通科研人才的奖励制度，保证人才引进工作与其他地区形成差异化发展。赋予顶尖人才更大的自主权，实行具有国际化的监察跟踪机制。发放学术研修津贴、组织境外培训、学术论坛等，促进高层次人才知识和技能方面的提升。搭建人才交流网络，努力打造前沿信息发布、促进产学研结合、科技成果转化、攻克科技难题、培养科技创新人才的工作平台和区域发展的智库平台，为创新生态的建设提供强有力的人才保障和智力支持。

3）增进软性服务支撑，提升服务质量水平

梳理领先园区创新体系可以发现，除基本的各类服务体系外，园区更需着重建立相应的体制机制以增进传承与交流，推进商业应用。对标梳理领先园区如硅谷、希斯塔、韩国大德的服务体系，各类科创园区的服务体系均比较完善，按照所满足的企业的不同层次的需求，园区服务一般包括三种类型：①平台服务：满

足企业创新高速发展的需求——科技服务平台、金融平台、集中采购平台等；②政务服务：企业入驻的基础需求——行政服务平台，行政事务办理如注册、税务等，生产经营基础需求；③基础物业：园区运营的基础需求——基础物业服务和生活服务。因此，园区管委会应发挥政府协调职能，加强园区内服务体系以及体制机制建设。

4）强化文化环境建设，盘活区域创新文化

对于像硅谷这样成熟的高新技术产业园区来说，创新文化是其中不能忽视的一部分。园区的创新发展要搞活区域创新文化，培养敢于创新、乐于创业的企业家精神，营造敢于容错的创新文化。支持企业、研究机构、事业单位和行业协会、众创空间、投资机构等在中关村举办各种创新论坛，举办大型双创活动，组织会展、路演、创意营销等活动，吸引高质量的创新要素集聚。支持企业联合成立产业技术创新联盟、知识产权联盟和标准联盟，通过联盟合力开展产业研究、技术创新、标准研制和推广、产业链合作、产业公共服务平台建设及运营等方面的工作。同时要注重知识产权保护，充分发挥知识产权部门在知识产权保护、质押融资、专利优先审查绿色通道等方面的作用。发挥好周围高等院校的作用，举办创新创业大赛，策划宣传创新创业成功案例，发挥榜样的带动作用，活跃区域创新氛围。

9　结论与展望

9.1　主要结论

研究国家高新区创新发展动力机制与创新发展路径，并针对创新生态系统化构建多层创新网络模型，对促进国家高新区创新发展有着重要的作用。中关村国家高新区由最初的“中关村一条街”发展到如今的一区十六园是市场调节机制与政府宏观调控的共同成果。其中，创新生态的建设是创新发展的关键，要通过精准的创新动力机制与路径定位，达到保障创新生态健康、创新网络完善和实现创新的可持续发展，就需要建立高新区创新协调与共享发展的新机制。本书认为要在创新生态系统和复杂网络的理论基础上研究国家高新区创新发展动力机制和路径必须要解决创新网络演化动力机制、创新网络指标分析、创新影响要素分析、创新生态系统演化发展路径与创新优化建议分析这五大问题。

本书认为，国家高新区是制度安排的产物，其创新和演变都体现了国家的战略选择；国家高新区作为具有高新技术产业集群特征的区域经济社会组织，它遵循着从低级到高级、从简单至复杂的螺旋式的演化过程；虽然国家高新区的创新发展遵循一定的发展规律，但发展中其受到内外部环境的影响，呈现出多样化的特点。其创新发展过程体现为“点—线—面—体”的不同结构层次从无序到有序的演变过程，即是一个从分散的、随机的、无序的点式创新范式到有秩序、有组织的创新网络模型的发展过程。

首先，本书结合生态系统理论、创新集群理论对创新生态系统概念与创新网络进行综述，明确了研究方向，并从不同学科角度和各学科理论成果角度为创新生态系统动力机制研究提供支撑与验证。其次，在基础理论的支撑下，本书深入分析了高新区创新发展的概念以及高新区创新网络的形成过程与基础属性。将创新网络的构成要素从点、线、面、体四个方面进行分析，并分别从技术协作、资本运作和市场竞争三个角度构建了多层创新发展机制，其中每个角度包括三个内在机制。并以信息流、资金流、产品流对高新区创新发展进行了多层次网络模型构建：技术转移协作网络模型（IETTN）、投资融资双模式网络模型（IFTMN）、创新价值链竞争网络模型（IVCCN），为高新区创新主体间创新竞争与合作提供方向。再次结合中关村国家高新区现有的创新合作情况，本书通过 Gephi 绘制网络图进行多维排列分析，并构建了创新广度、创新强度、创新密度、创新深度四个指标体系，其中每个指标体系内部包含体现不同网络特征的具体指标，如度、点权、单位权等。运用 MATLAB 等工作平台的强大分析功能，针对不同网络的特征，选取适当的指标进行测算并结合网络性质与特征加以综合分析，同时，在不同网络模型的基础上，根据不同创新指标体系的评价结果，得到各创新主体的优先级排序，为分析高新区现在所处创新阶段奠定了基础。然后，对高新区不同创新发展阶段网络形态、创新理念、主导机制以及存在的问题进行了综合分析。最后，基于前文分析结果分析中关村国家高新区所处的创新阶段以及存在的问题，提出主要结论与不足。

总结全文，本书主要有以下结论：

（1）创新生态系统演化发展路径。创新生态系统的发展阶段分为孕育期、成长期、成熟期这三个阶段。孕育期的高新区网络形态主要为无标度网络，创新主体的创新主要为封闭式创新，择优发展的主导机制加强了网络的异质性结构并加剧系统风险。成长期的高新区主导网络形态为小世界网络，高新区由封闭式创新向开放式创新演化。产业的集聚效应带动了创新群落的发展，网络传导路径的缩短促进了技术扩散效应，但网络主体的集聚程度过高造成系统结构僵化。当高新区发展到成熟阶段，创新发展获得高速发展，共生式的创新理念使得网络中创新主体协同演化，政府在全局统筹优化的角度加大了管理难度。

（2）创新生态系统演化动力机制。创新生态系统的演化动力机制主要从技术协作、资本运作和市场竞争创新的作用机制三个方面来分析。技术协作的作用机制主要是择优链接机制、技术扩散机制、涌现突变机制。择优链接机制是创新生态系统中优势企业对于创新合作的高度吸引力；技术扩散机制促进了知识和信息的扩散和转移，反过来又推动了创新生态系统的发展；涌现突变机制是创新生态系统中核心节点发生的突变行为，将对创新网络结构造成巨大影响。资本运作的作用机制主要是风险分担机制、功能催化机制、反馈互动机制。风险分担机制指投资融资企业形成的嵌套结构同时从双方角度降低了系统性风险带来的影响；功能催化机制从节约成本、增加收益、网络扩展三个角度实现创新的放大效应；反馈互动机制是投资主体根据创新环境及资本存量，对投资行为、策略和选择机理进行调整。市场竞争的作用机制主要是优胜劣汰机制、兼并重组机制、协同发展机制。优胜劣汰机制是创新资源的有限性与企业生态位竞争对市场内创新主体的反馈机制。兼并重组机制是市场竞争格局下创新主体通过兼并重组整合资源，占据生态位优势。协同发展机制则通过创新主体间协同配合，优势集成，实现了整体创新能力的提升。

（3）创新网络指标分析。中关村园区的专利合作网络中网络节点多，网络密度较大，且最大连通分支结构中节点与连边数量较多，推动了园区内高新技术企业间的技术扩散。但是技术创新网络呈现出无标度状态，节点分布性严重不均匀。而投资融资网络模型中投资企业已经形成产业集群效应，企业与企业之间的合作密切，且投资密度大，有利于风险分担机制和功能催化机制在企业创新中发挥作用。但融资企业间连边较少，只有少数企业形成轻微聚集趋势，说明现有网络中获得广泛融资的企业还是较少。竞争模型中节点数量较多，网络密度较密。网络中虽然网络异质性较强，但是核心节点仍未发挥关键作用。

中关村园区主要的核心节点为大型国有企业与跨国公司，而大部分节点是以本土的中小企业为代表，自主知识产权技术和产品的研发投入相对偏低，没有充分利用好高新区创新网络丰富的科技资源优势，对网络的整体作用较弱。并且，高新技术企业的技术合作多集中于产业内部，跨产业的技术合作较少，不利于涌现突变机制下的颠覆式创新。大型国有企业虽然在网络中占据着优势地位，但对其他创新主体的带动作用较弱，对园区内中小型企业发展的支撑力量不足，优胜劣汰的竞争机制下，小型企业或面临严重的生存危机。在市场择优链接的机制下，大型企业获得了更多的资金、技术与信息，而亟需支持的小型企业在融资上面临了极大的困境。园区与技术领域发展的不均衡。海淀园在中关村十六园中处于领先地位，创新节点数量与关联都领先于其他园区；电子与信息领域是中关村十大技术领域中关键领域，但不同技术领域创新实力相差较大，在实现园区以及高新技术企业的协同发展机制作用下，还需要政府有力推动。

（4）创新影响要素分析。中关村园区创新影响要素主要受网络结构、投入要素和环境要素影响。在网络结构测度指标方面，IETTN、IFTMN、IVCCN 网络指标整体上均对企业创新绩效均体现较显著的影响。优化网络的结构对提高专利申请数量及创新技术收入均有正向作用。在企业要素投入指标方面，资本投入和劳动力投入指标均对企业创新绩效有较显著影响。在环境要素指标方面，各要素指标对企业创新绩效影响相对较小。这说明，目前政府提供的外部环境较少能对企业创新绩效的提升起作用。

（5）创新优化建议。首先政府应充分发挥其对于创新资源的宏观调控作用。通过鼓励、补贴等手段，对为中小企业提供支撑的科技服务业企业提供帮助，并引导其为中小型高新技术企业提供资金支持，鼓励中关村企业合作的政策环境；其次，通过建立高效的信息交流平台，加强信息沟通，降低交易成本与信息不对称程度；最后，加强核心节点的带动作用，从高新技术企业角度促进核心节点的基础创新能力与企业的创新产品产业化能力，为科研机构和中小型企业之间建立沟通的桥梁。

9.2 不足与研究展望

（1）本书虽然在对创新生态系统与创新网络的构建及其量化研究做了较为系统的理论研究和实证分析；但是，着眼于创新主体之间的联系，研究创新生态系统下创新网络是高新区创新发展研究的重要方向，虽然在起步阶段面临重大的困难，但后期具有较好的前景。

（2）虽然运用了海量的数据，构建了三个创新网络与四个指标体系的综合评价指标体系，尽管也尽量剔除了干扰影响；但是，排序结果是静态的。虽然给高新区创新发展阶段提供了可参考依据，但是随着实际情况的动态变化，或者偶发情况，比如某项政策的变化，这样会降低现有指标分析的可参考性。探索建立多动态和适时调节的评价指标体系是下一步可深入研究的问题。

（3）创新生态系统是一个复杂、庞大的系统，包含的创新要素众多，如人才的流动就是创新要素流动的重要一环，但是基于数据获得的难度，尽管本书尽可能收集资料，但是人才数据的缺失是本书分析的一大缺憾，也为之后的研究提出了更高的展望。同时，创新生态系统的环境要素也对创新发展发挥了重要的作用，本书也将环境要素纳入考虑，并将其与创新指标进行了回归分析；但是，在后续的研究中，如何将环境指标纳入创新网络模型中进行考虑也是研究的主要方向。

参考文献

［1］ Aghion P, Harris C, Vickers H J. Competition, imitation and growth with step- by- step innovation ［J］. Review of Economic Studies, 2001, 68 (3): 467-492.

［2］ 方玉梅. 我国国家高新区创新能力结构模式研究 ［D］. 辽宁：大连理工大学，2015.

［3］ 张新明. 国家级高新技术产业开发区发展要素分析及上海张江高新区实证研究 ［D］. 上海：华东师范大学，2013.

［4］ Menichetti G, Dall'Asta L, Bianconi G. Network controllability is determined by the density of low in-degree and out-degree nodes ［J］. Physical Review Letters, 2014, 113 (7): 78701.

［5］ Mowery D, Rosenberg N. Paths of Innovation: Technological Change in 20th Century America ［M］. Cambridge: Cambridge University Press, 1998.

［6］ Zhou T, Ren J, Medo M, et al. Bipartite network projection and personal recommendation ［J］. Physical Review E, 2007, 76 (4 Pt 2): 46115.

［7］ Kitano H. Computational system biology ［J］. Nature, 2002, 420: 206-210.

［8］ 王崇锋. 中国高新区战略转型研究：基于产业集群视角 ［M］. 北京：人民出版社，2012.

［9］ 汤志林. 治理结构与高新区技术创新 ［M］. 北京：社会科学文献出版社，2012.

［10］ 陈家祥. 中国高新区功能创新研究 ［M］. 北京：科学出版社，2009.

［11］ 魏心镇，王缉慈. 新的产业空间：高技术产业开发区的发展与布局 ［M］. 北京：北京大学出版社，1993.

［12］ 段存广，李建昌. 科技园区发展的理论研究述评 ［J］. 重庆邮电大学学报（社会科学版），2010，(22)：110-114.

［13］ 赵弘. 全球坐标里的北京科技创新中心 ［J］. 前线，2018，(7)：81-84.

［14］ Jackson B D. What is an innovation ecosystem? ［EB/OL］. Arlington: National Science Foundation, 2011.

［15］ Michael P. The Competitive Advantage Of Nations ［M］. New York: The Free Press, 1990.

［16］ Perez C. Structural change and assimilation of new technologies in the economic and social systems ［J］. Futures, 1983, 15 (5): 357-375.

［17］ Lundvall B A. National innovation systems-analytical concept and development tool ［J］. Industry and Innovation, 2007, 14: 95-119.

［18］ Hendry C, Brown J. Organizational Networking in UK Biotechnology Clusters ［J］. British Journal of Management, 2010, 17 (1): 55-73.

［19］ Freeman C M, Louca F. As Time Goes By: From the Industrial Revolutions to the Information

Revolution [J]. Academy of Management Review, 2001, 27 (2): 306-311.

[20] Nelson R R. National Innovation Systems: A Comparative Analysis [M]. Oxford: Oxford University Express, 1993.

[21] 路甬祥. 创新与未来：面向知识经济时代的国家创新体系 [M]. 北京：科学出版社，1998.

[22] 李京文. 知识经济与创新 [J]. 河北经贸大学学报，1999，(5)：1-12.

[23] Cooke P. Regional innovation systems: Competitive regulation in the new Europe [J]. Geoforum, 1992, 23 (3): 365-382.

[24] 黄鲁成. 区域技术创新生态系统的特征 [J]. 中国科技论坛，2003，(01)：23-26.

[25] 李万，常静，王敏杰，等. 创新 3.0 与创新生态系统 [J]. 科学学研究，2014，32 (12)：1761-1770.

[26] 柳卸林，孙海鹰，马雪梅. 基于创新生态观的科技管理模式 [J]. 科学学与科学技术管理，2015，36 (01)：18-27.

[27] 陈健，高太山，柳卸林，等. 创新生态系统：概念、理论基础与治理 [J]. 科技进步与对策，2016，33 (17)：153-160.

[28] 王昌盛. 产业创新系统的功能动态模型研究 [J]. 现代经济探讨，2013，(04)：41-45.

[29] 周青，陈畴镛. 中国区域技术创新生态系统适宜度的实证研究 [J]. 科学学研究，2008，26 (S1)：242-246.

[30] Coase R H. The Nature of the Firm [J]. Economica, 1937, 4 (16): 386-405.

[31] Mohammad, Ebrahim, Sadeghi, et al. Evaluating science parks capacity to create competitive advantages: Comparison of pardis technology park and sheikh bahaei science and technology park in iran [J]. International Journal of Innovation & Technology Management, 2015, 12 (6): 1550031.

[32] Lynn L H, Reddy N M, Aram J D. Linking technology and institutions: The innovation community framework [J]. Research Policy, 1996, 25 (1): 91-106.

[33] 李春艳，刘力臻. 产业创新系统生成机理与结构模型 [J]. 科学学与科学技术管理，2007，(01)：50-55.

[34] Hughes T P, Wilson A. Networks of Power, Electrification in Western Society 1880-1930 [M]. Baltimore: The Johns Hopkins University Preess, 1983.

[35] Rosenberg N. Inside the Black Box: Technology and Economics [M]. Cambridge: Cambridge University Press, 1990.

[36] Musiolik J, Markard J, Hekkert M P. Networks and network resources in technological innovation systems: Towards a conceptual framework for system building [J]. Technological Forecasting & Social Change, 2012, 79 (6): 1032-1048.

[37] Freeman L C. Centrality in social networks conceptual clarification [J]. Social Networks, 1978, 1 (3): 215-239.

[38] Powell W W, Koput K W, Smith-Doerr L, et al. Network position and firm performance: Organizational returns to collaboration in the biotechnology industry [J]. Research in the

Sociology of Organizations, 1999, 16 (1): 129-159.
[39] Sternberg R, Arndt O. The firm or the region: What determines the innovation behavior of european firms? [J]. Economic Geography, 2001, 77 (4): 364-382.
[40] Koschatzky K, Kulicke M, Zenker A. Innovation Networks [M]. Heidelberg: Physica-Verlag HD, 2001.
[41] Foss N J, Lyngsie J, Zahra S A. The role of external knowledge sources and organizational design in the process of opportunity exploitation [J]. Strategic Management Journal, 2013, 34 (12): 1453-1471.
[42] 李新春. 高新技术创新网络——美国硅谷与128公路的比较 [J]. 开放时代, 2000, (04): 23-28.
[43] 李金华. 创新网络的复杂适应性 [J]. 华南师范大学学报（社会科学版）, 2006, (01): 132-134.
[44] 魏江. 小企业集群创新网络的知识溢出效应分析 [J]. 科研管理, 2003, (04): 54-60.
[45] De Bresson C, Amesse F. Networks of innovators: A review and introduction to the issue [J]. Research Policy, 1991, 20 (5): 363-379.
[46] 王缉慈. 创新的空间：企业集群与区域发展 [M]. 北京：北京大学出版社, 2001.
[47] Hagedoorn J, Duysters G. Learning in Dynamic Inter-firm Networks: The Efficacy of Multiple Contacts [J]. Organization Studies, 2002, 23 (4): 525-548.
[48] Hienerth C, Lettl C, Keinz P. Synergies among producer firms, lead users, and user communities: The case of the LEGO producer-user ecosystem [J]. Journal of Product Innovation Management, 2014, 31 (4): 848-866.
[49] Barabási A, Bonabeau E. Scale-free networks [J]. Scientific American, 2003, 288 (5): 60-69.
[50] Holme P. Temporal Networks [M]. Heidelberg: Springer, 2014.
[51] [丹] 福斯. 企业万能 [M]. 李东红, 译. 辽宁：东北财经大学出版社, 1998.
[52] 池仁勇. 区域中小企业创新网络评价与构建研究：理论与实证 [D]. 北京：中国农业大学, 2005.
[53] 惠青, 邹艳. 产学研合作创新网络、知识整合和技术创新的关系研究 [J]. 软科学, 2010, 24 (3): 4-9.
[54] 毛加强, 崔敏. 创新网络下的产业集群技术创新实证分析 [J]. 软科学, 2010, 24 (3): 19-22.
[55] 吴向鹏. 产业集群与区域经济发展：区域创新网络的视角 [J]. 重庆工商大学学报（社会科学版）, 2004, (2): 24-28.
[56] 谢永平, 党兴华, 张浩森. 核心企业与创新网络治理 [J]. 经济管理, 2012, 34 (3): 60-67.
[57] 王子龙, 谭清美. 区域创新网络知识溢出效应研究 [J]. 科学管理研究, 2004, (5): 87-90.
[58] 吴结兵. 基于企业网络结构与动态能力的产业集群竞争优势研究 [D]. 浙江：浙江大

学，2006.

[59] 唐方成，马骏，席酉民. 和谐管理的耦合机制及其复杂性的涌现［J］. 系统工程理论与实践，2004，（11）：68-75.

[60] 周立军. 区域创新网络的系统结构与创新能力研究［J］. 科技管理研究，2010，30（2）：10-12.

[61] 樊霞，朱桂龙. 区域创新网络的结点联结及其创新效率评价——以广东省为例［J］. 工业技术经济，2008，27（12）：54-58.

[62] Lee S，Park G，Yoon B，et al. Open innovation in SMEs-intermediated network model［J］. Research Policy，2010，39（2）：290-300.

[63] Shih H Y，Chang P L. Industrial innovation networks in Taiwan and China：A comparative analysis［J］. Technology in Society，2009，31（2）：176-186.

[64] 张景华. 创新网络视角下的产业集群升级［J］. 工业技术经济，2009，28（3）：76-78.

[65] 薛伟贤，党兴华. 网络环境下企业技术创新过程的特性分析［J］. 研究与发展管理，2004，（6）：9-14.

[66] 冯锋，张瑞青，闫威. 基于小世界网络模型的企业创新网络特征分析［J］. 科学学与科学技术管理，2006，（9）：87-91.

[67] Rampersad G，Quester P，Troshani I. Managing innovation networks：Exploratory evidence from ICT，biotechnology and nanotechnology networks［J］. Industrial Marketing Management，2010，39（5）：793-805.

[68] Maroulis S. The role of social network structure in street-level innovation［J］. American Review of Public Administration，2015，47（4）：419-430.

[69] 盖文启. 创新网络——区域经济发展新思路［M］. 北京：北京大学出版社，2002.

[70] 纪慰华. 社会文化环境对企业网络构建的影响——以上海大众供货商网络为例［D］. 上海：华东师范大学，2004.

[71] 叶金国，张世英. 企业技术创新过程的自组织与演化模型［J］. 科学学与科学技术管理，2002，（12）：74-77.

[72] 李金华，孙东川. 创新网络的演化模型［J］. 科学学研究，2006，（1）：135-140.

[73] 李勇，屠梅曾，史占中. 企业集群创新网络动态演化模型［J］. 系统工程理论方法应用，2006，（2）：180-184.

[74] 刘友金，刘莉君. 基于混沌理论的集群式创新网络演化过程研究［J］. 科学学研究，2008，（1）：185-190.

[75] 田钢，张永安，兰卫国，等. 集群创新网络演化的复杂适应性研究［J］. 研究与发展管理，2010，22（2）：96-106.

[76] 龚艳萍，陈艳丽. 企业创新网络的复杂适应系统特征分析［J］. 研究与发展管理，2010，22（1）：68-74.

[77] ［美］艾伯特-拉斯洛·巴拉巴西. 链接网络新科学［M］. 徐彬，译. 湖南：湖南科学技术出版社，2007.

[78] Faloutsos M，Faloutsos P，Faloutsos C. On power-law relationships of the Internet topology［J］.

ACM SIGCOMM Computer Communication Review, 1999, (29): 251-262.
[79] Rapoport A, Horvath W J. A study of a large sociogram [J]. Behavioral Science, 2007, 6 (4): 279-291.
[80] Price D J D S. Networks of scientific papers [J]. Science, 1965, 149 (3683): 510-515.
[81] Redner S. How popular is your paper? An empirical study of the citation distribution [J]. The European Physical Journal, 1998, (B4): 131-134.
[82] 王海英，黄强，李传涛. 图论算法及其 MATLAB 实现 [M]. 北京：北京航空航天大学出版社，2010.
[83] 刘珊，晏先浩，王仲君. 点权有限的加权网络演化模型 [J]. 复杂系统与复杂性科学，2007，(3)：59-65.
[84] 徐俊明. 图论及其应用（第 3 版）[M]. 北京：中国科学技术大学出版社，2010.
[85] Xing L, Dong X, Guan J, et al. Betweenness centrality for similarity-weight network and its application to measuring industrial sectors' pivotability on the global value chain [J]. Physica A: Statistical Mechanics and its Applications, 2019, 516: 19-36.
[86] Watts D J, Strogatz S H. Collective dynamics of "small-world" networks [J]. Nature, 1998, 393 (6684): 440-442.
[87] Barabási A L, Albert R, Jeong H. Mean-field theory for scale-free random networks [J]. Physica A, 1999, 272 (1-2): 173-187.
[88] 关峻. 复杂生态系统的无标度理论研究及其实证分析 [D]. 湖北：武汉理工大学，2006.
[89] Štefančić H, Zlatić V. "Winner takes it all": Strongest node rule for evolution of scale-free networks [J]. Physical Review E, 2005, 72: 36105.
[90] Bengtsson M, Slvell R. Climate of competition, clusters and innovative performance [J]. Scandinavian Journal of Management, 2004, 20 (3): 225-244.
[91] Fronczak A, Fronczak P, Holyst J A. Mean-field Theory for Clustering Coefficients in Barabási-Albert Networks [J]. Physical Review E, 2003, 68 (4): 46126.
[92] Dorogovtsev S N, Mendes J F F, Samukhin A N. Structure of growing networks with preferential linking [J]. Physical Review Letters, 2000, 85 (21): 4633.
[93] Krapivsky P L, Redner S, Leyvraz F. Connectivity of growing random networks [J]. Physical Review Letters, 2000, 85 (21): 4629-4632.
[94] 方锦清. 多层超网络探索中的若干问题与思考 [J]. 科技导报，2017，35 (14)：34-41.
[95] Scott J. Social Network Analysis [M]. London: SAGE Publications, 2012: 36-43.
[96] Gluckman M. The Judicial Process among the Barotse of Northern Rhodesia [J]. British Journal of Sociology, 1955, 6 (216): 369-373.
[97] Verbrugge L M. Multiplexity in adult friendships [J]. Social Forces, 1979, 57 (4): 1286-1309.
[98] Wasserman S, Faust K. Social Network Analysis: Methods and Applications [M]. Cambridge:

Cambridge University Press, 1994.

[99] Wang P, Robins G, Pattison P, et al. Exponential random graph models for multilevel networks [J]. Social Networks, 2013, 35 (1): 96-115.

[100] Lusher D, Koskinen J, Robins G. Exponential Random Graph Models for Social Networks [M]. New York: Springer, 2014.

[101] Carley K M, Hill V. Structural Change and Learning within Organizations [J]. Administrative Science Quarterly, 2001, 81 (4): 1028-1041.

[102] Scott A B, Harrison C W. Social structure from multiple networks. II. role structures [J]. American Journal of Sociology, 1976, 81 (6): 1384-1446.

[103] Bruno A V, Tyebjee T T. The Environment for Entrepreneurship [M]. New Jersey: Prentice-Hall, 1982.

[104] Gao J, Buldyrev S V, Havlin S, et al. Robustness of a Network of Networks [J]. Physical Review Letters, 2011, 107 (19): 195701.

[105] 辜姣，郭龙，江健，等. 多层网络和含时网络的相关问题研究 [J]. 复杂系统与复杂性科学，2016，13 (1): 58-63.

[106] Deng C, Zheng S, He X, et al. Community Mining from Multi- relational Networks [C]. Berlin: 2005.

[107] Bollobás B, Riordan O M. Mathematical Results on Scale-free Random Graphs [M]. Berlin: Wiley-VCH, 2005: 67-80.

[108] Huang Z, Zheng Y, Cheng R, et al. Meta Structure: Computing Relevance in Large Heterogeneous Information Networks [C]. San Francisco: 2016.

[109] Gao J, Buldyrev S V, Stanley H E, et al. Networks formed from interdependent networks [J]. Nature Physics, 2012, 8 (1): 40-48.

[110] Gomez S, Diaz- Guilera A, Gomez- Gardenes J, et al. Diffusion dynamics on multiplex networks [J]. Physical Review Letters, 2013, 110 (2): 28701.

[111] Wang X, Nie S, Wang W, et al. Controlling complex networks with conformity behavior [J]. Europhysics Letters, 2015, 111 (6): 68004.

[112] Liu Y, Slotine J J, Barabasi A L. Controllability of complex networks [J]. Nature, 2011, 473: 167-173.

[113] Lin C T. Structural controllability [J]. IEEE Trans Automatic Control, 1974, 19 (3): 201-208.

[114] Lvlin H, Michael S, Lao S. Maximum entropy networks are more controllable than preferential attachment networks [J]. Physics Letters A, 2014, 378 (46): 3426-3430.

[115] Tao J, Barabási A. Control capacity and a random sampling method in exploring controllability of complex networks [J]. Scientific Reports, 2013, (3): 2354.

[116] Tao J, Liu Y Y, Endre C, et al. Emergence of bimodality in controlling complex networks [J]. Nature Communications, 2013, 4 (3): 2002.

[117] Watts D J. A simple model of global cascades on random networks [J]. Proceedings of the

National Academy of Sciences of the United States of America, 2002, 99 (9): 5766-5771.
[118] Buldyrev S V, Parshani R, Paul G, et al. Catastrophic Cascade of Failures in Interdependent Networks [J]. Nature, 2010, 464 (7291): 1025-1028.
[119] Cohen R, Erez K, Ben-Avraham D, et al. Resilience of the Internet to Random Breakdowns [J]. Physical Review Letters, 2000, 85 (21): 4626.
[120] Callaway D S, Newman M E J, Strogatz S H, et al. Network robustness and fragility: Percolation on random graphs [J]. Physical Review Letters, 2000, 85 (25): 5468.
[121] Schwartz N, Cohen R, Ben- Avraham D, et al. Percolation in directed scale- free networks [J]. Physical Review E Statistical Nonlinear & Soft Matter Physics, 2002, 66 (2): 15104.
[122] Wang B, Gao L, Gao Y, et al. Maintain the structural controllability under malicious attacks on directed networks [J]. Europhysics Letters, 2013, 101 (5): 58003.
[123] Nie S, Wang X, Zhang H, et al. Robustness of controllability for networks based on edge-attack [J]. Plos One, 2014, 9 (2): e89066.
[124] Liu L, Yin Y, Zhang Z, et al. Redundant design in interdependent networks [J]. Plos One, 2016, 11 (10): e164777.
[126] 唐琼. 基于以创新为核心的高新区演化阶段特征及实证研究 [J]. 特区经济, 2011, (8): 270-272.
[127] Zeng S X, Xie X M, Tam C M. Relationship between cooperation networks and innovation performance of SMEs [J]. Technovation, 2010, 30 (3): 181-194.
[128] 胡树华, 李必强, 海丰. 面向产品创新的管理集成 [J]. 中国软科学, 2000, (4): 88-90.
[129] 任飏, 陈安. 论创新型人才及其行为特征 [J]. 教育研究, 2017, 38 (1): 149-153.
[130] 赵海东. 资源型产业集群与中国西部经济发展研究 [M]. 北京: 经济科学出版社, 2007.
[131] Bell G G. Clusters, networks, and firm innovativeness [J]. Strategic Management Journal, 2005, 26 (3): 287-295.
[132] 周元, 王维才. 我国高新区阶段发展的理论框架——兼论高新区“二次创业”的能力评价 [J]. 经济地理, 2003, (4): 451-456.
[133] Choi H, Kim S, Lee J. Role of network structure and network effects in diffusion of innovations [J]. Industrial Marketing Management, 2010, 39 (1): 170-177.
[134] Alum R A, Drucker P F. Innovation and Entrepreneurship: Practice and Principles [J]. Public Productivity Review, 1986, 10 (1): 105.
[135] 黄鲁成. 创新群落及其特征 [J]. 科学管理研究, 2004, (4): 4-6.
[136] Schilling M A, Phelps C C. Interfirm collaboration networks: The impact of large- scale network structure on firm innovation [J]. Management Science, 2007, 53 (7): 1113-1126.
[137] Verspagen B, Duysters G. The small worlds of strategic technology alliances [J]. Technovation, 2004, 24 (7): 563-571.

[138] [美] 罗纳德·S. 伯特. 结构洞：竞争的社会结构 [M]. 任敏，等译. 上海：上海人民出版社，2008.
[139] Arthur W B. Urban Systems and Historical Path-dependence [M]. Washington DC：National Academy Press，1988.
[140] Uzzi B，Spiro J. Collaboration and creativity：The small world problem [J]. American Journal of Sociology，2005，111 (2)：447-504.
[141] Lee F，King C，Adam J. Small worlds and regional innovation [J]. Organization Ence，2006，18 (6)：938-954.
[142] 陈雪梅，赵珂. 中小企业群形成的方式分析 [J]. 暨南学报（哲学社会科学版），2001，(2)：68-73.
[143] 张雷勇，冯锋，肖相泽，等. 产学研共生网络：概念、体系与方法论指向 [J]. 研究与发展管理，2013，25 (2)：37-44.
[144] 关峻，许小煜，邢李志. 投入产出网络中产业部门竞争关系形成的产业生态位测度研究 [J]. 中国人口·资源与环境，2017，27 (S1)：191-194.
[145] 陆小成. 产业集群协同演化的生态位整合模式研究 [D]. 湖南：中南大学，2008.
[146] 陆小成，罗新星. 基于资源整合的产业集群生态位协同演化模型及其 K-r 策略研究 [J]. 安徽农业科学，2007，(30)：9792-9794.
[147] 汪秀婷. 战略性新兴产业协同创新网络模型及能力动态演化研究 [J]. 中国科技论坛，2012，(11)：51-57.
[148] 胡恩华，刘洪. 基于协同创新的集群创新企业与群外环境关系研究 [J]. 科学管理研究，2007，(3)：23-26.
[149] 张鹏，李全喜，张健. 基于生态学种群视角的供应链企业知识协同演化模型 [J]. 情报科学，2016，34 (11)：150-153.
[150] 李星宇，马慧. 新兴技术协同创新系统共生模型及稳定性研究 [J]. 求索，2017，(2)：148-153.
[151] Gigone D，Hastie R. The common knowledge effect：Information sharing and group judgment [J]. Journal of Personality & Social Psychology，1993，65 (5)：959-997.
[152] Spencer J W. Firms' knowledge-sharing strategies in the global innovation system：Empirical evidence from the flat panel display industry [J]. Strategic Management Journal，2003，24 (3)：217-233.
[153] 蒋军锋，张玉韬，王修来. 知识演变视角下技术创新网络研究进展与未来方向 [J]. 科研管理，2010，31 (3)：68-77.
[154] 董微微. 基于复杂网络的创新集群形成与发展机理研究 [D]. 吉林：吉林大学，2013.
[155] 关峻，靳敏，邢李志，等. 基于二分图理论的产业环境资源竞争网络模型研究——以广州开发区为例 [J]. 中国人口·资源与环境，2013，23 (8)：14-19.
[156] 何大韧. 复杂系统与复杂网络 [M]. 北京：高等教育出版社，2009.
[157] Newman M E J. The structure of scientific collaboration networks [J]. Proceedings of the National Academy of Sciences of the United States of America，2000，98 (2)：404-409.

[158] Newman M E J. Scientific collaboration networks. II. shortest paths, weighted networks, and centrality [J]. Physical Review E, 2001, 64 (1 pt 2): 132-158.

[159] Grinnell J. Field Tests of Theories Concerning Distributional Control [J]. American Naturalist, 1917, 51: 115-128.

[160] 许芳，李建华. 企业生态位原理及模型研究 [J]. 中国软科学，2005，(5)：130-139.

[161] 葛振忠，梁嘉骅. 企业生态位与现代企业竞争 [J]. 华东经济管理，2004，(2)：113-116.

[162] 梁嘉骅，葛振忠，范建平. 企业生态与企业发展 [J]. 管理科学学报，2002，(2)：34-40.

[163] 何继善，戴卫明. 产业集群的生态学模型及生态平衡分析 [J]. 北京师范大学学报（社会科学版），2005，(1)：126-132.

[164] 万伦来. 企业生态位及其评价方法研究 [J]. 中国软科学，2004，(1)：73-78.

[165] Lou C, Yang X. Network niche of e-business enterprises [J]. International Federation for Information Processing. 2007, 251: 17-25.

[166] Granovetter M S. The Strength of Weak Ties [J]. American Journal of Sociology, 1973, 78 (6): 1360-1380.

[167] Fan Y, Li M, Chen J, et al. Network of Econophysicists: a weighted network to investigate the development of Econophysics [J]. International Journal of Modern Physics B, 2004, 18 (17n19): 2505-2511.

[168] Ruef M. Strong ties, weak ties and islands: Structural and cultural predictors of organizational innovation [J]. Industrial and Corporate Change, 2002, 11 (3): 427-449.

[169] Uzzi B. Social structure and competition in interfirm networks: The paradox of embeddedness [J]. Administrative Science Quarterly, 1997, 42 (1): 35-67.

[170] 关峻. 产业结构网络中集聚系数的经济学含义研究 [J]. 科技进步与对策，2014，(10)：52-55.

[171] Burt R S. Structural Holes: The Social Structure of Competition [M]. Boston: Harvard University Press, 1992.

[172] 董现垒，Johan Bollen，胡蓓蓓. 贝叶斯视角下社交媒体数据的挖掘与应用研究 [J]. 软科学，2015，29 (9)：96-101.

附　　录

附1　上海张江高科技园区

1.1　发展历程

张江高科技园区，创立于1992年7月，地处上海浦东新区中南部，占地面积达40平方千米，是国际级别的重点高新科技园区，与陆家嘴、金桥、外高桥共同作为上海浦东新区的四个重点开发区域。张江高科技园区自成立之初，就确立了“发展高科技，面向上海未来的战略产业”的使命与目标。因此，张江高科技园区在设计思路上“规划先行”，从一开始就创新性地提出把高新区的目标锁定在打造世界领先的IT、生物医药等产业基础上。1999年，上海市委市政府提出了“聚焦张江”战略，园区进入快速发展阶段。经过20多年的发展，张江高科技园区已初步形成了以信息技术、生物医药、文化创意和低碳环保为主导的产业构成。随着自由贸易区的建设，张江高科技园区努力把握上海建设全球科技创新中心的有利时机，着力打造“四新（新技术，新产业，新业态，新模式）”经济创业基地，培养、引进、汇集了一批“四新”经济企业，推动张江成为“四新”经济发展的汇集地。

2006年，“张江”成为上海科技创新的代名词，上海高新区整体更名为“上海张江高新技术产业开发区”（以下称“张江高新区”）。2014年，“张江模式”辐射到上海所有行政区域，经过扩建，形成“一区二十二园外加紫竹高新区”的新发展模式。康桥工业园和国际医学园区是张江高新区的核心园区，面积约75.9平方公里。根据2016年提出的《张江科学城建设规划》，张江科学城范围为龙东大道以南，外环—沪芦高速以西，下盐公路以北，罗山路—沪奉高速以东的区域，同时，考虑主要科技基础设施的功能和空间范围要求，如国家量子中心以外的范围，总面积约94平方公里。此外，为了加强与龙阳路枢纽和国际旅游度假区等周边地区的协调和联动发展，最终扩建形成一个总面积约191平方公里的融合范围。

经过20多年的发展，张江高新区已孕育了一大批重要的科研创新设施和机构。例如，拥有国家级大科学装置和多学科的实验平台——“上海光源”，它是中国至2010年1月20日前规模最大的科学装置。拥有国家蛋白质科学研究设施，并汇集了上海超级计算中心、中国商飞研究院、药谷公共服务平台等多个重要科研平台。

1.2 创新主体

通过推进园区产业发展因素和技术创新要素的结合，建立产学研联盟的新机制，形成了一个空间紧密、结构合理、研发水平较高的创新链。良好的创新环境催生了大量在国际国内均具有领先地位的科研成果和创新企业。

引进高等院校院所、知名企业开设研发机构，链接全球创新资源。张江高新区内技术支撑体系完善，各主导领域均有研发实力较强的科研机构和龙头企业，形成了产学研一体化发展，高端链接全球创新资源的发展态势。例如，复旦大学、上海交通大学、清华大学、北京大学和中国科学技术大学等国内知名院校都分别在园区内建立了微电子研究所或研发中心，助推了园区支柱产业集成电路的快速发展。AMD、飞思卡尔和IBM等世界知名半导体制造商也在园区设立了设计中心、技术中心或技术开发培训基地。张江园区的众多企业、高等学校与研究院所三方进行广泛、全面的合作与交流，形成了人才培养、技术研发、生产活动有机结合的“产学研”合作模式。园区内的技术合作范围不断拓展，甚至延伸到国际层面的国外技术中心。另一个支柱产业生物医药领域里，在中国科学院、上海市和有关部门的支持下，与众多的跨国研发中心紧密合作，为张江生物医药产业的发展提供了强有力的技术支撑。如今，中国科技大学、上海交通大学、复旦大学和中国科学院大学等多所著名高等院校已在园区内设立了研发中心、培训基地和研究生教育基地。张江园已拥有高等院校和培训机构14所，国家级科研院所近30个、企业研发中心91个，他们紧密合作、互惠互利、优势互补，共同筑建了张江园的知识创新流程——产学研合作模式。

坚持技术引进和自主研发相结合。张江高新区在追求“高”和“新”的基础上，专注于IT（信息技术）和BT（生物技术）两大核心技术，致力于打造“两大三新”产业体系。其中，“两大”指的是信息技术产业和生物制药产业，“三新”包括低碳环保、民用航空研发和高端汽车配套产业三大高新特色产业。张江高新区通过大力引进国际高新技术产业的重点项目和技术，吸引上下游企业形成产业集群；大力吸引具有国际专业背景的国际学生回国，在张江诞生了大量高成长的创新型企业。截至2018年，在张江高新区核心园区的近万家企业中，包含了 3528 家高新技术企业、300 多家技术先进服务企业、600 多家留学生企业、25 家上市公司和 39 家跨国公司地区总部。此外，还有 4 家企业营业收入超过 100 亿元，37 家超过 10 亿元，177 家超过 1 亿元。

1.3　创新生态

张江科技园以孵化器建设为重点，着力推动园区自主创新体系的建设与完善，并通过创新的人才选拔培训机制、完善的投融资服务体系、全面的中介服务体系，有效满足不同公司在不同发展阶段的差异化需求。

（1）整合孵化资源，探索孵化经营新模式。张江高新区以孵化器建设为核心内容和基本载体，利用孵化器建设带动园区整体自主创新体系的建设。2008 年，为整合并充分利用园区内的现有资源，打造全新的孵化运营模式，上海张江（集团）有限公司成立了孵化器管理中心。新模式还能够整合政府支持、产业联盟、公共技术平台和专家顾问等公共资源，提供物业、公关、行政、会计、法律、投融资等方面的专业服务，根据企业的发展阶段、发展需求提供针对性服务，为解决园区内中小企业面临的共同问题、帮助企业度过发展的瓶颈期提供了有效途径，同时大大提高了企业孵化的成功率。

（2）以“聚才计划”创新人才选拔培养机制。为提高人才选拔的质量，张江高新区启动了“张江聚才计划”，在人才选拔体系中引进市场要素。“企业家评审团”获得人才评价的权利，为缺乏高等教育背景但在领域拥有特殊能力的人才提供了激励，形成了独特的人才选拔、评估机制。2012 年 9 月，浦东国际人才城入驻张江高新区，集公共服务、市场服务、宣传展示、活动交流、在线服务五大功能为一体，吸引了来自五湖四海的人才。

（3）打造多种方式有机结合的投融资服务体系。张江高新区将政府资金、园区产业引导基金、风投基金和其他融资方式相结合，建立了自己独特的投融资服务体系。同时，以张江投资俱乐部为基础，建立了旨在支持政府、研究机构、投资银行和企业联合投资服务模式的金控平台。

（4）建设全方位的中介服务体系。张江高新区加快中介服务体系建设步伐，重点建设市场化服务集群。通过政府购买服务、专项资金支持等手段，加强对社会服务资源的引导，形成专业化、市场化的中介服务平台，实现了大到整个园区的通关便利、小到企业员工的日常衣食住行的全方位服务。张江高新区制定了《企业服务平台联盟网络建设规划》，在集成电路、生物医药、清洁能源、软件和信息四个领域建立了高新技术企业服务联盟，为园区企业提供专门化服务。

（5）结合园区实际制定管理体制。张江高新区呈现出“多点分布”和“一区多园”的典型特征，为此，高新区实行了“市区联动、三级管理，权力下放、做实园区，贴近服务、管建并举”的管理体制。“市区联动、三级管理”是指将上海张江国家自主创新示范区领导小组和上海张江高新区管理委员会的职能与区县政府主导的园区建设功能相结合。将园区打造成承担创新要素的实体，实现科技成果转化。“权力下放、做实园区”是在完善园区管理功能的基础上，先后对园区行政审批机关进行了审核。在土地使用权转让、项目落地和成果转型方面提高园区的实际运营能力。“贴近服务，管建并举”是根据园区建设管理服务的特点、政策、项目、资金、人才等资源倾斜到园区，促进现场基地、产业集群和服务平台的整合，形成科技成果产业化最直接、最紧密的组合渠道。

（6）政策构架进一步实现突破。目前，张江高新区已经逐渐建立符合市场规律、鼓励支持创新的园区体制机制，“五个突破”政策构架基本形成。一是股权激励政策已经出台，试点工作已经启动；二是科技金融创新已经展开，系列举措陆续启动；三是人才特区建设加快推进；四是财政税收政策改革逐步实施，实施集成电路全面保税监管政策试点，扩大入境专项检验检疫改革试点、生物医药企业便捷通关试点；五是改革管理体制和机制的准备工作日益到位。

1.4 经验启示

（1）明确发展定位，加强顶层设计。确定发展方向与自身定位是高新区创新体系建设的首要任务。围绕高新区创新体系定位，需要不断加强顶层设计，通过制度创新来促使整个创新体系的构建。首先，高新区要根据自身基础确立适合创新的管理体制机制，一方面积极向所在行政区域上级部门争取各类审批权限下放，建立一级财政和一级金库；另一方面，进行内部机构设置调整，设立专门的部门负责高新区创新工作。其次，政府必须建立健全的政策体系，将科技创新政策与其他政策区分开来，形成一个独立的体系。科技创新政策要针对企业创新、企业孵化、产学研合作/技术转移转化、中介服务等方面加强鼓励，尤其需注重对人才和资金等要素的吸引政策。最后，要建立起完善的政策落实机制，使高新区创新发展政策及相关规划真正起到促进高新区创新体系建设的作用。

（2）培育创新主体，提升创新能力。加强企业创新现状的关键就是要解决企业的动力和能力问题。在解决企业创新动力问题时，必须注重培育企业创新精神，营造鼓励创新的社会和企业文化氛围，建立有利于创新的规章制度和激励机制，必须建立良好的市场秩序和公平的竞争秩序，建立有利于创业投资的融资机制，提供公共物品保障，实施必要的优惠政策。在提升企业创新能力时，必须加强对创新战略的研究，实行多种创新模式共存、设立开放式研发中心、采取全面开放式创新战略、加强技术创新管理等策略。同时，要积极探索产学研合作新的组合模式，激发科研院所的创新活力，促进科研院所的科研发展和科技成果转化，不断推动产业发展技术需求与科研机构研发方向相结合，积极鼓励校企战略合作、产业技术联盟、产业研究院等新型产学研合作模式发展。

（3）突出两大抓手，聚集创新要素。高新区创新体系构建要以人才引进和资金投入为抓手，不断汇聚创新要素。高新区的人才管理主要包括以下几个方面的工作：一是建立灵活的人才机制，二是实施特殊的人才政策，三是完善对人才相关服务。不断加强高新区自主创新体系的资金投入包括以下几个方面：一是加强政府投资，高新区政府要设立专门资金，用以推动高新区自主创新体系建设；二是建立健全投融资平台，着力解决中小科技企业面临的融资困难问题；三是加快区域内金融业的发展，着力引进一批风险投资或天使投资。

（4）构建服务平台，完善中介服务。高新区一方面要完善公共服务体系，依托区域内的生产力中心、孵化器等机构，以自建或是邀请专业机构合作共建的形式，建立技术转移服务、科技中介服务和知识产权服务平台；另一方面，要积极发展一批市场化运营的法律、咨询、会计等中介服务机构，制定相应的政策法规，促进中介服务业市场规范发展，提供专业化服务。此外还应积极推进行业协会等产业组织的建设，鼓励其承担沟通园区管理委员会和园区内企业的重任，促进行业自律发展。

（5）加强开放合作，推进高端链接。开放合作是高新区创新体系发展的一大趋势，为顺应这个趋势，高新区需完善与周边区域的沟通机制，实现对周边区域的创新引领与高端辐射；积极构建与国内外先进高新区的高端链接合作机制，促进创新要素的流动，利用全球化创新资源促进高新区快速发展；通过对大量创新主体的引入，满足高新区内部创新体系的发展需求。

附 2　深圳高新技术产业园

2.1　发展历程

深圳高新技术产业园（以下简称深圳高新区）由深圳市科技产业园发展而来。1985 年 7 月，中国科学院与深圳市人民政府共建中国第一个高新技术产业开发区——深圳市科技产业园。1991 年 3 月，国务院审议了这一情况，并在 37 个地方高新技术产业开发区的基础上批准成立首批 26 个国家级高新技术产业开发区。同时，为支持深圳高新区的发展制定了一套国家政策。由此，深圳科技产业园成为国务院认可的首批国家高新区之一。1993 年 4 月，原国家科学技术委员会确认深圳市京山民俗科技工业村和中国科技发展研究院属于深圳国家高新技术产业开发区。1996 年 9 月，深圳市高新技术产业园区领导小组及办公室通过深圳市人民政府批准正式成立。深圳市高新技术办公室作为市政府的调度机构，代表市政府管理深圳市高新技术产业园区的行政事务。同年 12 月，国家科学技术委员会批转深圳高新区实施多园区管理制度。深圳市科技工业园区、京山民俗科技工业村、中国科技发展研究院、深圳市高新技术产业村、国家电子工程测试中心、深圳大学与第五工业区融入深圳高新区，在政策、规划、管理上实现统一。经过重新整合后的深圳高新区，全称“深圳高新技术产业园”，占地 11.5 平方千米，是科学技术部“建设世界一流科技园区”首批发展战略试点园区之一，被国家认定为高新技术产品出口基地、APEC 科技产业园区和国家火炬计划软件产业基地。2017 年，深圳市高新技术产业增加值达到 7359.69 亿元，增长 12.19%。2018 年第一季度，深圳先进制造业增加值为 1288.09 亿元，同比增长 12.7%。高新技术制造业增加值为 1195.06 亿元，增幅达 11.1%。

2.2 创新主体

深圳高新技术产业园区拥有良好的投资环境，包括 IBM、甲骨文、康柏、朗讯、西门子、汤姆逊、菲利浦、爱普生、哈里斯等国际知名企业和华为、中兴、联想、海王、长城、TCL、创维、创智、康泰等国内知名企业入驻。

同时，在政府和院校的共同支持下，深圳虚拟大学园汇集了清华大学、北京大学、香港大学、佐治亚理工学院等 60 所国内外知名院校，和国际学生创业园、虚拟大学园孵化器、基因工程孵化器和软件园孵化器共同提升了深圳高新区的创新能力。现已承担国家级科技项目 1234 项，发表论文 2863 篇，转化科技成果 1932 项，成为各成员高等院校在深圳发展的创新载体和公共平台，在人才培养、资源聚集、科技创新与成果转化等方面为深圳经济建设与发展做出了突出的贡献。

2.3 创新生态

(1) 开放式的管理模式。深圳市成立了高新区领导小组，市长担任小组组长，并规定高新区领导小组办公室是市政府的派出机构。根据深圳的具体情况要求，建立了三级管理体系，即由领导小组、领导小组办公室和园区服务中心三个层次共同构成深圳市政府的作用机制。

（2）投融资服务创新。深圳高新区已经找到了能够解决该地区企业家融资困难问题的解决方法——建立“创业投融资服务广场”。在从建立到正式开放的一年多的时间里，它吸引了40家银行、风险投资、担保及其他金融机构，形成了完整的企业投融资服务供应链。截至2008年年底，已有18家公司完成了上市辅导，125家公司获得融资担保，风投机构成功投资了19家公司和项目。在“创业投融资服务广场”平台上，建立了新型的金融服务链和运营模式：中小企业和企业家可以很容易地找到资金或融资渠道，风险投资、经纪人和银行等各种机构来迅速筛选、确定、投资合适的项目，实现风险投资资本与高科技企业的直接对接。作为技术和资本对接的平台，“创业投融资服务广场”可以充分满足企业对银行贷款、担保和风险投资等金融服务的需求。此外，自成立以来，创业投融资服务广场就致力于组织各种类型项目对接和谈判活动，为投资家和实业家创造更多交流机会。例如，创业投融资服务广场每周会举办“项目深度剖析沙龙”，让项目与资本、企业家与投资者直接交流碰撞；组办“项目融资辅导营”，以帮助孵化中小高新科技企业为目标，培育新三板和创业板的后备力量。同时，创业投融资服务广场积极引进国内外金融投资、担保和中介服务等大型机构，为企业争取更多获得投融资的机会。因此，创业投融资服务广场开创了国内金融服务平台的新模式，在高新区建立了多层次资本市场体系，为创新型中小科技企业成长提供了良好的服务和支撑。

（3）产、学、研合作体系。为了避免因科研院所和大专院校的缺乏对深圳高新区的研发工作和自身发展造成影响，建立了一个深圳高新区虚拟大学园区，聚集了国内外40多所著名高等院校。2008年年底，通过虚拟大学园培养了约6万名高等院校生、2000多名硕士生、300名博士生，被授予“广东科技人才基地”。截至2018年，虚拟大学园就聚集了国内外60家知名院校，在深圳设立了227家机构，共培训人员32.6万多人，发表论文2863篇，获得专利1377件，转化成果1932件，累计培养技术企业1265家。

（4）多形式的国际合作平台。随着深港创新圈的启动，深港两地的科技合作活动也日渐升温，该平台将有助于加强深圳高新区与香港及海外科技集团的合作与联系。目前深港科技园之间有往返巴士，深圳高新区和香港的距离也越来越近。此外深圳的“光博会”以及已经成功举办了10年的“高交会”等会展平台也为高新技术产业园区吸引国际合作伙伴做出了贡献。例如，2009年的高新技术成果交易会上，共有来自49个国家和地区的106个代表团和1800多名投资者参加，共有超过15000个项目在交易会上进行了展示，参观者人数高达50.6万人，来自国内外的200家媒体的1300多名记者对此次“高交会”进行了多方位的报道。

2.4 经验启示

（1）应通过立法解决低成本进入和资源动态分配问题。1992 年，深圳被授予了立法权，为适应改革发展和法制建设的要求，深圳市人大迅速制订了一系列的特区规章制度，适应了改革发展和法治的需要。其中，市场经济和改革开放的经济立法占立法总量的 70%，其中超过 50% 的规定是在国内先行或有重大突破的，初步形成了符合国家和省级法律法规的法律框架，适应了特区市场经济和城市管理发展的需要，为深圳依法治市奠定了良好的法律基础。

（2）历史问题应该通过谈判协商解决。对于历史问题，我们可以参考立法的相关规定来对房地产业主或债权人、债务人、人民法院和其他单位进行协调，实现和解。在此过程中，政府应该注意到市场行为与政府行为之间的差异，并给予适当的差额补偿。

（3）创新金融技术投资模式，实施投资引导，分步贴息，风险补偿，激励资金和相关政策措施等改革。使用财政资金购买和建设的技术基础设施应以非营利方式向社会开放。建立政府财政科技经费投资或者资助建设的科技基础设施和平台资源共享机制，以促进技术研究、实验基地整合和有效利用大型科学仪器和设备、科学数据和文献、自然科学技术资源和信息网络资源。政府可以发起或参与设立再担保机构，重点扶持为企业的技术创新活动提供担保的担保机构。政府可以建立政策性信用担保机构风险准备金制度，为担保机构的再担保提供担保，保障政府设立的再担保机构对技术创新企业的支持。同时，政府应当对在科技创新活动中做出突出贡献的组织和个人给予表彰和奖励，鼓励更大数量、更高层次的创新。

（4）促进科技企业孵化器发展的政策。建立差异化服务孵化体系，实现企业托儿所、孵化器、加速器、科技园区相结合的大型孵化器战略。形成一个生态链，孵化和培养整个过程和所有因素；支持企业、高等院校、研究机构、风险投资机构和其他社会组织为小型和微型企业设立企业托儿所，为创新团队和个人以及其他技术企业家提供创新的创业服务，如创业咨询和预孵化；支持社会力量运营孵化器，为初创企业提供培训、辅导、咨询、法律、会计、风险投资、研发、试制、运营场所和共享设备。通过体制机制、产业组织和服务模式创新，提供共同的技术开发、测试、知识产权、股权投资、人力资源和设备管理等高端服务。

附3 武汉东湖新技术开发区

3.1 发展历程

东湖新技术开发区（以下简称东湖高新区），又被称为中国光谷，地处湖北省武汉市。东湖高新区于1988年正式成立，1991年通过国务院批准成为首批国家级高新技术产业开发区，2009年被批准为国家自主创新示范基地。经过20多年的发展，武汉东湖高新区形成了以光电子信息产业为核心，能源与环保、生物工程与新医药、机电一体化和高科技农业竞相发展的产业格局，是中国光电信息技术最强大的地区。在高新区不断发展的过程中，武汉·中国光谷以高科技企业集团为基础，以48所高等院校和56所中央和省级科研院所的强大科研实力为依托，建成了关东、关南、光谷以及大学科技园等产业园。科学、技术和生产的整合为成功获取园区知识打下了坚实的基础。与此同时，围绕光电信息产业链，集群规模逐步扩大，拓展了企业获取的知识面，增加了企业获取的知识量。

东湖高新区作为武汉市重点建设区，在政府的支持下发展迅速，实力逐年增强，经济总量大跨步增长，综合排名上升到全国第三位，技术创新能力上升到第二位。2017年，东湖高新区生产总值增长7.6%，完成规上工业总产值2350.81亿元。同时，东湖高新区重视自主创新体系建设，聚集几十所高等院校和科研院所，是中国第二大智力密集区域，孵化器总面积达450万平方米，构建了由产业技术研究院、产业技术创新联盟、孵化器、技术创新平台组成的多层次创新创业平台，其技术创新能力仅次于北京，位居全国第二。随着产业不断集聚和发展，东湖高新区已形成多个成熟的产业园区，“一城五园”的园区结构逐渐成型。

自1991年被国务院批准为中国首批国家级高新技术产业开发区以来，东湖高新区积极响应国家政策，充分利用国内外资源和环境优势，除上述成就外，东湖高新区在吸引投资方面也取得了显著成效。根据东湖高新区的统计项目，2012年，东湖高新区围绕五大行业，聚焦大型国外业务，在欧洲、美国、日本、韩国等国家和地区已成功举办了15项大型特殊投资促进活动。同年，东湖高新区新增外商投资企业35家，增资项目15个，其中增资超过1000万美元的项目16个，世界500强项目10个，价值超过50亿元的项目3个，规模为30～49亿元的项目4个。这一年，东湖高新区投资项目总投资达586.3亿元，招商引资162.76亿元，其中实际利用外资9.49亿美元，增长12.42%。

2013年，为大力推进招商引资工作，东湖高新区制定并实施了《关于进一步加强投资促进体系建设的实施意见》，进一步完善了投资促进体系。2017 年，为推进招商引资，东湖高新区着力推进“一号工程”，实现重大项目引进新突破。2017 年实际利用内外资总额达 736.58 亿元，其中实际利用外资 19.81 亿美元。全年引进亿元以上项目 108 个，协议投资总额超过 2000 亿元。根据以上数据，不难得出结论，近年来，东湖高新区在吸引外资数量上实现了跨越式发展。

3.2 创新主体

从企业结构来看，园区以中小企业为主，80% 的企业通过科技成果的孵化而成长。园区规划建设了多个特色产业基地和功能区，初步形成产业集聚规模。

（1）产业园。东湖高新区建设有关东科技园、关南科技园、光谷软件园、富士康武汉科技园以及汽车电子、金融后台、船舶、武钢、武重、武锅等专业产业园。其中，关东光电子信息产业园集聚状态相对较好，拥有烽火通信、楚天激光、长江通信、长飞光纤光缆、安凯电缆等一批光电子代表性企业。从 2008 年开始建设国家生物产业九峰创新基地、九龙产业基地等新的产业园。

（2）大学科技园。东湖大学科技园规划面积 3000 多亩，主要有武大科技园、华科大科技园、武汉理工科技园、华师科技园等。其中，华科大科技园规划面积 100 余亩，是目前发展势头最好的大学科技园之一，集聚了华工科技、华工激光、华中数控、江钻股份、中元华电等知名企业。

通过建立技术企业孵化平台、企业创业和建立子公司，武汉东湖新技术开发区实现了企业衍生。开发区先后建立了东湖新技术创业中心、光谷创业街、国际学生创业园等 7 个“孵化器”，15 个省级群众创作空间；建立了两个新的技术企业孵化器，并创建了 14 个私人空间。到 2018 年，东湖新技术创业中心已拥有孵化技术公司 5000 余家和毕业公司 680 家，生存率约为 75%。其中凯迪电力、三特索道、凡谷电子、楚天激光、国测科技等毕业企业在“孵化器”平台上茁壮成长，一跃成为国内知名企业，极大地刺激了园区经济的繁荣。

3.3 创新生态

（1）光电子信息占主导地位。2017 年，东湖高新区光电信息产业完成营业收入 5293.7 亿元，同比增长 5.83%，进一步提升了光电信息产业的主导地位。其中，光通信产业稳步发展，巩固了其在行业中的领先地位。东湖高新区已成为中国最大的光缆生产基地和中国光通信领域最强大的研发基地。光谷拥有世界上最大的光缆生产规模，占据国内 66% 的市场份额，国际市场份额也超过了 25%，其中光传输设备的国内市场份额为10%，国内光电器件市场份额为60%，国际市场份额为12%。2008年，光通信行业实现总收入249.4亿元，同比增长36.45%。随着激光行业进一步扩大，许多关键技术开始工业化。光谷拥有中国最大的激光设备生产基地，其生产的激光产品要占到国内激光产品总量的一半左右。2016年，激光行业总收入突破200亿元大关，同比增长12.3%。集成电路产业和消费电子产业逐渐崭露头角，成为高新区新的增长点。2006年，高新区成功引进了中芯国际12英寸90纳米超大规模集成电路生产项目。同年，富士康集中在光谷投资建设其全球最大的光机电研发和制造基地。这两个重大项目于2008年的成功启动，推动高新区的集成电路产业和消费电子产业取得了突破性进展，在未来，它将形成1000亿元的工业规模。

（2）密切关注世界工业的前沿，提前发展生物产业。2007年，武汉国家生物产业基地获国家发展和改革委员会批准成立。2008年，东湖高新区投资100亿元启动了全国生物产业基地建设，总面积达到12平方公里。生物产业基地将优先发展以生物服务外包和生物制药为重点的新兴产业，大力培育以中药现代化和生物农业为基础的优势产业，旨在成为以医疗设备和化学制剂为主体的大型产业，成为生物信息学和生物能源领域的国际领先产业。2017年，在生物产业基地建设的推动下，生物产业开始发挥其实力。

（3）新能源与环保产业竞相发展。2017年，东湖高新区在新能源环保产业的营业收入为1229.13亿元，同比增长5.12%。在新能源城，高新区在光伏电池新品研发、质子交换膜燃料电池技术、生物质发电设备（锅炉、内燃机、发电机、汽轮机）研发、油菜籽直接转化生物柴油等方面已经取得了显著成效，拥有处于国家前沿的技术优势。在环境保护领域，东湖高新区发展以大气污染防治和固体废物处理为主导的产业格局，在水污染防治和环境监测仪器方面具备了相当的实力，园区内涌现出凯迪动力、凯迪水务、中钢天成等多家龙头企业。

（4）软件和外包产业等高科技服务业正逐步延伸到产业链的高端层次。2017年，高新技术服务业完成总收入3141亿元，同比增长6.93%。高新区的良好投资环境吸引了众多知名跨国公司，如IBM、EDS、微软、英特尔、西门子、简伯特和日本NTT。方正国际、联想软件、纬创软件、软通动力等知名软件外包公司也将目光投向武汉，先后在此设立研发中心。招商银行后台服务中心、交通银行客户服务中心、太平洋信用卡后台中心等落户光谷，使光谷高科技服务业格局发生了根本性变化，推动软件产业化发展。

（5）激发创新的源泉，争夺国际技术标准。东湖高新区坚持自主创新的原则，培养了自主知识产权和产品研发能力。在自主创新的目标上，一方面，瞄准国际光电信息技术的前沿，解决几个关键领域的关键问题，达到国际领先水平，并利用低成本优势为国际市场开发标志性产品，走国际化和品牌化之路；另一方面，针对国内市场，利用光电信息技术改造传统产业，发展替代性的高科技节能产品、环保产品、大众产品，走进口替代之路。深化科研体制改革，整合和转移现有科研机构和人才，建立以企业为主体的创新机制，让大多数研究人员进入开发区，进入高科技企业，并从事一线研发。高等院校和国家研究基地（中心）主要从事基础和前沿研究。目前，东湖高新区已建成外国留学生创业园、光谷创业街、高等院校科技园、光谷软件园和南湖农业园区创业中心等各种孵化器组成的孵化体系。东湖高新区创业服务体系基本建立，联合办公中心为创业企业提供了一站式服务。国际学生创业园、先锋街和大学孵化器为企业注册提供了招聘、培训、项目融资等方面的专业化服务，有助于孵化器跨越发展中的障碍。通过政府资金的杠杆作用，该园区吸引了大量社会资本投资，将金融资本、私人资本和政府资金联系起来，先后成立了包括华工创业投资和乌达风险投资在内的 13 家风险投资公司，吸收国内外资金 16 亿元，获得银行贷款 100 多亿元，在很大程度上缓解了高新技术企业融资难的问题。

（6）扩大产业链，吸引国际企业聚集。东湖高新区已形成以光电信息产业、生物工程和新药、能源与环保、机电一体化、新材料和高科技农业为主导的产业结构。在增加企业集团的同时，东湖高新区致力于拓展高科技产业链，从产业链的上游领域向下游拓展；从产业链的低端领域向高端延伸；从产业链国内市场向国际市场延伸；光电信息产业从投资向消费延伸。高新区多年来的实践已经证明，优势产业基础是经济发展的基石，强大的产业链是发展区域经济的关键。从企业扩展到产业再扩展到产业链，这是产业发展的固有规律。为此，东湖高新区通过建立激励机制，加强园区内部管理，拓宽了投资渠道、创新了投资模式，集中优势资源，突出吸引投资的关键点，关注项目实施，促进了投资的顺利发展。

（7）增强产品力量，引领国际市场潮流。在现代，要打造国际高科技园区，必须不断在国际舞台上推出创新的新产品。提升产品之力，不仅要开发新产品，还要不断提升产品的自主创新、品牌影响力、市场拓展和环境亲和力。只有通过多方面提升产品的国际综合竞争力，才能在国际市场上引领新潮流。东湖高新区能够在国际市场上推出具有竞争力的产品离不开开发区的市场开发理念。高新区积极鼓励企业实行“走出去”战略，增强企业利用国际市场资源、参与国际竞争的能力。一方面是设立“中小企业国际市场开拓资金”，为企业出国参加国际展览、产品国际认证、海外招标等提供资金支持，帮助企业走出国门，参与国际市场竞争。另一方面积极帮助搭建平台，为企业“走出去”创造条件，如促进 IBM 在高新区建立软件企业外包管理中心和软件工厂，为本地区企业开辟广泛渠道，获取更多海外软件外包业务；同时，它与英国曼彻斯特共同建立了“中英科技园”，为中小企业走向欧洲市场提供了便利条件。此外，积极鼓励海外并购，提升企业的国际竞争力。例如，华工科技收购了世界知名的激光制造公司澳大利亚切割系统（ACS），为产品进入国际市场开辟了新的渠道，培养了国际化高级人才。

（8）战略联盟。东湖高新区战略联盟的知识获取主要由企业、行业和地区三个层面组成。在企业和行业层面，继半导体照明、激光医疗设备和3G之后，高新区将增加另一个行业联盟——“风电产业技术创新战略联盟”。

通过建立战略联盟，园区将产业、学术和研究机构三方资源充分整合，创造协同效应，为园区内企业所需的新知识和能力的获取创造了有利条件。在区域层面，高新区与中关村自主创新示范区在北京签署了战略合作协议。根据协议，双方积极推动两地研发的深层次合作。中关村科技园采取了包括建设高新技术产业园区等行动，支持东湖高新区基础设施建设；东湖高新区通过政府采购、资金支持、人才引进等优惠政策优先支持中关村企业落户，加速战略性新兴产业的发展进程。双方企业家、企业家和科学家、企业和金融机构定期互访、彼此学习和互动交流。通过一系列实际行动，实现了双方的密切合作，加强了园区间的知识流动，有助于共同探索和实践示范区的创新机制、创新政策和创新环境，实现双方在知识获取中的双赢，促进整个园区的创新和发展。

（9）行业协会和人员流动。行业协会对知识获取的促进作用是不可忽视的。2009年，东湖高新区的激光工业协会组织会员参加了“慕尼黑光电子和激光应用博览会”。协会通过努力获得政府支持，鼓励激光公司出国并充分获取外部来源的知识和信息，以帮助公司向海外市场延伸。与此同时，协会与德国环耶拿工业驱动光学网络集群直接对接讨论合作，促进隐性知识的转移，建立了集群企业与外部市场的联系渠道。

在人员流动方面截至2018年底，共有3万多名留学生在高新区学习。2018年，高新区加快推进第十一批“3551”人才引进计划将，引进224名（团队）计划人才。频繁的员工流动促进了高新区的知识和技术与技术交流与传播，提高了知识获取的效率，并刺激了大量专利的诞生。

3.4 经验启示

（1）提高外资利用效率。高新区一是要设定吸引投资的标准，明确吸引投资的过程，改进吸引外资的方式，通过股权控制、并购、合资等多种方式进行海外投资，以提高外商投资质量，并重视一些相关产业的投资，不断向其他行业扩展；二是加强国际范围的合作，与多国研发中心的进行深度合作与交流，提高本地区的技术创新能力；三是优化市场竞争环境，促进企业间的良性竞争。

（2）增强高新区内的技术吸收能力。高端人才培养是提高创新能力的关键一环。一方面要重视区内人才的培养，完善人才培养；另一方面要抓住机遇引进国际优秀人才和队伍，以提高技术溢出效应。此外，要坚持实施“走出去”战略，提高高新区开放层次、开放范围、开放水平，从而提高吸引外商投资的技术溢出水平。

（3）提高高新区的自主创新能力。发达国家往往对先进技术有着较强的知识产权保护意识，仅通过技术引进，发展中国家很难获得关键产品和核心技术。要切实提高高新区的技术创新能力，必须将技术引进和自主创新相结合。一是要充分发挥科教教育和人才优势，实施“科教兴区”“创新驱动”战略，鼓励自主创新，突破核心产品和核心技术。二是加大研发投入，促进产学研之间的紧密合作，充分发挥企业技术创新的作用和高等院校、研究机构在创新活动中的作用，加快技术产品的转化。

（4）加快高新区配套产业建设，打造紧密合作、专业分工、合作完善的产业链。一是分解行业的关键环节或鼓励母公司的科技人员自立门户、创办企业，分解会导致许多分支机构的出现，且这些分支机构有着密切的分工和合作，因此大中型高新技术企业或企业集团应起到示范作用。二是积极发展设计工程中心等配套产业加工中心，尤其是鼓励建设 ASIC 设计工程技术中心和 SMT、PCB、发动机等光电配套工业加工中心，最大限度地降低高科技产业化成本。三是大型企业集团应改革自给自足的产品配套模式，在产业链中开辟一些环节，为中小企业提供产品支持和相关服务。

（5）企业、高等院校和科研机构应围绕高新区产业发展的主要关键共性技术，建立各种技术和知识创新的联合组织。一是高新区的龙头企业或企业集团要以项目或课题为纽带同具有较强研究开发和技术辐射能力的高等院校、科研机构进行全方位合作，高标准建设中试基地、工程技术研究中心、重点实验室、企业技术中心及其配套研发体系和博士后工作站，集成创新资源，增强创新能力。同时，要依靠现有的一批国家重点学科、重点实验室和工程中心，引导高等院校、研究机构或企业共同建设或扩大国家（或省级）重点学科、重点实验室和国家（或省级）工程技术研究（开发）中心或技术转移中心。二是科技型中小企业和民营科技企业应加强自身的技术支持，与具有较强技术和知识创新能力的高等院校和科研机构建立科研和生产综合体，使其成为一组高科技产业集群的支柱。此外，可以实施校企智力资源共享和校企联盟，加强信息和人力资源的交流和利用，有效解决重大技术问题。高等院校和科研机构可以帮助企业在学校和机构内建立科研基地，也可以帮助企业进行技术咨询和技术诊断或更新企业技术人员的知识，实现高等院校和企业共同培养创新人才。

（6）协调机制是连接研究开发、成果产业化等环节的内在激励机制，是解决利益分配矛盾和信用危机的核心。建立多方协调机制，一方面进行适当的利益机制安排，在产业链运作过程中，利益机制可以通过产业链企业之间的合约（契约）安排或成员公司的共同所有权单位来确定，并对成员公司的额外贡献或因产业链偶尔失衡所遭受的损失进行适当补偿。在产学研合作中，可以通过销售收入提成和研究项目确定的利益机制来创造双赢，以达到或超过企业和科研机构等创新实体的合理期望。另一方面要强化信用机制，在产业链运作过程中，成员企业必须相互尊重、相互开放、共享信息，并相互深入到彼此的价值链管理过程中。上游企业要摒弃每个企业只关注自身发展的狭隘观念，对最终产品的生产和运营进行更多、更深入的了解，实现真正的共赢，为自己和对方带来更大的市场份额，获得更多收入。在产业、高等院校和研究机构的合作中，有必要提高企业、高等院校和科研机构之间的信任水平，三者应相互学习、合作创新、共同进步，及时预防和解决冲突。

（7）经过多年的沉淀，东湖高新区积累了一定的文化基础。在此基础上，挖掘高新区丰富文化内涵，融合先进的校园文化、企业文化、商业文化和硅谷文化精髓，真正做到以人为本，重视人的价值，公平公正对待高新区每一个岗位上的员工，让历史悠久的创业和奉献、诚信和务实、创新和冒险、宽容失败的园区文化深深扎根于人民的心中，以激发员工的上进心、积极性和创造力，将高新区培养成一个劲往一处使、心往一处想的亲密合作团体。

附 4　苏州工业园区

4.1　发展历程

1992 年起，中国与新加坡双方围绕合作共建科技园区事宜进行了多次协商和实地考察。1994 年 2 月，国务院颁布《关于开发建设苏州工业园区有关问题的批复》（国函〔1994〕9 号），同意江苏省苏州市同新加坡有关方面共建苏州工业园区。1994 年 5 月，苏州工业园区首期开发建设正式启动，园区行政区域面积为 278 平方公里，包括三个镇，常住人口超过 30 万，其中中新合作规划区 80 平方公里。苏州工业园区成立 20 多年来，已成为享誉世界的高科技产品国际和制造基地。苏州工业园区的成长历程大致可分为三个阶段。

第一阶段：工业集群（1994 ~ 2001 年）。1994 年，苏州工业园区聘请了来自中国和新加坡的城市规划专家，以“城市”的概念为园区的整体规划做准备。鉴于当时的工业和经济基础，第一阶段的发展主要面向金鸡湖板块，其目标是以国际直接投资拉动国际产业转移。为吸引外商投资，园区基础设施按照“九通一平”的高标准建设。截至2001年，苏州工业园区共引进了764个外商投资项目，世界500强企业中有39个先后进入园区，园区以电子信息、生物制药和精密机械为支柱产业，为园区的经济发展和企业创新奠定了基础。

第二阶段：高技术产业集群（2001～2006年）。自2002年开始，苏州工业园区开始寻求产业转型升级。除了投资高科技和资本密集型、具有辐射驱动效应的项目外，园区更加注重创新载体的建设，如建立独墅湖科教创新区。随着国内外著名高等院校的多个研究所或分校入驻园区，以及数十个公共实验室和公共技术服务平台的建成，大量的技术人才开始向这里汇聚。从高科技产业集群向苏州工业园区的转变带来了产业创新所需的重要要素和资源，创新体系也由此开始重构。

第三阶段：区域创新集群（2007年至今）。园区人口的增加和经济的多元化发展使原来的规划与现状不相适应，为此，苏州工业园区对其“十一五”规划进行了调整：在保留“具有国际竞争力的高科技工业园区”的基础上，增加了“现代化、园林化、国际化”的“新城区”定位。此外，在苏州城市总体规划中，园区也被定位为东部新城，园区内的金鸡湖区被定位为城市CBD。

2018年，苏州工业园区实现地区生产总值2570亿元，公共预算350亿元，进出口总额1035.7亿美元，社会消费品零售总额493.7亿元，城镇居民人均可支配收入7.1万元。2018年12月，苏州工业园区在年度国家级经济技术开发区综合开发水平评价和评价中名列第一。

4.2 创新主体

苏州工业园区科技年平均投资占地区生产总值的2.64%，科技进步贡献率达到63%。先后建成国家级电子信息产业基地、集成电路产业园区、动漫产业基地、软件园区等科技成果转化基地；成立风险投资、人才培养、中小企业创业保障和IC设计、软件研发、动漫产业和生物纳米等专项资金，总投资100亿元。园区内聚集了200多名海外留学生，60多家跨国公司和国家级设计机构，以及2万多名高级专业技术人员，成为“国家知识产权试点园区”。

2008年，在初创公司方面，该园区就已经引进了200多个外国学生创业团队和20个创新技术孵化器。在创业团队的指导下，知名科技公司如“携程”和“康宁吉瑞”都是在园区的孕育下成长起来的。

苏州工业园区将重点放在集成电路、动画和游戏、纳米技术及下一代通信等行业，建立了30多个技术公共服务平台，推动了行业共性技术的突破；并依靠政府财政资源，在原理原型上进一步推进高等院校和研究机构的基础研究，使研究成果更利于最终转化。将成熟的通用技术，如动画渲染技术、纳米材料制备技术、集成电路测试技术等都放置在公共平台上，供公司付费使用（相当于公司的费用）。这不仅减轻了研究和开发的负担，而且还产生了一组具有知识互动的相关公司。例如，在苏州纳米工业研究所和加州大学洛杉矶分校技术研究所的帮助下，苏州纳米城在园区取得了专业技术的突破，包括微纳制造（如纳米加工）、能环（如纳米电池清洗技术）、纳米新材料（如纳米粒子、纳米结构材料）、纳米生物技术（如靶向给药、纳米诊断）等，带动了整个纳米产业的发展。

4.3　创新生态

苏州工业园区的发展得益于中国和新加坡政府的高度重视和全面推动，特别是在项目审批中，国家授予其在海关物流、公积金制度、外事管理等方面独有的管理权限，形成了“不特有特、特中有特”的政策优势。园区注重借鉴学习国内外城市的先进建设经验，有机融合新加坡的国际化理念和苏州文化遗产传统理念，每平方公里投资近1亿美元建设基础设施，形成了一系列高等级公路、高标准设施和一批大型能源工厂。这些优势使园区成为中国发展速度最快、发展水平最高、吸引外资最多的开发区之一。

（1）从基础设施的角度来看，除了高水平的实验室外，园区内的许多研究机构都设有设备齐全的购物、餐饮和健身设施，研究人员可以在不离开建筑物的情况下完成所有的研发和休闲活动；在政策引导方面，为了鼓励和保护园区的创新活动，苏州市政府制定了从企业引进、金融服务到人才补贴的一站式配套措施，例如，高层次和紧缺人才政策，创新和创业启动资金支持计划，以及中小企业的统一借贷平台；在创新文化方面，苏州政府独特的创新服务导向和员工的“亲学”“亲商”理念为创新奠定了良好的基础。同时，苏州工业园区注重吸收外部先进文化，实现与不同文化兼容。此外，在众多国家开发区中，苏州工业园区汇聚的高等院校人才数量首屈一指，大量创新人才为园区带来了更具活力的创新态度和创新理念。

（2）苏州工业园区的共享理念体现在提供各种形式的免费设施上：园区向主要公共场所提供免费无线网络连接，配有免费乘坐巴士，各种园区和绿地也向公众免费开放；苏州独墅湖图书馆建筑面积2.4万平方米，馆藏纸质图书105万余册，并与国家图书馆、上海图书馆等众多公立和高等院校图书馆建立了电子平台对接。2012年，图书馆新建、改建了15个社区分馆，全部免费向园区内人员开放。在独墅湖高等教育区，苏州工业园区打破传统的“墙”的概念，所有高等院校和研究机构共享食堂、教学楼和体育馆，使得学生和科研人员都可以跨机构开展研究、授课、选课。

（3）苏州工业园区的个体协同效应体现在各研究机构、学术机构和创新型企业的“跨行业”高效对接中。首先，园区非常重视各类创新科目的引进，引进超过1000家金融和准金融机构，这种高密度资本集聚本身促进了创新主体的对接。据官方数据，园区共建有技术载体600多万平方米，30多个公共技术服务平台，20多个国家级创新基地，并帮助没有能力购买高端设备建立实验室的中小企业建立开放实验室。通过这种方式，一个行业的研究成果更有可能被类似的行业发现，以实现跨行业的协同效应。此外，为了最大限度地降低实体间的搜索成本，园区还拥有完整的对接机制和在线服务平台。

（4）政府的引导作用。苏州市政府高度重视“本垒平台”和软性“通道”的建设，除了创建各类创新载体外，更重要的是构建机制创新，技术服务和政策环境等“软平台”（附表4-1）。

附表4-1　政府与“本垒平台”建设

平台建设	主要内容
强化体制机制创新	强化政府、企业、科研院所和服务机构之间相互协调促进的关系，建立各部门合力促进自主创新的工作机制，使政府部门逐步从自主创新资源配置的主体转变为配置方式的制定者、资源配置过程的监督者和资源配置绩效的评估者，消除制约自主创新的体制机制障碍
确立企业在自主创新中的主体地位	一方面，引导跨国公司和合资企业将更多的研发活动在本地进行，使跨国公司、合资企业的研发活动融入苏州区域创新体系。另一方面，引导规模型企业和成长型企业增加研发投入、引进和培育创新人才、建立企业研发中心；扶持、促进中小型民营科技企业开展各类技术创新活动，加强引进技术的消化吸收再创新；引导企业与高等院校、科研机构建立各类创新联合体，引进重大科技成果实施产业化
发挥高等院校/科研机构在自主创新中的源头作用	实施独墅湖高等教育区建设和招才引智工程。吸引更多的国内外著名高等院校和科研院所来苏州设立研究生院、研发机构，使之成为国内外优质教育科技资源汇集苏州的基地和国内外重大科技成果进入苏州的桥梁
引进和建设自主创新载体	苏州科技城、苏州工业园区国际科技园、生物纳米园、创意产业园、高新区环保产业园等科技创业园、留学生创业园和高新企业孵化器建设
技术研发和服务平台建设	“整合、集成、共享、提升”各类技术研发和服务平台，发挥服务企业、集聚企业、提升产业竞争力的作用。如集成电路设计平台、集成电路测试平台、软件测试平台、高新区新药创制平台等，以及标准创业流程服务、创业辅导培训、创业投资等科技创业综合服务平台和嵌入式软件开发平台、动漫游戏软件开发平台等共性技术服务平台等

续表

平台建设	主要内容
完善科技中介服务体系	形成资本服务、人才服务、技术服务、信息服务、知识产权服务等比较完整的提高自主创新能力和促进科技进步的中介服务体系，并使科技行业协会成为行业自主创新的纽带，成为科技产业发展的战略联盟
培育壮大自主知识产权	支持企业开展自主品牌经营，形成更多具有自主知识产权和国际竞争力的品牌企业，并对自主知识产权进行创造、管理、运用和保护
提高企业信息化水平	以信息化带动工业化。建立区域企业信息、产品和技术配套数据库，建设公共物流信息平台、公共供应链平台等电子商务平台；引导企业内部的信息化建设，促进数控系统、工业生产过程控制、计算机辅助设计/制造、计算机辅助工艺、计算机集成制造系统，以及ERP系统、电子商务等在企业的广泛应用，将信息技术与现代管理技术、制造技术相结合

4.4 经验启示

（1）智力资本是建立区域创新集群的关键。首先，智力资本的提高可以增强区域的创新能力，加速新技术的研发和技术成果转化，增强企业和产业的创新能力；其次，它可以帮助人们树立创新意识，促进社会创新文化环境的形成。来自苏州的经验表明：如果常住人口的创新意识和创业精神没有根本改变，那么在原有的社会结构和居民的文化的基础上建立一个能够支持主导产业共性技术的综合区域创新体系将面临着很大阻碍。因此，除了吸引和汇集创新人才外，政府还应注重培养创新人才对当地社区的归属感，将引进的人才同化为当地居民，从而改变当地居民的结构和创新意识水平。

（2）产业共性技术是区域创新集群的源动力。产业通用技术具有普遍适用性，有利于促进大型关联企业的集团创新。显然，与产业通用技术的创新平台相分离，只凭借单个企业或个别人才的技术突破，根本无法形成具有自主创新能力的区域创新产业集群。而产业通用技术的产生在很大程度上依赖于集群中创新实体之间的知识互动和信息交流。只有在共同完成产业创新的过程中，各实体之间的联系更加紧密，内涵才能得到优化和丰富，创新能力才能得到加强。因此，为落实建设区域创新集群，不仅要创注重创新型企业和高层次人才的引进，还要加强对原始科技创新平台和知识共享平台的建设。

（3）共享生活和服务设施是区域创新集群的硬件基础。一方面，良好的生活和服务设施有利于留住人力资本；另一方面，对于区域创新集群而言，共享的生活和服务设施为园区技术人员彼此互动创造了更多机会，来自不同公司和行业的技术人员进行非正式交流有助于在正式的研发活动之外产生大量创新。除了基于现有设施的共享外，区域创新集群还致力于引入消费者服务业以提高生活设施和工作区域的融合度。

(4) 创新文化是保持区域创新集群活力的催化剂。良好的创新文化可以促进企业、行业和社会创新层的整合，实现区域创新集群内各实体之间的有效协调。因此，创新文化的维护不容忽视，具体措施如下：怀有包容的态度，积极引进异质的人才，吸收不同文化的精髓；在集群内创建一个平等、自由和愉悦的工作环境；建立健全社会诚信体系，引导信任、合作文化的良性发展。此外，由于中国许多高科技工业园区的位置与原来的中心城市（乡镇）在地理位置上有一定距离，政府部门还需要协助工业园区加强和所依赖的中心城市（乡镇）之间的密切互动，加快园区内新城区的培育，促进产业与城市双向互动发展，促进工业园区内化成为城市（乡镇）发展的重要组成部分。

(5) 政府引导作用是“创新基地”实现的内源性力量，即依靠当地企业和政府不断扩大和创造新的经济和社会联系。通过政府主导的家庭平台模式和当地企业成长渠道模式，通过政府和地方企业两股势力的叠加，通过跨国公司、地方企业和政府等多元化“联系渠道”的交织，就有可能在“渠道创造”的基础上成长为“创新基地”。其中，地方企业可以是各种形式的技术型民营企业，可以是高等院校与科研机构，也可以是归国留学生创办的高新技术企业。

附 5 美国硅谷

5.1 发展历程

美国的硅谷（Silicon Valley）大致指从旧金山以南到圣荷西以北的 101 号和 280 号两条高速公路之间的狭长地带，地理学名是圣塔·克拉拉谷（Santa Clara Valley）。在真正意义上的硅谷诞生之前，已经有了开发高科技工业系统的初始环境。克拉拉谷一年大部分时间都是一个受欢迎的地方，宜人的气候和环境已成为其吸引许多人的重要原因。克拉拉谷距离旧金山仅一小时车程，附近有从太平洋通向内陆的货运枢纽之一——奥克兰港。同时，这里也是世界上最大的民族大熔炉之一，人员流动不息，各种文化共同生长、取长补短，在摆脱固定传统生活方式的禁锢之后，人们的创造力得到了充分的发挥。克拉拉谷的地理、社会、人文环境的汇总，便是我们通常意义上所提到的“硅谷”。

硅谷从第二次世界大战结束后开始起飞，早期由 HP（车库创业鼻祖）和

Intel 代表的半导体和设备公司，一举推翻了美国东部波士顿周边 128 号公路产业链在这个行业长期的霸主地位；之后陆续涌现出 Sun、Oracle、3COM、Cisco 等无数领先世界计算机界的跨国企业。20 世纪 90 年代中期又率先卷起全球互联网风暴，造就了 Netscape、Yahoo、eBay、Pay-pal 等一批新型信息产业，接着又浮现了 Google、Facebook、Twitter、Uber 等称雄于 21 世纪的第二代互联网企业。在这些“巨无霸”的前后左右，还有众多大大小小的公司、数不清的成功和尚未成功的创业者，以及聚集在著名的 Sand Hill Road 两旁的绝大多数美国的风险投资公司（附表 5-1）。

附表 5-1　硅谷创新生态系统的演化路径

时间段	主导企业	核心技术	主要特征
20 世纪 50 年代	惠普	国防电子技术	1949 ~ 1961 年：斯坦福工业园，发明、发现以及计算机时代拂晓前的反叛
20 世纪 60 年代	仙童公司	半导体	1961 ~ 1968 年：仙童半导体，公司拆分、小型计算机、艺术创造性和社会革命 1968 ~ 1971 年：斯坦福研究所，阿帕网、软件、人才流动性和乌托邦
20 世纪 70 年代	英特尔	处理器	1971 ~ 1975 年：微处理器、电脑套件、以太网、互联网、Alto 电脑和基因工程 1976 ~ 1980 年：软件、存储设备、Unix、生物科技、另类音乐和精神
20 世纪 80 年代	苹果	软件	1976 ~ 2013 年：史蒂夫·乔布斯的“现实扭曲力场”和苹果电脑 1980 ~ 1983 年：个人电脑、杀手级应用软件和 SUN 公司 1984 ~ 1987 年：人机互动新模式、开放式构架、思科公司、合成生物学和网络文明
20 世纪 90 年代	雅虎、谷歌、Facebook 等	互联网	1990 ~ 1995 年：万维网、网景公司、雅虎公司、多媒体和生物信息 1995 ~ 1998 年：Y2K、无线局域网、个人数字助理和 DNA 图谱 1998 ~ 2013 年：eBay、谷歌、Facebook 和网络效应 1999 ~ 2002 年：贝宝、维基百科和基因组学
21 世纪初	特斯拉等	新能源	2001 ~ 2010 年：初创公司夭亡 2003 ~ 2006 年：Facebook、YouTube、Web 2.0 和特斯拉汽车精简化发展 2007 ~ 2013 年：iPhone、云计算、位置服务、社交游戏和人类基因组学成为大趋势

5.2 创新主体

在硅谷生态体系中，斯坦福大学是整个生态系统中高新技术前进的重要推动力量。斯坦福大学的副校长 Terman 教授在任职期间积极倡导理论与实际相结合，他的两个博士研究生于 1938 年在一间旧车库中创办了惠普公司。渐渐地，越来越多的创业者被吸引到这里，从而形成了高新技术产业生态系统的最初模型。1951 年，斯坦福大学划出 580 英亩成立了斯坦福工业园区。此举风靡一时，到 1960 年，共有 32 家公司在园区租用土地，成立工厂。克拉拉谷从一个自然经济县成长起来，1950 年只有 800 名食品加工工人，1980 年发展成拥有 3000 家电子公司、26.4 万名制造业工人、年营业额超过 400 亿美元的区域创新生态系统，成为世界上围绕半导体产业链的最具创新性和复杂性的工业生产中心。

5.3 创新生态

20 世纪 80 年代以后，硅谷超越了波士顿附近的 128 号高速公路附近的高科技公司。显然，只有知名高等院校和大量资金并不足以创造硅谷。“栖息地文化”引领、“创业风气”带动、“资本风投”联动、“另类大学”主导、政策支持保障、多物种共存才是硅谷创新生态形成的关键。

(1)“栖息地文化”引领。硅谷的“栖息地”主要具有七个特征：①开放型的生产结构。128 号公路周围的公司（如王安公司、Digital、Prime Computer 等）采取封闭式生产方式，自成体系，配件各异。而硅谷公司采用开放式的生产方式，公司更加专业化，公司间生产的部件相互兼容，有利于快速创新。②频繁的人才流动。随着人才流动，信息和知识发生流动。③宽松的法律环境。在美国，每个州都设立了商业秘密保护法。但硅谷法律的实施并不严格，公司很少将工作变动者告上法庭。④容许失败。在硅谷，失败并不是一种耻辱。在硅谷常听到这样一句话——It's OK to fail，即“失败是可以的”。硅谷对失败的包容使更多的人渴望进行创业尝试。⑤“活着为了工作”（Live to work）。硅谷人都是工作狂，他们以忙于工作为乐，将创业作为奋斗的目标。在这里，百万、千万和亿万富翁穿牛仔裤、吃披萨、喝可乐，表现出与他们的财富不成比例的消费方式和消费水平。⑥外国移民众多。美国是一个典型的移民国家，硅谷对新移民尤其有吸引力。就任何地区的智力资源而言，如果地区的自然分布相似，那么能够吸引更多新移民就意味着该地区可以集聚更多的智慧。在硅谷移民中，有两个国家的移民所占比例最大，一个是印度，另一个是中国。“IC”最初是集成电路的缩写，但在这里它成为了印度（Indian）移民和中国（Chinese）移民的代名词。第一代移民是工作最为努力的一代，因为他们没有足够的资源和背景可以依靠，只能自力更生、背水一战。⑦美国的纳斯达克股票市场。大多数硅谷公司上市时都还没有盈利，因此他们没有资格在纽约证券交易所上市，于是纳斯达克股票市场为这些公司上市敞开了大门。

（2）“创业风气”带动。创新和创业相互联系、密不可分却又相互区别。创新可以发生在现有公司中，也可以发生创立新企业的过程中。创业是指在现有公司之外，成立一个新的企业，承接独立的工作业务。在硅谷，创新往往诞生在那些处于初办阶段、技术资金力量都相当薄弱的小企业中，而不是出现在拥有雄厚技术实力和充足资本的成熟企业中。例如，最早热销的个人电脑是由苹果公司的两个年轻人发明的，而不是 IBM 公司。另外，个人电脑操作系统是微软研发的，IBM 向微软购买了其版权。显然，无论是在技术力量上还是在金钱资本上，苹果和微软都不能与当时的 IBM 相提并论。究其原因，一方面，由于创新具有高风险，大公司无法为创新者提供足够的激励，缺乏激励可能会导致许多新想法在大公司中夭折；另一方面，大公司的内部创新往往因为软预算的约束而被搁置。因此，许多创新是通过创业来实现的。除了独立研发，硅谷的许多大公司也会从小型的创业公司购买优秀的产品或技术。

（3）“资本风投”联动。斯坦福大学附近的 280 号公路沿途，有一个被叫作沙丘路（Sand hill Road）3000 号的地方，这里是创业资本公司的圣地，聚集了美国大约一半的创业资本公司。风险投资面临着很高的投资风险，其成功率平均只有 10%，但投资一旦成功，投资机构获得的回报将是投资成本的数百倍、甚至上千倍。由于高风险与高回报的特点，风险投资更多是由私人进行而非政府行为。

（4）“另类大学”主导。斯坦福大学在推动硅谷产业发展中发挥了至关重要的作用。与斯坦福大学有关联的公司（即由斯坦福大学的师生和校友创办的公司）创造的产值占硅谷总产值的 50% 至 60%。从某种意义上说，斯坦福大学是一所“另类”大学。

斯坦福大学的师生创业是一种风气。硅谷的一些公司是由斯坦福大学在校学生创立的。SUN、硅图和思科三家著名公司便诞生在斯坦福大学工程学院的一座建筑中。SUN 的由来是斯坦福大学网络（Stanford University Network）的缩写，创始人是斯坦福大学的教师和学生。他们在发明工作站（Work-station）后，就开始出来创立公司。开创硅图公司的是斯坦福大学的一名教授，这并不是他的第一家公司。伊利诺伊大学的教授开发了 Mosaic——Netscape 浏览器的前身。伊利诺伊大学是美国一流的工程科学高等院校，拥有超级计算机，斯坦福大学的吉姆·克拉克发现后，将他们整个科研团队挖到硅谷，创建了 Netscape 公司，并开发了 Navigator 浏览器，彻底改变了人们网上冲浪的切身体验。Netscape 公司上市时引起了很大轰动。与此相似，广泛用于 SUN 的工作站的 Unix 操作系统是在加州大学伯克利分校发明的。

（5）政府提供政策支持。政府的主要职能是创造一个公平和自由的竞争环境，提供有利于长期投资的税收结构，并利用政府采购给予支持。硅谷并不是应政府计划而生的，但政府为它提供政策优惠，如进行政府采购或为企业提供低息贷款，对促进硅谷企业和硅谷的成长都起到了不容忽视的作用。

美国联邦政府在支持国防、航空航天、通信、信息和材料领域的大规模基础研究方面投入了大量资金，这激励了世界级技术和发明的不断诞生，促进了世界级科技人才的培养，催生了从国家实验室走向硅谷进而扩展至全球的成功商业模式的创造。

（6）多物种共存的企业网络。人们普遍认为，硅谷绝不仅仅是一个密集的工业区，而是一个技术型公司与许多种类繁多的专业公司以规则的方式聚集在一起的区域创新系统。例如，在拥有 3COM、苹果、Intel、思科等国际著名的技术型公司以外，硅谷还聚集有安永、德勤、毕马威、普华永道等会计师事务所，拥有 Brobeck Phleger & Harrison、Fenwick& West 等律师事务所，Benchmark Capital、Vantage point Venture Partners 等风险投资公司，以及多个著名的猎头公司、咨询公司及研究机构。硅谷的企业与服务机构的聚集，为它们之间密切的相互交流与协作创造了条件。可以看出，硅谷最引人注目的特征是高技术企业需要的支持服务一应俱全，包括风险投资家、银行家。猎头公司、会计师、咨询顾问及大量其他专业人员，为区域创新生态系统的创新提供了必要条件。

此外，硅谷公司致力于开发一系列微型、扁平、基于团队的公司结构。这种专业配置要求公司与具有互补专业知识的其他公司或组织合作。随着公司的成长和发展，这些公司倾向于在其组织内部采用网络体制。例如，太阳微系统就在体制上将公司分割成专营芯片、硬件、软件和系统集成的分支机构，并鼓励每个分支机构与公司的其他分支机构建立网络链接。此外，分支机构可根据自身需要主动选择公司外部的合作伙伴。

5.4 经验启示

（1）产学研合作模式催生高质量技术源。硅谷一直非常重视产学研合作，凭借扎实的基础研究能力，它已成为技术创新的重要支撑，并不断将科研成果创新转化为现实生产力。斯坦福大学诞生了大量的高科技技术创新，如晶体管、集成电路核心技术和微信息处理技术，这为硅谷的崛起打下了坚实的基础，直至后来成为世界最高水平的电子信息产业研发和制造中心。

（2）高等院校和研究院所提供人才资源和创业型企业。如世界著名的斯坦福大学和加州大学伯克利分校等13所顶尖高等院校，以及9所专科学院和33所技工学校，已向硅谷输送了大量优秀毕业生，他们鼓励学生积极开展创业活动，成为硅谷高科技创新活动的后备人才库。以斯坦福大学为例，斯坦福大学的师生或毕业生已经在硅谷建立了1000多家公司，开发生产的产品超过硅谷产品总量的50%。从斯坦福大学毕业后，大批斯坦福大学毕业生选择留在硅谷创办企业，在20世纪80年代中期到整个90年代，由斯坦福大学的师生创办或具有大学背景的公司，在硅谷所占比重高达70%以上。

（3）形成了独特的区域创新系统。独特的技术、充足的资源、先进的管理模式和完善的运营机制形成了硅谷独特的区域创新体系，这正是硅谷的核心竞争力所在。联系紧密、地域集中的企业、高等院校、研究机构、金融机构、政府和中介组织等利益相关者已经开发出一种以技术创新和制度创新为导向的开放式创新体系，它以价值网络拓扑的形式构建形成。特别的，风投的出现不仅提供了更多的融资渠道，还传递了丰富的市场信息、技术信息和企业家信息，不断优化创业环境，加快行业的衍生和集中。

附6 日本筑波科学城

6.1 发展历程

1963年，为振兴科学技术、实现“技术立国”，缓解东京都市圈生态和社会发展的压力，日本政府做出了在距离东京市中心约60公里的筑波市建立了一个国家级科学城的重要决议。经过40多年的发展，筑波科学城逐渐成为拥有40多个国家级教育和科研机构的高科技工业园区。

1964年，日本国家发展委员会为筑波科学城建设规划了宏伟蓝图。1967年，日本内阁颁布了推动其发展的基本政策。1974年，日本政府成立了土地管理机构，以协调和调整筑波科学城的发展项目。1968年，筑波科学城正式动工。日本政府之后也不断通过立法提高筑波科学城的创新能力。

1970年，日本政府颁布并实施了《筑波科学新城发展法》，鼓励私营企业，特别是科研机构进入筑波科技城。到1982年，日本10个省或大厅共有43个国家级研究所进驻科学城，占日本全国研究所总数的40%。两所私人研究机构和两所高等院校，其中包括筑波大学，拥有超过1.1万名研究人员、专家和后勤人员。将附属人员包括在内，从事科学研究的人数已达到2.2万人。1987年12月，日本政府颁布并实施了《研究交流促进法》，该法案允许私营公司使用日本国立研究所的设施，吸引了200多个私人研究部门进驻筑波科学城，极大地促进了国家研究所与企业之间的人才交流以及技术和专利共享。1987年，筑波科学城原来的五个行政区合并为一个，目的在于为筑波科学城内的机构和企业提供一流的管理服务创造可行条件。在科学城的基础设施建设方面，截止至1990年3月，日本政府及相关机构为拓展科学城的内外信息联系、改善交通设施，在筑波科学城投资了约10.67亿美元，用于建设和改善科学城道路和信息网络等基础设施，建成了与筑波科学城和东京等地区相通的道路网络。1995年，日本政府颁布了《科学技术基本法》，1996年制定了《科学技术基本规划》，对筑波科学城进行重新定位。确定筑波科学城为日本的信息、研究和交流的核心。进入21世纪，筑波科学城逐渐开始成为日本国际学术活动和科研交流的主要载体。同时，它也是日本技术信息网络的重要节点，是新知识和新技术的诞生地，为许多领域的科学研究和技术创新提供了不竭的动力。

6.2 创新主体

在筑波科学城内聚集了大批的国有研究机构以及附属于企业的研究机构，但缺乏创业型企业的存在。由于创业导向的缺失，筑波科学城除了研发体制之外的其他创业体制并不健全。在筑波科学城，科研成果的数量是衡量活跃程度的标准。许多学者认为，筑波科学城是一个与世隔绝的“科学乌托邦”。

（1）国立研究教育机构。筑波科学城有国立研究与教育机构49个，它们分别隶属于不同的政府部门：①文教机构：日本筑波国家附属档案室、图书馆情报大学、筑波大学、筑波技术短期大学、筑波国家研究材料中心、高能量加速器研究机构、国立教育会馆教育研修所、国立科学博物馆筑波资料中心、国家在职培训教育中心（前述均隶属于文部科学省）、国际协力事业团筑波国际中心（隶属于外务省）。②建设研究机构：计算机终端接收网络系统试验研究所、国家防灾科学科技研究所（属于文部科学省）、国土地理院、土木研究所、建筑研究所（属于国土交通省）。③理工研究机构：国家金属材料技术研究所、无机材质研究所、宇宙开发事业筑波宇宙研究中心（文部科学省）、国立环境研究所、产业技术综合研究所筑波研究支援综合事务所、日本科学技术情报中心筑波支部、产业技术融合领域研究所、计量研究所、机械技术研究所、物质工学工业技术研究所、生命工学工业技术研究所、地质调查所、电子技术综合研究所、资源环境技术综合研究所（属经济产业省）、气象厅气象研究所、气象厅高层气象台、气象厅观测部气象测器检定试验中心（属国土交通省）。④公共使用机构：筑波研究交流中心（属文部科学省）。⑤生物研究机构：理化学研究所筑波研究所（文部科学省）、国立感染症研究所筑波医学实验用灵长类中心、国立医药品食品卫生研究所筑波药用植物栽培试验场、国立农业研究中心、农业生物资源研究所、农业环境技术研究所、畜产实验场、果树实验场、农业工业研究所、蚕丝昆虫农业技术研究所、家畜卫生实验场、食品综合研究所、国际农林水产研究中心、森林综合研究所、农林水产技术会议事物聚筑波事务所、种苗管理中心（属农林水产省）。筑波科学城集聚约有300家企业，并设立研究所和学术教育机构，高技术企业的数量超过了200家（包含20多家外资企业）。

（2）私人研究机构。目前，约有250家私立研究机构在筑波科学城和其他城市地区的工业区设立了分支机构。他们的研究范围涉及医学、化学、电子、电力、机械工程、建筑等众多领域。在私人研究机构工作的研究成员约4500人。民间研究机构主要有：青木建设研究所、（株）神户制钢所技术开发本部筑波研究所、三洋电器（株）研究开发本部筑波研究所、住友化学工业（株）筑波研究所、工业（株）MEC研究所等。

6.3 创新生态

（1）清晰的战略定位。自建立之初，筑波科学城就被赋予了实施“科技兴国”战略、承担日本国家科技创新责任的伟大历史使命。与此同时，也决定了筑波科学城的主要任务是充当国家创新体系的建设者，战略定位具有一定的狭隘性和封闭性。因此，筑波科学城内的构成主体单调，无论是高等院校、研究机构、资金来源，还是技术人员，乃至生活区内的居民，几乎是清一色的日本所属，缺乏与外国思想和文化的交流和碰撞。筑波科学城展现出的直观感受就是按部就班、有条不紊，与硅谷崇尚的创业精神和冒险精神迥然不同。20世纪90年代，筑波科学城迎来了再创阶段。此外，科学城在主体构成、运行机制等方面进行了调整，从最初仅作为基础研究基地转变为使基础研究、应用开发、甚至企业生产都成为可能的运行机制。在再创阶段中，筑波科学城以体制改革为起点，意在改变国有研究机构的制度惰性，在科学研究、技术创新、成果转化和商业生产之间建立畅通的桥梁，让筑波科学城摆脱“科学乌托邦”的局限，与产业、城市甚至公民建立更紧密的联系。目前看来，以上措施初显成效。

（2）广泛的国际学术活动、科研交流。凭借城内高水平科研、技术开发机构强大的科研实力，筑波科学城每年都研发大量在国际领先的科技成果，成为新知识、新创造和新发明的发源地。科学城内的教育、研发机构也与日本国内外的其他的研究机构保持着越来越密切和频繁的交流。在筑波科学城举办的国际会议数量逐年增加，吸引了大量外国研究人员前来。这不仅仅是主体机构“筑波研究支援中心”“茨城沙龙”“筑波高等院校高级跨学科研究中心”的举动，100 多个非正式研究交流组织也经常开展研究交流和技术交流活动。因此，以前被称为日本封闭式的筑波科学城现在正在不断提升对外开放的深度。2001 年，有 3352 名外国研究人员在筑波的各科研机构工作超过 2 周。其中，943 名来自中国，所占比例最大，占总数的 28.1%；其次是来自韩国，有 489 人，占 14.6%；第三位是来自美国，约有 150 人，占 4.5%。

（3）专业的科学技术研究。作为日本技术信息网络的重要节点和内外信息传递的港口，筑波科学城已成为新知识和新技术的诞生地，为提升日本的科技基础、缩短日本与美欧之间的技术差距、为某些技术领域的赶超发展做出了突出贡献。在电子、生物工程、机电一体化、新材料、信息工程、空间发展、环境科学、资源和能源、地球科学、土木工程和农业领域的技术发展中起到了引擎的作用。

（4）科技成果反馈社会。在筑波科学城，科学研究和技术创新的成果不是展柜中的艺术品，在不违反知识产权专利保护的法律条件的情况下，可以通过不同的形式向社会各界和企业展示给予公司灵感和创意的准公共产品。同时，每年筑波科学城都会举办国际科技博览会、国有研究机构成果展示会，并于每年 4 月举办年度科技周活动，促进科技成果以多种形式回归社会。如今，筑波城已成为日本国内科技成果反馈社会的优秀典范。

6.4 经验启示

相比于美国硅谷，中国国家高科技工业园区的建设可以从日本筑波科学城的发展历程中汲取更多先进经验。这是因为中国高科技工业园区的发展也是基于政府主导的，政府的主导和支持对高科技工业园区的发展起到关键作用。根据日本筑波科学城的开发经验，我们可以获得以下经验启示。

（1）通过立法对高新技术产业园区进行科学定位和长远规划。从日本筑波科学城的发展经验来看，政府主导高科技工业园区的发展的前提是拥有科学的定位和长远的发展规划。如日本筑波科学城在发展的初期就被定位为智力资源密集的城市，为此日本政府在园区内迁入和新建了大量科研机构和高等院校，人力资源和技术资源的快速积累在很大程度上助力了高科技工业园区创新能力的提升。虽然之后日本筑波科学城在发展中也出现了很多问题，但是日本政府一直没有动摇对于其最初的明确定位，只是对具体规划进行完善和修订。因此，高新技术产业园区的发展如果是在政府主导下进行，则必须在建立之初进行明确定位并制定出长远的发展规划，并且以这一定位为核心，以长远规划为依据科学发展。

（2）通过立法鼓励民间力量加入到高新技术研发领域。日本筑波科学城在发展的过程中也出现了由于过度依赖政府投资和政府扶持所引致的市场化水平不高、生产效率低下、创新性和灵活性不强的问题，但是在这一过程中，日本政府始终十分重视发挥民间的科研力量，比如通过立法的形式允许非国有企业通过政府构建的科研平台使用公共技术资源，采取政策鼓励允许私人研究机构进入筑波科学城进行科学研究和技术开发。在20世纪80年代，日本政府招募私营公司进入筑波科学城，逐步将原来科学城内以国家研究机构为核心的形式扩展为以私人公司为主体的形式，这种转变为日本政府研究机构的研究成果商业化提供了多元化渠道。与此同时，私人公司可以与政府研究机构以各种形式进行联合研究。因此，在高科技工业园区的发展中，我们必须充分调动各方面的力量，以弥补政府主导的高科技工业园区发展缺乏灵活性和创新动力的问题，营造市场良性竞争氛围，加快创新活动的开展。

附7　印度班加罗尔软件园

7.1　发展历程

班加罗尔被称为“印度硅谷”，自20世纪80年代以来因其高科技和现代工业的集中而被命名为“印度电子之都”“全球10大高科技城市”等诸多美名。班加罗尔顺应全球产业转移趋势，充分发挥当地的资源优势，并集中于新兴的软件外包产业，如今，班加罗尔已经成为世界上最成功的软件外包生产区域。有观点认为，班加罗尔的成功在于借鉴硅谷和新加坡发展模式的积极政策。

班加罗尔是印度南部卡纳塔克邦的首府。自1947年印度独立以来，一系列科研机构相继落户班加罗尔，如印度空间研究所、印度的国家航空实验室和印度国家软件技术中心，数以千计的工程师、科学家来这里工作。因此，在外国跨国公司发现班加罗尔的潜力之前，它已经成为印度电子产业的中心。

在20世纪80年代中期，个人电脑在印度出现，但超过100%的硬件组件关税使得硬件生产停滞不前，软件编写的地位便开始显现。这时，美国公司前往班加罗尔寻找人才，他们发现了“巨大的精通英语的人才库”，印度程序员几乎都是专家，他们能编写准确、完美的代码，这时，印度人开始进入美国硅谷。与此同时，在结束美国硅谷的工作后，那些立足本土的印度人经常为少数印度公司销售软件及提供服务，从而走上了创业之路。

在20世纪90年代，印度开始降低对外国商品的关税，放宽投资限制，并吸引外国公司的入驻。同时，世界知名跨国公司如德州仪器、IBM、惠普、英特尔和索尼等落户班加罗尔。1992年，班加罗尔成为印度第一个拥有卫星地面站的城市，通过专门的卫星通信渠道为软件出口提供高速信息交换服务。

进入21世纪，班加罗尔地区的信息技术产业迅猛发展，对印度经济的发展做出了重要的贡献，大量创新型企业从中获得了巨额收益，得到发展和壮大，如著名的Tata咨询服务公司、Infosys信息系统科技公司和Wipro软件开发服务公司等。大量优秀的计算机软件公司在班加罗尔聚集，2016年，有一半通过全球软件行业最高级别软件能力成熟度模型水平5级评估的计算机软件公司落户班加罗尔。班加罗尔现已发展成为世界第五大信息技术中心，使其成为印度乃至亚洲最大的软件生产商。

7.2 创新主体

从发展历程来看，从1985年到1995年，园区主要提供软件组件与维修服务，1995～2000年以电子商务、ERP为主要业务，2001～2004转以系统整合、软件外包、BPO（Business Process Outsourcing）为主要业务，近年来转向以IT顾问、IT委外服务为主，业务范围、客户数量与内容深度不断扩大（附表7-1）。

附表7-1　班加罗尔软件产业转变的发展历程

时间	产品与服务	合约规模（万美元）	主要客户	对客户价值
1985～1995年	软件组件与维修服务	50	Fortune前100大	低廉成本
1996～2000年	电子商务、ERP	500	Fortune前500大	质量、生产力
2001～2004年	系统整合、软件外包、BPO	4000	全球2000大	信息安全、流程管理
2005年至今	IT顾问、IT委外服务	10000	全球5000大	

7.3 创新生态

自印度独立以来，印度软件技术中心和国家空间研究所等多家科研机构落户班加罗尔，使班加罗尔成为著名的电子工业中心。到目前为止，它已经吸引了全球1000多家软件公司，其中包括400多家知名信息产业公司，100多家知名跨国公司和65家财富500强企业，如IBM、思科等。据统计，班加罗尔软件产业的产值约占印度软件总产量的50%。

总体来说，班加罗尔创新生态学的发展特点是一个围绕知识聚集资本，并围绕技术组织生产要素的系统。在该系统中，核心IT行业继续发明并引入新技术，从而推动整个集群系统的更新和升级，同时政府、风投资本家、研究机构、专业技术人员和周边服务机构等则以IT企业为核心提供机制保证与创业环境（附图7-1）。

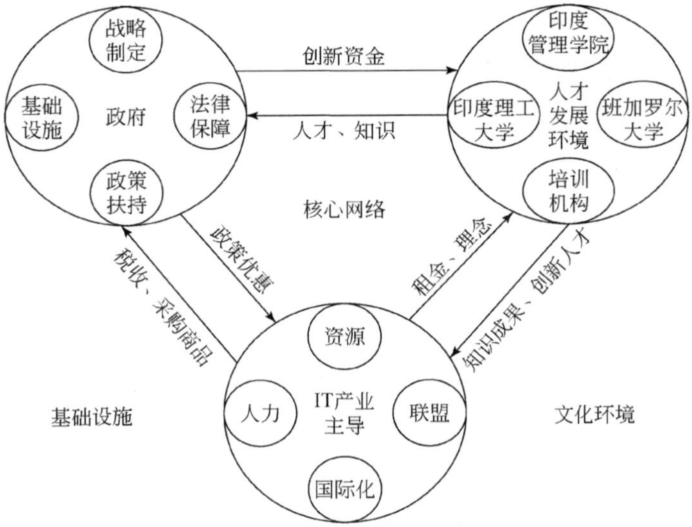

附图7-1　班加罗尔的创新生态

（1）以IT产业为主导。从外部环境看，在20世纪90年代初，印度政府制定了一项重点关注计算机软件的发展的长期战略，印度第一个计算机软件技术园区便位于班加罗尔。1991年，印度政府投资建设了一个可以高速传输数据的微波通信网络，至少在10年内满足了软件公司的发展需求，另外，它还为班加罗尔继续吸引了其他知名公司。1999年，印度成立了IT产业部，成为世界上为数不多的成立IT部门的国家之一。2000年10月17日，印度IT法案生效，为该国电子商务的稳定发展提供法律保护。此外，政府还提供完全免税的进口硬件和软件，并在2010年底前免征企业所得税（最高达90%），允许建立100%的外资公司，购买国内资本品时免征消费税等许多优惠政策，这是一个高质量的政策背景，它推动印度班加罗尔IT行业创新集群迅速崛起。

（2）政府有力的政策支持。班加罗尔由一个软件园和一个硬件园组成，其中软件业占园区产量的80%以上。为了促进软件园区的快速发展，印度政府不仅制定了税收、贷款、投资等方面的激励措施，而且在行政服务、外商投资、进出口和人才等方面，对已落户软件园区的企业提供优惠政策（附表7-2）。根据印度政府的一系列优惠投资政策，微软、英特尔、西门子等跨国公司在班加罗尔科技园设立了卡法公司和研究中心，园区逐步从海外转移工程师接受海外订单，发展成为世界知名的软件产业集群。

附表7-2　班加罗尔科技园吸引外商投资策略

涉及领域	具体内容
简化行政手续	单一作业窗口、提供进出口作业码，不需要另外申请进出口许可、享有政府洽谈优先权，可自由将设备从一个园区移到另一个园区
软件业优惠税率	至2010年所得税免税期，软硬件进口关税全免，在国内税率区采购的设备可享有退税；可使用保税仓库
自由经济政策	机器设备（含二手设备）均可进口，允许100%外资持股，可以通过贷款方式进口设备，允许内销额度达外销FOB总额的50%
改善通信设施	享有完整的高速通信传输网
基础环境	可进驻使用（办公室空间、软硬件、训练等）
通信条件	国际长途专线服务（IPLC）、宽带通信、卫星通信
新创立的企业	可获得培育中心支持，享有10年期所得税减免，帮助寻求VC资金投入
人才支持	与高等院校合作、与技术培育中心建立密切的合作关系
其他	允许计算机加速折旧，使用两年的旧计算机可免税转移到非营利机构使用，其折旧后可转移园区外使用

资料来源：李振京，贾大猛，徐兰飞，等．创新驱动发展：莱芜高新技术产业开发区产业发展规划研究［M］．北京：电子工业出版社，2013.

（3）完备的人才发展环境。班加罗尔研究机构背景强大，该城市位于坎纳达、德卢固与泰米尔文化的交汇处，是活跃的文化中心，拥有许多著名高等院校和科研机构，如：班加罗尔大学、印度理工学院、印度管理学院、国家高等研究院和印度信息技术研究所、印度科学院、国家动力研究所等教育研究机构。高等院校每年可以向社会输送3万多名计算机和软件工程技术人员，其中三分之一是信息技术人才。目前，班加罗尔地区拥有90万名软件工程师。此外，印度有700余家培养人才的民办或私营机构，每年可培养数万名学员，最著名的是NIIT（印度国家信息学院）技术培训，为BPO（业务流程外包）和IT服务开发人才。同时，印度各大公司都有自己的人才培训机构，并与海外企业密切合作，培养和储备了大量的科学技术人才，也吸引和集聚了诸多海外人才。

（4）宜人的创新环境。班加罗尔自然环境优美，气候宜人，绿化覆盖率高达40%，符合精密制造研发的要求，有利于吸引大批科技人才定居。除此之外，班加罗尔园区内部的办公研发、总部楼宇、商业配套、综合服务等设施都是按照国际一流水平规划建设且非常完善，配备绿地花园、购物中心、五星级酒店、高尔夫球场、现代化影院、保龄球馆等，同时，拥有高速数据通信设施以及基于IS09001 质量管理体系认证的内部网络基础程序建立起来的综合网络运营中心，可满足园区内不同软件企业的需求。

7.4　经验启示

（1）根据产业发展趋势把握历史机遇。在经济全球化的背景下，美国和欧洲的跨国公司将其非核心业务（如会计和计算机程序设计）承包给外部企业，以加强其核心业务并提高其工作效率。特别是过去的“千年虫”危机进一步密切了班加罗尔软件业与美国硅谷之间的产业联系，催生了一个在印度蓬勃发展的IT 外包软件和服务行业，并实现了大规模、快速的发展。

（2）满足行业需求并利用资源优势。软件产业发展的核心基础在于人才。在这方面，印度有传统优势，印度历来重视数理逻辑、英语教育，软件工程师的数量处于世界前列，同时拥有低廉的劳动力，且印度的软件人才与美国的硅谷密切相关。服务外包产业出现后，印度公司承担了许多美国跨国公司的非核心业务。与此同时，高等院校和研究机构为班加罗尔提供了高质量的软件人才，有力支撑了软件产业的升级发展。

（3）围绕价值链条推动产业升级。班加罗尔软件产业已从“现场开发”转变为“离岸开发”，从在海外设立分支机构，为用户提供低成本的软件开发服务升级到本国主要公司与跨国公司在印度共建软件开发中心，以开展电子商务和无线应用等活动，不断提高行业附加值，推动软件产业快速升级。

（4）严格的质量管理。班加罗尔软件园内的公司非常重视软件产品的质量管理，它们记录用户需求、软件设计思想、使用的编程技术，工作计划、最终产品测试结果、总体质量评估和用户反馈作为公司的珍贵档案，产品的质量和稳定性得到了保证。凭借其高质量的软件产品，印度软件公司积极开拓国际市场并赢得了大量的业务订单。